新时代世界华文教育发展

XINSHIDAI SHIJIE
HUAWEN JIAOYU FAZHAN

贾益民　著

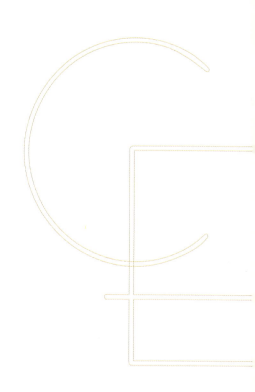

社会科学文献出版社
SOCIAL SCIENCES ACADEMIC PRESS (CHINA)

作者简介

贾益民　华侨大学二级教授、博士生导师，广东亚视演艺职业学院教授、名誉校长、学术委员会主任，国务院政府特殊津贴专家，国务院侨务办公室专家咨询委员会委员，教育部高等院校评估专家，荣获泰王国九世国王颁授"一等泰皇冠勋章"。曾任国务院学位委员会汉语国际教育专业硕士指导委员会委员，世界汉语教学学会常务理事，暨南大学副校长、华侨大学校长、华文教育研究院院长、海上丝绸之路研究院院长、侨务公共外交研究所所长等职。现任华侨大学华文教育研究院名誉院长、海外华文教育及中华文化传播协同创新中心主任、海上丝绸之路研究院名誉院长；《世界华文教育年鉴》主编、《世界华文教学》主编；中国语文现代化学会常务理事、《语言文字应用》编委。长期从事国际中文教育与海外华文教育教学及研究工作，培养博士、硕士研究生160人，出版著作、教材（含主编）20余部，在《世界汉语教学》《哲学研究》《学术研究》《语言文字应用》《华文教学与研究》等核心期刊发表学术论文50余篇，出版专著《大学之道》（光明日报出版社，2023），主编的《中文》教材自1997年发行以来迄今已发行5000余万册，是目前全球发行量最大的中文教材。荣获福建省教学成果奖特等奖（2017），国家级教学成果奖二等奖（2023）。

序　言

贾益民教授是我多年的朋友，我们有共同的研究兴趣，更有共同关心的课题。他的《新时代世界华文教育发展》就要出版，邀请我说几句话。这个邀请，表示了他对我的爱护，对我的了解。

这部书涉及世界华文教育发展各方面的问题，就教材、语言和语言教育的研究、师资的培训及海外华文和华文教育所面对的种种困难等，从一个具有丰富的大学行政经验的学者的角度做了非常到位的分析。书后的《以侨为本　做华文教育"领航人"》一文，叙述了益民兄的贡献，概括得非常到位，也说尽了我想说的话。

关于语言研究，贾益民教授说"实际上'大华语'从语言学的角度来看，应该包括三个层次的问题：一是'作为母语的华语'，二是'作为民族语言的华语'，三是'作为世界语言的华语'"。"大华语"的概念是我和一些朋友们提出来的。但益民兄的这个补充更清晰，为汉语语言研究和教材编撰指明了方向，补充了我和朋友们对"大华语"的认识。

我提出：在"大华语"的概念下，推广华语是所有华语区的责任。因此，我们必须考虑怎样充分调动华语区对推动这个语言的积极性，并提供充足的机会让他们参与。从语言研究、教材编撰、读物编写到师资培训与认证，再到教学人员的交流等，都需要全面考虑。[①] 贾益民教授在这些方面也表达了非常深入的看法。

我曾经提议："今后大专学术机构有必要做几件事。一、举办国际性的中文和双语教育研讨会，总结经验，加强和世界研究中文和双语教育机构的联系。二、成立中文、双语研究中心，长期观察、研究今后的中文和双

---

① 周清海：《"大华语"与语言研究》，《汉语学报》2017 年第 2 期。又见周清海《大华语与语文教育》，商务印书馆，2022，第 15 页。

语教育走向，人民语言态度的转变，语言教学方法以及语言的比较研究等等。三、香港有条件设立中文和双语研究基金，以鼓励中文和双语的研究。"这三项工作，益民兄过去所负责的相关单位都做到了。这是我们之间的心灵相通。他是一个脚踏实地的华侨教育工作者、研究者和领航者。

益民兄也编了海外华文教材。"一套教材适用于如此多的国家和地区以及有如此庞大的发行量，这在中国汉语国际教育教材史以及华文教育教材史上是绝无仅有的。"

在华语走向世界的局面下，由中国编教材再向各华语区推广，恐怕不能满足华语国际化的需要。我们在益民兄过去贡献的基础上，如果能进一步考虑带领各华语区编撰自己的教材，使教材进一步本地化，进而提高当地语言人才参与的积极性，并借此培养人才，对华语文的发展是有好处的。

华语文国际地位的日益提高直接促进了世界各地华语文的学习。马来西亚华文小学逐渐多元化，独立中学逐渐国际化，这也是对马来西亚华文教育发展的挑战。要面对和思考这个挑战，学术界应该开始从全球华语的角度关注世界各地的华语变体，这也间接带动了各地华语文的教学与研究。益民兄的书里提供了许多思考的依据。

语言教学也需要课外读物。在全球化的驱动下，各华语区之间的相互了解也应该受到重视。将各华语区的文化特征、社会状况、神话传说编成儿童读物，有助于培养华语区之间儿童的相互了解，这也是应该受到重视的。

益民兄书中所涉及的课题，如"华侨华人：实现中华民族伟大复兴的重要力量""世界华文教育发展新形势与多元驱动""'一带一路'建设与华文教育新发展""华文教育学科建设"等，都是非常重要的，是研究华文和华文教学、编辑华文读物等工作应该细读和思考的。本书"综述与访谈"部分涉及跟华文研究与教学相关的多方面问题，都能启发和刺激语言教育者的思考。

益民兄的著作就是我们思考的基础。智者走过的路，是后来者的导向，是将来发展的基础。

益民兄由暨南学子到导师，再到海外华文教育的领航者，从暨南大学到华侨大学，无论在哪里，都发挥积极的作用，把中华优秀传统文化传播到五湖四海。他的努力与坚守，从未改变。这种持之以恒的中华民族精神是非常可贵的。

20多年前，我担任南洋理工大学中文系和中华语言文化中心主任时，曾经想使中文系与中心发展成为东南亚甚至世界上研究中华语言文化的重镇。我坚持不让外来教学人员比例超过本地教学人员。外国的教学人员只能起补充和交流的作用。在这种情况下，培养研究生的工作就更加迫切而且重要。但在自由市场的竞争下，新加坡的年轻人在其他行业能够获得更好的待遇，我没有办法吸引他们，完成不了任务。这项未完成的任务，等待阅读益民兄著作的学者进一步思考。

《新时代世界华文教育发展》记录了益民兄的心路历程，是他一步一个脚印的记录，也保留了许多华文教育需要发展的工作和课题。我郑重地向华文教育者、华文教育的研究者、华文教育的决策者推荐这部著作。

周清海（新加坡）

2023 年 11 月 28 日

目　录

海外华文教师等级证书资格认证实施方案

综述与访谈

华侨华人：实现中华民族伟大复兴的重要力量

  2012 年 11 月 29 日，中共中央总书记、国家主席习近平在国家博物馆参观"复兴之路"展览时，首次提出并阐释了"中国梦"的内涵。他指出，"到中国共产党成立一百年时全面建成小康社会的目标一定能实现，到新中国成立一百年时建成富强民主文明和谐的社会主义现代化国家的目标一定能实现，中华民族伟大复兴的梦想一定能实现"。① 2014 年 6 月 6 日，中共中央总书记、国家主席习近平在北京会见第七届世界华侨华人社团联谊大会代表并发表重要讲话，再次强调："团结统一的中华民族是海内外中华儿女共同的根，博大精深的中华文化是海内外中华儿女共同的魂，实现中华民族伟大复兴是海内外中华儿女共同的梦。共同的根让我们情深意长，共同的魂让我们心心相印，共同的梦让我们同心同德，我们一定能够共同书写中华民族发展的时代新篇章。"② 习近平总书记的讲话充分说明，华侨华人是实现中华民族伟大复兴不可缺少的重要力量。

  同祖同根，血浓于水。华侨华人的命运与中华民族的兴衰息息相关。自鸦片战争之后一百多年里，追求中华民族的独立、富强、民主、文明，追赶和实现现代化，实现中华民族伟大复兴，就成为中国人，以至全球华侨华人梦寐以求的理想，也是全球华侨华人情之所牵、魂之所系的乡愁与历史心结。在近现代以来追求与实现"中国梦"的历史进程中，华侨华人与中国人民从来就是齐心协力、同舟共济的命运共同体，作出了巨大的历

---

① 《习近平著作选读》第一卷，人民出版社，2023，第 63 页。
② 中共中央文献研究室编《习近平关于社会主义政治建设论述摘编》，中央文献出版社，2017，第 125 页。

史贡献。"中国梦"作为实现国家繁荣富强、民族团结和谐、人民幸福安康的民族复兴伟业，是一项艰巨复杂的历史任务，需要全中国人民、全世界华侨华人的共同努力。"中国梦"不仅是中国人的梦，也是全球华侨华人的梦。自习近平总书记提出"中国梦"以来，全球华侨华人反响热烈，兴奋不已。习近平总书记指出："不仅致力于中国自身发展，也强调对世界的责任和贡献；不仅造福中国人民，而且造福世界人民。"①"中国梦"的实现过程为世界华侨华人社会发展创造了历史性机遇，必将带动世界各国华侨华人社会的大发展，同时也必将为世界各国经济社会发展注入动力。正因为这样，所以在实现"中国梦"的历史进程中，世界各国华侨华人的力量与积极参与是显著、独特和不可替代的。同时，这也给我们提出了一系列新的重大研究课题。显而易见，研究华侨华人与"中国梦"的关系，揭示并阐释华侨华人在中华民族伟大复兴进程中的地位与作用，充分发挥华侨华人在实现"中国梦"的新的伟大历史进程中的作用，无疑是具有多重意义与重大学术价值的。

（本文发表于"华侨华人与中国梦"系列丛书，社会科学文献出版社2017年12月出版，主编贾益民。）

---

① 《习近平谈治国理政》，外文出版社，2014，第57页。

新时代世界华文教育发展理念探讨

2017 年 10 月 18 日，中共中央总书记习近平在中国共产党第十九次全国代表大会上庄严宣告："经过长期努力，中国特色社会主义进入了新时代，这是我国发展新的历史方位。"[①] 同时指出："中国特色社会主义进入新时代，在中华人民共和国发展史上、中华民族发展史上具有重大意义，在世界社会主义发展史上、人类社会发展史上也具有重大意义。"[②] 中国进入了新时代，这一重要判断无疑具有重大的历史意义，而且必将对世界产生巨大而深远的影响。这对华文教育来说，同样具有重大的历史意义和深远的影响。新时代为华文教育发展创造了新的机遇和条件，同时也向华文教育发展提出了新要求、新任务、新目标。因此，探讨新时代世界华文教育发展理念就成了摆在我们面前的重大现实课题。这里所说的"华文教育"是指"大华文教育"概念，既包括面向海外华侨华人的中华语言文化教育，也包括面向世界各国的中国语言文化国际传播。本文旨在抛砖引玉，提出新时代世界华文教育发展"十大理念"，仅供参考，并请斧钺。

一 "新时代"发展理念

习近平总书记在党的十九大报告中指出："中国特色社会主义进入新时代，意味着近代以来久经磨难的中华民族迎来了从站起来、富起来到强起来的伟大飞跃，迎来了实现中华民族伟大复兴的光明前景；意味着科学社会主义在 21 世纪的中国焕发出强大生机活力，在世界上高高举起了中国特

---

① 中共中央党史和文献研究院编《十九大以来重要文献选编》（上），中央文献出版社，2019，第 7 页。

② 《习近平著作选读》第二卷，人民出版社，2023，第 10 页。

色社会主义伟大旗帜；意味着中国特色社会主义道路、理论、制度、文化不断发展，拓展了发展中国家走向现代化的途径，给世界上那些既希望加快发展又希望保持自身独立性的国家和民族提供了全新选择，为解决人类问题贡献了中国智慧和中国方案。"① 同时还指出："这个新时代，是承前启后、继往开来、在新的历史条件下继续夺取中国特色社会主义伟大胜利的时代，是决胜全面建成小康社会、进而全面建设社会主义现代化强国的时代，是全国各族人民团结奋斗、不断创造美好生活、逐步实现全体人民共同富裕的时代，是全体中华儿女勠力同心、奋力实现中华民族伟大复兴中国梦的时代，是我国日益走近世界舞台中央、不断为人类作出更大贡献的时代。"② 在这样的新时代，华文教育必须坚持"新时代"发展理念。

首先，要坚持以习近平新时代中国特色社会主义思想为指导。习近平总书记指出："新时代中国特色社会主义思想，是对马克思列宁主义、毛泽东思想、邓小平理论、'三个代表'重要思想、科学发展观的继承和发展，是马克思主义中国化最新成果，是党和人民实践经验和集体智慧的结晶，是中国特色社会主义理论体系的重要组成部分，是全党全国人民为实现中华民族伟大复兴而奋斗的行动指南，必须长期坚持并不断发展。"③ 华文教育作为国家和民族的一项伟大事业，是中国特色社会主义伟大事业的一个重要组成部分。华文教育在"新时代"条件下要更快更好发展，就必须坚持以习近平新时代中国特色社会主义思想为指导，深刻领会、全面把握习近平新时代中国特色社会主义思想的精神实质和丰富内涵，科学分析新时代世界华文教育发展现状、存在问题与发展需求，制定符合"新时代"发展特征与需要的华文教育发展规划与具体措施，更好更快地推动世界华文教育发展迈上新台阶，以适应中国特色社会主义发展需要，服务于实现中华民族伟大复兴的中国梦。

其次，要服务、助力于新时代坚持和发展中国特色社会主义基本方略（以下简称"基本方略"）的贯彻、实施。习近平总书记在党的十九大报告中提出了"十四条"新时代坚持和发展中国特色社会主义的基本方略。这

---

① 《习近平著作选读》第二卷，人民出版社，2023，第 9 页。
② 《习近平著作选读》第二卷，人民出版社，2023，第 9 页。
③ 《习近平著作选读》第二卷，人民出版社，2023，第 17 页。

些方略是习近平新时代中国特色社会主义思想的主要内容和具体体现，必须全面贯彻落实。华文教育也不例外，基本方略中的很多具体内容与华文教育密切相关，华文教育应该从中吸收理论营养，用以指导华文教育理论创新、体制创新、实践创新、发展创新。尤其是以下四个方面值得高度重视。

第一，习近平总书记关于"文化自信""中外人文交流"的论述对华文教育意义重大。习近平总书记指出："文化自信是一个国家、一个民族发展中更基本、更深沉、更持久的力量。必须坚持马克思主义，牢固树立共产主义远大理想和中国特色社会主义共同理想，培育和践行社会主义核心价值观，不断增强意识形态领域主导权和话语权，推动中华优秀传统文化创造性转化、创新性发展，继承革命文化，发展社会主义先进文化，不忘本来、吸收外来、面向未来，更好构筑中国精神、中国价值、中国力量，为人民提供精神指引。"① 还说："文化是一个国家、一个民族的灵魂。文化兴国运兴，文化强民族强。没有高度的文化自信，没有文化的繁荣兴盛，就没有中华民族伟大复兴。"② 要"加强中外人文交流，以我为主、兼收并蓄。推进国际传播能力建设，讲好中国故事，展现真实、立体、全面的中国，提高国家文化软实力"③。这些思想对华文教育具有非常大的指导意义。华文教育是世界范围内中华语言文化教育和国际传播的重要形式。华文教育不仅对海外华侨华人树立中华文化自信和民族自信，培养具有中华文化自信、民族自信和中华文化认同感、中华民族认同感的新一代华侨华人具有重要作用，而且对推动中华优秀传统文化在海外的创造性转化、创新性发展，以及更有效地进行国际传播，讲好中国故事，宣传中国精神和中国价值，展现真实、立体、全面的中国，提高中国文化软实力，促进中外人文交流和文明互鉴等，都具有重要的现实意义。因此，华文教育必须以此为己任、为使命，努力开拓中华语言文化国际教育与传播新局面。

第二，习近平总书记提出"实现祖国完全统一，是实现中华民族伟大复兴的必然要求"④，这对华文教育提出了新任务。海外华文教育是促进祖

---

① 中共中央党史和文献研究院编《习近平关于全面从严治党论述摘编》，中央文献出版社，2021，第198页。
② 《习近平著作选读》第二卷，人民出版社，2023，第33页。
③ 《习近平著作选读》第二卷，人民出版社，2023，第36页。
④ 《习近平著作选读》第二卷，人民出版社，2023，第21页。

国统一大业的重要平台与形式。华文教育和汉语国际传播必须服务、服从于"一国两制"和祖国统一大业，在华文教育和汉语国际传播中"必须坚持一个中国原则，坚持'九二共识'，推动两岸关系和平发展，深化两岸经济合作和文化往来，推动两岸同胞共同反对一切分裂国家的活动，共同为实现中华民族伟大复兴而奋斗"[①]。在这一方面，华文教育必将也应该大有作为。

第三，基本方略指出，中国人民的梦想同各国人民的梦想息息相通，实现中国梦离不开和平的国际环境和稳定的国际秩序，"促进和而不同、兼收并蓄的文明交流，构筑尊崇自然、绿色发展的生态体系，始终做世界和平的建设者、全球发展的贡献者、国际秩序的维护者"[②]，这对华文教育有着引领性、方向性意义。华文教育及汉语国际传播作为促进各国人民民心相通的重要桥梁，应该致力服务于坚持推动人类命运共同体的构建，通过华文教育和汉语国际传播，促进不同国家、不同民族之间的文明交流与互鉴，为世界和平创造良好的语言文化环境。

第四，适应并服务于实现"两个一百年"奋斗目标带来的海外华侨华人及各国人民对中华语言文化日益增长的迫切需求，促进发展更高质量、更高水平、更丰富多样的华文教育。党的十九大报告提出"决胜全面建成小康社会，开启全面建设社会主义现代化国家新征程"，到2050年，"把我国建成富强民主文明和谐美丽的社会主义现代化强国"。到那时，我国将"成为综合国力和国际影响力领先的国家"，"中华民族将以更加昂扬的姿态屹立于世界民族之林"。[③] 由此可以想见，随着我国"两个一百年"奋斗目标的实现及"一带一路"建设的推进与发展，海外华侨华人及各国人民对华文教育必将有更大、更多、更广泛、更迫切的需求，世界范围内的"华文热""汉语热"必将持续升温。因此，更快、更好、更有力地发展华文教育和汉语国际传播事业，以满足海外华侨华人及各国人民对华文教育的迫切需求，就成为华文教育界及华文教育工作者义不容辞的历史使命和责任。

总之，华文教育必须置身于中国特色社会主义建设发展过程，置身于

---

① 《习近平著作选读》第二卷，人民出版社，2023，第21页。
② 《习近平著作选读》第二卷，人民出版社，2023，第21页。
③ 《习近平著作选读》第二卷，人民出版社，2023，第22、24页。

"实现中华民族伟大复兴中国梦"的进程中，深入探讨新时代华文教育的新使命、新任务、新目标、新举措，以及新时代华文教育的规律与特征，大力推动新时代华文教育发展。

二 "全球化"发展理念

习近平总书记在党的十九大报告中指出："世界正处于大发展大变革大调整时期，和平与发展仍然是时代主题。世界多极化、经济全球化、社会信息化、文化多样化深入发展，全球治理体系和国际秩序变革加速推进，各国相互联系和依存日益加深，国际力量对比更趋平衡，和平发展大势不可逆转。"① 这一重要判断说明，世界全球化发展已经是不可阻挡的历史潮流。在世界全球化发展的历史进程中，中国的全球化发展不仅已经成为世界全球化发展的重要助推力量，而且给世界带来巨大的全球化红利，带来前所未有的机遇和福祉。尤其是伴随着中国全球化发展的历史进程，中华语言文化国际传播也必然成为全球化发展的重要组成部分。

全球化虽然以经济全球化为核心，但同时也包含各国各民族各地区在政治、文化、科技、军事、安全、意识形态、生活方式、价值观念、人际交往、国际关系等多方面、多层次、多领域的相互联系、相互依存、相互影响与制约等。世界发展到今天，尤其是随着经济、信息全球化的发展，任何一个国家和地区都不可能再是一个自给自足、闭关自守的封闭体。正如马克思恩格斯在《共产党宣言》中所说的："资产阶级，由于开拓了世界市场，使一切国家的生产和消费都成为世界性的了。……过去那种地方的和民族的自给自足和闭关自守状态，被各民族的各方面的互相往来和各方面的互相依赖所代替了。物质的生产是如此，精神的生产也是如此。各民族的精神产品成了公共的财产。民族的片面性和局限性日益成为不可能，于是由许多种民族的和地方的文学形成了一种世界的文学。"② 这里的"文学"的实际旨意是"文化"，所谓的"世界的文学"亦即"世界的文化"。这是马克思恩格斯第一次提出并使用"世界的文化"的概念。世界文化的

---

① 《习近平著作选读》第二卷，人民出版社，2023，第47~48页。
② 《马克思恩格斯选集》第一卷，人民出版社，2012，第404页。

形成与发展既是世界经济全球化发展的必然结果，又是世界全球化发展的重要内容和组成部分。从历史上看，中国文化对世界文化作出了巨大的历史贡献，中国文化本身就是世界文化的重要内容和不可缺少的组成部分；从中国日益走近世界舞台中央的今天来看，中国文化在世界上的影响力和感召力日益提高，贡献越来越大，这都是全球化发展的必然。其中，华文教育与汉语国际教育扮演了非常重要的角色，成为中国文化走向世界的主要推动力量，作出了重大贡献。无论是从分布于世界各国的 20000 多所华文学校与教育机构来看，还是从全球 1638 所（个）孔子学院与孔子课堂（其中孔子学院 525 所，孔子课堂 1113 个）来看，[①] 学习汉语与中国文化的海外华侨华人及其他外国朋友数量之多是前所未有的。截至 2017 年，全球华文学校在校学生数已达数百万人，仅华文教师就有数十万之多；分布于各国的孔子学院（含孔子课堂）的学员已达 916 万人。[②] 这充分说明，华文教育和中华文化国际传播已经走向世界，获得前所未有的全球化发展，并作出了积极贡献。华文教育是海外华侨华人社会的"留根""铸魂""搭桥""圆梦"工程，即留中华文化、中华民族之根，铸中华文化、中国精神、中华民族之魂，搭中外人文交流、中外友好、民心相通之桥，圆实现中华民族伟大复兴之中国梦，其意义十分重大。正如刘延东所说："习近平主席指出，孔子学院是中外语言文化交流的窗口和桥梁。孔子学院属于中国，也属于世界。孔子学院创办十三年特别是近五年来，在中外双方努力下，坚持共建共享，为增进中国与各国人民友谊，促进中外文明交流互鉴作出了积极贡献。"[③] 由此可见，华文教育树立"全球化"发展理念既是世界全球化发展的必然要求，也是中国全球化发展的必然选择，更是华文教育全球化发展的内在需要。

华文教育"全球化"发展理念就是要把华文教育置于中国和世界全球化发展的大背景下，面向全球推进华文教育大发展，以适应"全球化"对

---

① 《刘延东在第十二届全球孔子学院大会上指出为构建人类命运共同体贡献力量》，《人民日报》2017 年 12 月 13 日。

② 《刘延东在第十二届全球孔子学院大会上指出为构建人类命运共同体贡献力量》，《人民日报》2017 年 12 月 13 日。

③ 《刘延东在第十二届全球孔子学院大会上指出为构建人类命运共同体贡献力量》，《人民日报》2017 年 12 月 13 日。

中华语言文化的现实需求，满足各国人民学习中华语言文化的需要，从而推动中外人文交流和民心相通。这就是华文教育全球化的现实意义。华语是全球华人的华语，同时也是世界人民的华语。因为不仅全球华人需要华语，而且全世界都需要华语。这就要求我们必须立足于"全球人人学华语"来思考"大华语战略"问题，必须从华语在世界范围内的传播实践角度来研究"大华语"及"大华语战略"。华文教育全球化就意味着世界公民人人学华语，人人学中华文化，这是华文教育全球化发展的最高目标，就如同英语在世界范围内的普及一样。正因为如此，华文教育应该整合世界各国优势资源与力量，建立"全球华文教育责任共同体"，形成"世界华文教育联盟"，遵循共商、共建、共进、共享原则，倡导人人学习、人人参与、人人担当、人人奉献精神，共同推动华文教育全球化发展。这是华文教育"全球化"发展理念的题中应有之义。

三 "大华文教育"发展理念

华文教育在概念范畴上分为广义的华文教育和狭义的华文教育。广义的华文教育指的是华侨华人社会面向华侨华人子弟以华语为媒介语的中华语言文化教育及活动，是对华侨华人学生开展的旨在人才培养的综合性文化素质教育，其语言教学性质既包括华语作为母语或第一语言的教学，又包括华语作为第二语言的教学，同时还包括以华语为教学媒介语的各学科如数学、历史、地理、生物、化学、物理、体育、音乐、美术、常识等的综合性文化素质教育；狭义的华文教育就是指面向华侨华人学生以华语语言教学为核心内容的华语教学，其语言教学性质既包括华语作为母语或第一语言的教学，也包括华语作为第二语言的教学。这里讲的"大华文教育"，既不是广义的华文教育，更不是狭义的华文教育，而是指新时代"大华语"全球化发展背景下的全新的华文教育的概念。"大华语是以普通话/国语为基础的全世界华人的共同语。"[①] 从全球化发展来看，这种"大华语"不仅仅是全球华人的共同语，而且也是各国人民把华语作为第二语言学习的对象，即华语也是"世界人民的华语"，或曰"世界的华语"。贾益民提

---

① 李宇明：《大华语：全球华人的共同语》，《语言文字应用》2017年第1期。

出："从语言学的角度看，'大华语'应该包括三个层次：一是'作为母语的华语'，二是'作为民族语言的华语'，三是'作为世界语言的华语'。'作为母语的华语'要求我们必须不断提高母语水平，建设高质量的华语，以提升自己母语的语言生活质量；'作为民族语言的华语'要求我们必须在世界华人即全球华夏儿女中传承民族语言文化，不断提高华语的生活水平并以此来影响世界；'作为世界语言的华语'则要求我们必须承担起世界责任，努力在世界范围内帮助有需要的各国人士学习、使用华语，逐步建立起华语作为世界语言的世界华语生活体系（包括华语教育传播应用体系等）以满足各国人士学习、使用华语的现实需求。"① "作为世界语言的华语""世界公民人人学华语"，这是新时代全球化发展条件下"大华语""大华文教育"的题中应有之义。

由此笔者认为，"大华文教育"的基本内涵，一是指面向全球的既包括各国各地区的华侨华人又包括各国各地区的其他人士的以中华语言文化为核心教学内容，以各种不同类型、不同层次的学校教育和社会教育为基本形式的教育活动，如海外以华语和中华文化为主要教学内容的各种华文学校、孔子学院、孔子课堂及各种形式的社会补习、培训等活动；二是指面向海外华侨华人及其他外国人士以华语为教学基本媒介语开展的综合文化素质教育和各种不同类型、不同层次的人才培养活动，比如以华语为基本教学语言开展的中、小、幼教育及大学教育（含学历教育和非学历教育）等；三是指全球范围内面向社会开展的各种形式、各种类型的中华文化活动，如"中国文化周"、"中国文化月"、中华艺术展演、中华体育与武术活动、中国节庆活动、中华文化讲座、中华文化知识大赛、"汉语桥"大赛等；四是指面向全球的中华文化国际交流与传播，如中华广播影视、华文媒体、中华图书出版、中国文献译介、中外人文交流活动等。由此可见，"大华文教育"其对象不仅面向华侨华人，而且面向非华侨华人，即面向世界人民；其内容不仅包括语言，而且包括文化，注重以语言为基础，以文化为主导，实现语言文化并重；其形式不仅包括学校教育，而且包括各种形式的社会教育及社会文化活动；其类型不仅包括各种形式的教育活动，而且包括各种形式的人文交流与国际传播；等等。所以，由全球"大华语"

---

① 卢德平等：《"大华语"多人谈》，《语言战略研究》2017年第2期。

进而发展到全球"大华文教育",这是全球化时代发展对华文教育提出的新要求,是世界华文教育发展的必由之路。因此,牢固树立"大华文教育"发展理念,以此引领、推动世界华文教育发展,意义重大而深远。

四　"融入主流"发展理念

华文教育"如何进入主流社会,如何和主流教育体系相融合,甚至直接进入主流教育体系,或者得到主流教育体系的认可。这是目前华文教育面临的非常大的课题","在中国日益走向世界的今天,我们应该更加重视推动这种融合"。① 华文教育要顺应新时代全球化发展的大势,使华语逐渐成为"全球华语""世界语言",就必须使华文教育尽快融入各国发展的主流。所以,"融入主流"是世界华文教育发展不可缺少的重要理念。

其一,华文教育要融入世界多元文化发展主流。习近平总书记指出,世界正处于"文化多样化深入发展"时期,"要尊重世界文明多样性,以文明交流超越文明隔阂、文明互鉴超越文明冲突、文明共存超越文明优越"。② 这充分说明,一方面中华文化应该走向世界,为世界文明多样化发展,各国文明交流互鉴、共存共荣作出积极贡献;另一方面在中华文明走向世界的过程中,必须尊重世界文明的多样性,努力消除文明隔阂与冲突,同时防范文明优越倾向。这是华文教育"融入主流"发展必须注意的。华文教育要融入世界多元文化发展主流,就要自觉尊重所在国文明发展的历史与现实,自觉吸收所在国文明的营养,努力把中华文明与所在国文明有机结合起来,推动所在国人民对中华文明的认知,促使中华文明成为所在国文明多样性发展的组成部分,创造中华文明与所在国文明共存共生共荣的文明和谐局面。

其二,华文教育要融入所在国教育主流。这是华文教育"融入主流"发展的核心、关键问题。通常人们所讲的华文教育"融入主流"指的就是华文教育要融入所在国教育主流。面向主流社会的孔子学院进入所在国大

---

① 贾益民:《世界华文教育发展新形势与多元驱动》,《世界华文教学》第三辑,社会科学文献出版社,2017。

② 《习近平著作选读》第二卷,人民出版社,2023,第48页。

学教育体系，尽管较少进行学历教育，其至在极个别国家的极个别大学遭到不公正对待，但毕竟为汉语教学进入所在国大学教学体系迈出了一大步，有了良好开端。面向华侨华人社会的华文教育，从全日制中小学到周末制或课后制华文学校，也已经越来越多地进入所在国政府主流教育体系而被承认，或给予学区学分认可。更可喜的是，很多国家的大学已经开设汉语或中国文化的学分课程，有的还专门增设汉语系或中国学系；很多国家在中小学开设汉语必修课程或选修课程，而且选修的人数逐年增加；有的国家已经把汉语作为升学考试科目，而且选考的人数也在逐年增加。这些都昭示着华文教育"融入主流"发展的良好态势。但是，也应该看到，"融入主流"仍然存在很多困难和问题，其至有些国家和地区依然对华文教育持有偏见，存有戒心，因而在政策上有诸多限制；有的国家政府甚至仍然把语言教学意识形态化，把中国支持和帮助其所在国人民学习汉语看作中国的对外"文化扩张"与"文化侵略"。这是特别值得我们注意的。华文教育"融入主流"发展除了政策上的问题外，更大的困难在于华文师资的严重匮乏，以及教学、教材、教法等与本土化现实要求差距甚大。所以，华文教育"融入主流"发展势在必行，但仍然举步维艰，任重道远。越是这样，我们就越应该强化华文教育"融入主流"发展理念，进一步分析"融入主流"存在的困难和问题，找到解决办法，推动华文教育进一步融入所在国教育主流，得到所在国政府和社会的支持与帮助，并将发展华文教育变为所在国政府和社会的自觉行动与追求。

其三，华文教育要融入所在国经济社会发展主流。服务于所在国经济社会发展，是海外华文教育"融入主流"发展的重要内容。任何国家政府和主流社会支持一种外来语言文化教育事业在本国的落地生根、普及发展，很重要的考量就是看这种语言文化在多大程度上能够有效地服务于国家的经济社会发展，其中包括有利于保持本国语言文化安全、社会稳定、经济发展、就业扩大、对外交流、人口素质提升等。因此，华文教育应该通过自身的发展和努力，发挥华侨华人社会及华文教育促进中外人文交流、经贸往来、金融投资、产业融合、科教合作等的桥梁作用和人脉资源优势，有效地消除所在国政府及主流社会的误解和戒备心理，自觉尊重所在国语言文化传统，增强其语言文化安全感，维护社会稳定，促进就业与经济发展，推动对外交流（尤其是所在国与中国的交流）和人口素质的提升，为所在国经济社会发展作出积极贡献。这是华文教育"融入主流"发展尤其是可持续发展的重要前提和条件。

其四，华文教育要融入所在国华侨华人社会发展主流。海外华文教育本身就是华侨华人社会发展的一项共同事业，需要华侨华人社会各团体、各界别、各行业、各领域、各企业及所有华侨华人的共同参与、支持和帮助。一是华侨华人社会要把华文教育看作华侨华人社会发展的头等大事，齐心协力，做好规划，加大投入，支持华文学校扩大办学规模，加强华文师资队伍建设，提高教育教学水平，扩大华文教育影响力；二是华文教育应当努力适应华侨华人社会发展的需要，发挥华文教育培养高素质人才的优势，努力为华侨华人社会培养各种类型、各种层次的优秀就业创业人才，以促进华侨华人经济社会和文化事业发展；三是华文教育界应积极主动地置身于华侨华人社会主流之中，自觉听取、吸纳、接受华侨华人社会关于华文教育的意见建议，积极争取华侨华人社会的支持与帮助，不断改善办学条件，努力办华侨华人社会满意的华文教育，不断满足华侨华人对华文教育的需求与期待。

总之，华文教育"融入主流"发展是新时代华文教育全球化发展的必然选择。因此，树立华文教育"融入主流"的发展理念并积极坚持"融入主流"发展，是华文教育可持续发展的重要途径，这极其重要。

五　"多元驱动"发展理念

新时代世界华文教育发展已经进入"多元驱动机遇期"[①]，尤其是以下五个方面的驱动力量显得特别重要。

第一，政治驱动。这是指中国和平崛起、世界和平发展的驱动。一方面，中国国际政治地位与影响力日益提升，参与全球治理的能力越来越强，全球事务的参与度和话语权越来越大；另一方面，世界和平发展的力量日益增强。正如习近平总书记所说，"和平与发展仍然是时代主题"，中国"全面推进中国特色大国外交，形成全方位、多层次、立体化的外交布局，

---

① 贾益民：《世界华文教育发展新形势与多元驱动》，《世界华文教学》第三辑，社会科学文献出版社，2017。

为我国发展营造了良好外部条件。实施共建'一带一路'倡议，发起创办亚洲基础设施投资银行，设立丝路基金，举办首届'一带一路'国际合作高峰论坛、亚太经合组织领导人非正式会议、二十国集团领导人杭州峰会、金砖国家领导人厦门会晤、亚信峰会。倡导构建人类命运共同体，促进全球治理体系变革。我国国际影响力、感召力、塑造力进一步提高，为世界和平与发展作出新的重大贡献"。① 这种世界政治格局必将为新时代华文教育发展注入强大驱动力量：一是世界各国与中国友好关系日益发展，二是各国对华文教育的需求越来越大，三是各国政府和社会各界对华文教育越来越支持。这种"政治驱动"作用伴随中国"两个一百年"奋斗目标的实现过程将日益凸显。

第二，经济驱动。这是指中国经济发展的驱动。中国已经成为世界第二大经济体，对世界经济发展作出了显著贡献。世界各大机构近期纷纷上调对中国经济的增长预期，高度评价中国对全球经济作出的贡献。联合国在纽约总部发布《2018 年世界经济形势与展望》，指出 2017 年全球经济增长速度达到 3%，是 2011 年以来最快的增长速度，其中中国对全球经济增长的贡献最大，约占 1/3。国际货币基金组织在发布的《世界经济展望》报告中表示，中国国内生产总值从 2017 年的 11.9 万亿美元增至 2019 年的 14.2 万亿美元，超过同年欧元区共计 14 万亿美元的 GDP，中国经济对未来世界经济的贡献还将持续增加。② 未来十五年，中国市场将进一步扩大，"预计将进口 24 万亿美元商品，吸收 2 万亿美元境外直接投资，对外投资总额将达到 2 万亿美元"。③ 由此可见，中国经济乃至世界经济的发展，必将为新时代华文教育发展提供强大的经济驱动力：一是极大地拉动了世界各国因与中国开展越来越频繁的经济贸易活动而对华文教育产生的巨大需求，促使学习华语与中华文化者日益增多，华文教育市场越来越大；二是为华文教育大发展提供了经济支持和保障，不仅中国政府和社会将进一步加大投入，而且各国政府和社会也必将加大对华文教育的投入，海外华侨华人社会也会一如既往地支持华文教育办学。

---

① 《习近平著作选读》第二卷，人民出版社，2023，第 47、6 页。
② 李春霞、周明阳：《中国对全球经济增长贡献最大》，《经济日报》2017 年 12 月 20 日。
③ 王义桅：《中国进入新时代将为世界提供新机遇》，《丝路瞭望》2017 年第 12 期。

第三，文化驱动。这是指中华文化及其国际传播的驱动。华文教育是中华文化国际传播的重要形式和平台。华文教育既要服务于中华文化国际传播，又要加大自身中华文化国际传播的力度。同时，中华文化国际传播对华文教育也产生着积极而重大的影响，成为促进华文教育发展的重要驱动力量。从历史上看，中华文化国际传播最早大都是伴随华文教育而产生、发展起来的，华文教育对中华文化国际传播起到了重要的历史推动作用。比如宋代的李竹隐，1276 年即赴日本讲学，传播中华文化；明代的朱舜水先后七次东渡扶桑，在日本教授儒学 20 余年，对中华优秀传统文化在日本的传播做出了积极贡献。[①] 当前，中华文化及其国际传播已经响彻世界五洲之滨及广袤大地，中华文化对世界各国的影响力、感召力、吸引力日益增强。正因如此，中华文化国际传播的内容和形式日益丰富，各类型的华文媒体层出不穷。中华文化国际传播一方面为华文教育提供了更广阔的舞台，使华文教育可以借助中华文化传播媒体（包括传统媒体、新媒体或融媒体等）更好地开展教育教学活动；另一方面对华文教育培养中华文化国际传播人才提出了新任务新要求。而且随着世界范围内想要了解、认识、感知、体验、习得中华文化的各界各层次人士越来越多，"中国文化热"会日益增温，这就为以传承传播中华语言文化为己任的华文教育开拓了更广阔的天地。

第四，区域驱动。这是指"一带一路"倡议的区域驱动。"一带一路"倡议是新时代中国深入参与全球经济治理体系改革和建设、承担大国担当、贡献中国方案和中国智慧、顺应世界时代潮流和发展规律的必然选择。"一带一路"倡议的实施使共建"一带一路"国家与中国的经济贸易往来、产业合作、人文交流等更加频繁，与其他国家相比在与中国合作发展方面具有更大的区域优势。"一带一路"倡议实施以来，中国在共建"一带一路"国家的投资大幅度增加。2016 年的数据显示，中国进出口银行为共建"一带一路"国家贷款余额已超过 6000 亿元，涉及的项目超过 1000 个；国家开发银行为共建国家提供的融资项目超过 400 个，贷款余额 1000 多亿美元；截至 2016 年末，已有 9 家中资银行在 26 个共建"一带一路"国家设立 62 家一级机构；截至 2016 年底，中国企业已在 20 多个共建国家建设 56 个经

---

① 贾益民：《华文教育概论》，暨南大学出版社，2012，第 22 页。

贸合作区，累计投资超过 185 亿美元，为东道国创造了近 11 亿美元税收和 18 万个就业岗位；2017 年 1 月至 10 月，中企对共建国家新增投资 111.8 亿美元，新签对外承包工程合同额 1020.7 亿美元。[①] 这些充分说明，"一带一路"倡议已经成为中外区域合作的重要平台，成为带动、推动共建国家经济建设发展的重要力量，这也必将极大地推动共建国家的人文交流，为共建国家的华文教育发展创造了无限机遇。华文教育本身就是"一带一路"建设的重要组成部分，是共建国家人文合作交流不可缺少的重要内容。紧抓这一机遇，借助"一带一路"区域合作发展的驱动力量，必然会推动华文教育获得更大发展，并助推"一带一路"倡议的全面实施。

第五，内生驱动。这是指华侨华人社会生存与发展的内生驱动。"这种内生驱动，不是传统意义上的'生存'的概念，而是在世界经济社会发展新形势下华侨华人社会自身发展带来的关于语言、文化、教育的内在需求。"[②] 中国的日益强盛，尤其是"一带一路"倡议的实施和"两个一百年"奋斗目标的实现，给海外华侨华人经济社会发展带来了无限机遇，同时，海外华侨华人社会对中华语言文化和华文教育的需求亦随之迫切、多样。华文教育必须把华侨华人社会的需求作为奋斗目标，致力于办华侨华人满意的华文教育，一方面服务于华侨华人在住在国的长期生存与发展，另一方面要借助华侨华人社会的资源优势及其生存、发展的内生动力，推进华文教育自身发展。

总之，在新时代下，"多元驱动"给华文教育发展带来了多元机遇，我们要善于整合、利用"多元驱动"资源与力量，助推华文教育和汉语国际教育事业的新发展。

六 "民间力量"发展理念

所谓"民间力量"即非政府组织机构，包括各类民办教育机构、社会团体、工商企业、文化产业、法定个人及其他各种非政府组织等。目前，

---

① 钱菁旎：《"一带一路"投融资发展机遇无限》，《经济日报》2017 年 12 月 11 日。
② 贾益民：《世界华文教育发展新形势与多元驱动》，《世界华文教学》第三辑，社会科学文献出版社，2017。

除了孔子学院和孔子课堂由中国政府通过孔子学院总部进行组织管理之外，海外开展华文教育的学校基本由华侨华人"民间力量"创办并进行自我管理。这是世界华文教育非常重要的一支力量，非常值得关注和重视，在条件允许的情况下，应给予一定的支持和帮助。但是，在国内从事华文教育和汉语国际教育的"民间力量"非常薄弱，与我国经济社会发展水平极不相称，即便有极少数民间办学机构，但大都规模偏小，影响力不大，远远不能适应快速发展的华文教育及汉语国际教育的需求。所以，支持"民间力量"开展华文教育和汉语国际教育势在必行。习近平总书记指出："支持和规范社会力量兴办教育。"[①] 在华文教育和汉语国际教育领域也应该积极支持和规范社会"民间力量"自主参与、开展华文教育及汉语国际教育的办学。"华文教育发展与汉语国际传播都需要社会各方的协同与协作。而在这个过程中，如何发挥华文教育、汉语国际传播的民间力量的作用显得非常重要。除了政府的推动之外，民间力量应该自发地组织、协调起来，以民间力量来推动华文教育的发展。"[②] 因此，树立华文教育"民间力量"发展理念非常必要。

首先，从政府层面来说，一是在思想认识上要把"民间力量"看作"国家力量"的重要组成部分，给予充分信任，公平对待；二是在政策上要出台具体措施给予支持和规范，如"民间力量"办学享受政府公办教育的同等待遇，制定专门办学标准，定期评估考核，通过有效的指导和管理，使"民间力量"自觉成为政府指导下的民间办学机构；三是为"民间力量"办学提供服务和帮助，尤其是要发挥政府资源优势和桥梁作用，支持和帮助有条件的民间办学机构走出国门举办华文教育或汉语国际教育。当前，世界面临的不稳定性、不确定性突出，国际政治形势复杂多变。在这种情况下，政府给予必要的支持，发挥"民间力量"作用，帮助他们走出去开办汉语国际教育意义重大。

其次，从"民间力量"来说，一是要把华文教育看作国家和民族的一项伟大事业，站在国家和民族的立场上，从中国语言文化走向世界的高度

---

① 《习近平著作选读》第二卷，人民出版社，2023，第38页。

② 贾益民：《世界华文教育发展新形势与多元驱动》，《世界华文教学》第三辑，社会科学文献出版社，2017。

认识开展华文教育和汉语国际教育的必要性和重要性，敢于担当，勇于奉献；二是要自觉接受政府领导与指导，严格依法依规办学，保证办学投入和办学质量，在海外办学还要严格遵守所在国的法律法规，尊重所在国的文化习俗等；三是在海外办学要处理好与孔子学院（孔子课堂）及华侨华人举办的华文学校（中文学校）的关系，形成资源互补、优势共享、良性互动、和谐相处、共生共荣的华文教育新局面。

七 "转型升级"发展理念

"转型升级"是新时代华文教育发展面临的一个重要课题。新时代对华文教育提出了新任务、新要求，使华文教育的"转型升级"成为可能与必然。"中国经济、世界经济发展都面临转型升级的问题。在这种形势下，海外华文教育也迎来了转型升级的大好时机。"① 裘援平2014年就提出："华侨华人对华文教育的期望越来越高，现有教育教学水平难以满足要求，华文学校转型升级的必要性和迫切性进一步凸显。"针对海外华文教育发展变化的新情况，裘援平表示："要推进标准化、专业化、正规化建设，支持海外华文学校转型升级发展。"② 2015年，裘援平又指出："我们正着力打造'施教体系、教材体系、培训体系、帮扶体系、支撑体系、体验体系'，引导海外华文学校转型升级，推动华文教育向'标准化、正规化、专业化'方向发展。"③ 裘援平2016年在访问老挝寮都公学时又说："自2015年起，国侨办先后研究制定了相对规范的华文教育办学标准、华文教师从业水平测试标准和华裔青少年华文水平测试标准，并组织研发了华文教育教学大纲、华文教学编写大纲等，推动海外华文教育向转型升级迈进。"④ 2017年

---

① 贾益民：《"一带一路"建设与华文教育新发展》，《世界华文教学》第二辑，社会科学文献出版社，2016。

② 转引自黄小希《国侨办主任：推进海外华文学校标准化专业化正规化建设》，共产党员网，https://news.12371.cn/2014/03/20/ARTI1395318096280149.shtml？from = groupmessage&is appinstalled = 0。

③ 裘援平：《振兴华文教育事业，助力中华民族复兴》，贾益民主编《世界华文教育年鉴（2015）》，社会科学文献出版社，2015。

④ 转引自齐彬、蒋涛《裘援平：整合各方资源推进海外华教"三化"建设》，中国新闻网，https://www.chinanews.com/hr/2016/09-09/7999776.shtml。

许又声在第四届世界华文教育大会上指出："本届大会是在中共十九大胜利召开、中国特色社会主义进入新时代、'一带一路'建设取得显著成效、华文教育'三化'（标准化、正规化、专业化）建设全面推进的关键时期召开的一次盛会，对于推动华文教育事业加快转型升级有着至关重要的意义。"又说，"华文教育要在'三化'进程中全面转型升级"，"当前华文教育发展机遇与挑战并存，推进华文教育'三化'建设，推动华文学校转型升级发展，是破解各类问题的有效方案"。① 可见，以推动"三化"（标准化、正规化、专业化）和"六大体系"（施教体系、教材体系、培训体系、帮扶体系、支撑体系、体验体系）建设为主要内容的华文教育"转型升级"已经成为近几年国家开展华文教育的重要任务。

新时代华文教育"转型升级"的根本目的在于由传统的华文教育观念、体系、模式向新时代华文教育发展、变革，由过去的规模化发展向内涵建设、提升质量、增加效益转型。在推动以内涵发展、质量提升为核心内容的"三化"和"六大体系"建设的基础上，应该重视以下九个方面的"转型升级"：一是由民间教育向主流教育转型，争取进入主流教育体系，或得到主流教育体系的认可；二是由非学历语言补习、培训向学历教育转型，争取业余教育向全日制学历教育发展，尤其是推动政府学校（包括中小幼和大学）开设华文学历教育课程；三是由单语教育向双语或三语教育转型，在有条件的地方开办国际双语（三语）学校；四是由单一的语言文化教育向语言文化教育与职业（专业）教育结合转型，以满足海外社会对华语专业人才的需求；五是由师资短期培训向专业学历师范教育转型，以满足各国主流教育体系对华文师资专业学历的要求；六是由单一的学校语言文化课堂教学向与中华文化国际传播相结合转型，以发挥华文教育在中华文化国际传播中的重要作用；七是由传统的课堂教学模式向现代智慧教学模式转型，充分利用互联网环境下的现代云教育技术，增强华文教学的趣味性、吸引力和感召力；八是由中国式教育向本土化教育转型，包括教师、教材、教学、管理的本土化等；九是关键在于由传统的华文教育观念向新时代华文教育观念转型，树立"转型升级"自觉意识并付诸实践。

---

① 马秀秀：《许又声：第四届世界华文教育大会达成三点重要共识》，人民政协网，http://news.sina.com.cn/o/2017-12-21/doc-ifypxmsq8682539.shtml。

八 "华文教育+"发展理念

随着"大华文教育"的发展及华文教育的"转型升级",华文教育今后绝不再是单一的、传统意义上的华文教育,而是在"华文教育+"发展理念引领下呈现多元发展态势。华文教育多元发展是新时代对华文教育提出的新要求。"华文教育+"至少要重视以下几个方面的内容。

其一,华文教育+中华文化传播。华文教育是中华文化国际传播的重要平台和形式。华文教育的根本目的就在于面向海外华侨华人及其他外国朋友传播中华语言文化。对华侨华人开展华文教育,就是为了让华侨华人继承、传扬中华文化优秀传统,保持中华民族之根,铸就中华文化之魂,同圆中华民族伟大复兴之梦,这也正是华侨华人社会积极开展华文教育的内生动力,是海外华侨华人社会中华语言文化生生不息、延绵不断、创新发展的不竭源泉;对其他外国朋友开展华文教育,就是为了让他们认识、了解、感知、体验中华语言文化,增进对中国及中国人民的友好感情,促进中外文明交流互鉴及各方面的友好合作,推动构建人类命运共同体,为世界和平发展和人民幸福生活作出贡献。所以,华文教育在教育教学过程中必须承担起中华文化国际传播的历史使命和责任,树立文化传播意识,使华文教育与文化传播紧密结合,以促进不同国家不同民族多元文化的交流融合、互学互鉴、共存共荣,避免为语言而语言、为教学而教学、为办学而办学。

其二,华文教育+职业(专业)教育。一方面,海外华文学习者无论是华侨华人还是其他外国朋友,学习华文的主要目的大都是职业发展的需要,尤其是成年学生;另一方面,由于中国经济的强盛,尤其是"一带一路"倡仪的加快推进,世界各国需要大量会使用华语的专业人才和技术人员,"而且需求量非常大,经贸的、金融的、旅游的、科技的、工程的、医学的、管理的、文化的、教育的,乃至军事的、国防的等等。这必将会扩大华文教学的领域,扩大汉语教学的范围,促使华文教育由过去单一的汉语教学、汉语补习向汉语专业学历人才培养以及汉语和专业学习培养相结合转变"。[①] 所以,华文教

---

① 贾益民:《"一带一路"建设与华文教育新发展》,《世界华文教学》第二辑,社会科学文献出版社,2016。

育职业化发展、专业化发展势在必行。

其三，华文教育+通识教育。通识教育是世界教育发展的主流，华文教育也不例外。从历史上看，华文教育一直都与通识教育密切相关，重在学生文化素质培养，尤其重视道德教育，以优秀的中华文化道德传统教育人、熏陶人。可是，20世纪五六十年代以来的海外华文教育，由于地缘政治及办学条件限制，除了少数国家华侨华人社会保持传统的华文教育体系、模式（全日制教育），继续坚持华语母语教学和华文通识教育之外，绝大多数国家和地区的华文教育已经沦为纯粹的"二语"教学，课堂仅仅教授语言的听说读写。后来新办的华文学校或称为中文学校，绝大多数都是周末制学校，仅在周六或周日上两个课时的汉语课，尽管这些学校尽了很大努力，试图把其他素质教育内容融合在一起，但终因学时等条件有限而无法实现。所以，恢复华文学校教育传统，结合新时代华文教育发展的必然要求，在语言教学的同时引入通识教育，使华文教育通识化，以适应新时代对华文人才综合素质的要求，是华文教育必须树立的发展理念。所谓通识教育，指的是非专业、非职业教育，目的是在现代多元化的社会中，为受教育者提供能够通行于社会的丰富的人文与自然科学知识和科学、正确的价值观，旨在培养学生的综合素质和能力，使学生在道德、情感、思维、理性、知识、能力、价值观等方面全面发展。正因如此，通识教育又称为"全人教育"。海外华文教育的主要对象是青少年学生，他们正处在价值观和知识养成的关键阶段，所以"华文教育+通识教育"是他们自身成长的内在需求，这也是华文教育立德树人的根本目的所在。

其四，华文教育+信息技术。现代信息科技发展为华文教育拓展了更为广阔的天地，"互联网+"、云技术、大数据、智慧技术、人工智能等在华文教育中的应用已是大势所趋，这既给华文教育带来重大发展机遇，也给华文教育带来严峻挑战。华文教育如果无视现代信息技术应用，仍然抱残守缺，必将被时代所淘汰。相反，如果勇于迎接挑战，积极推动现代信息技术在华文教育中的应用，比如运用"云技术"开展智慧教学、利用"人工智能"实施人机对话、利用互联网开展远程教育（如慕课课程）、利用"大数据"分析教与学的质量并适时进行教与学的评估等，通过教育教学信息技术革新，不断促进华文教育信息化的普及与应用水平的提高，必将迎来华文教育发展新的春天。

其五，华文教育+产业化。这是指华文教育的产教融合。前文已经提出华文教育发展的"民间力量"，而"民间力量"发挥作用就必须走华文教育产教融合的道路，否则就会中途夭折。下面将就"产教融合"进行专门讨论，在此不赘。

总之，"华文教育+"加什么、怎么加，完全视华文教育发展需求而定，但必须符合华文教育培养中华语言文化人才、立德树人的根本目的。

九 "产教融合"发展理念

华文教育"产教融合"发展理念是基于世界范围内社会产业、市场对中华语言文化人才的需求而提出的。《国务院办公厅关于深化产教融合的若干意见》提出"深化产教融合，促进教育链、人才链与产业链、创新链有机衔接"[①]，意见对我国教育形势的分析判断及对产教融合的指导，同样适用于华文教育和汉语国际教育。

其一，华文教育和汉语国际教育要面向各国不同区域产业、市场发展需求，加快人才培养结构调整，把中华语言文化人才培养和产业、市场所急需的各类型、各层次专业人才培养紧密结合起来。

其二，华文教育和汉语国际教育要"引企入教"，构建"校企合作、协同育人"新体制、新模式，充分调动企业参与产教融合的积极性和主动性，充分发挥市场、产业对教育资源及社会资源的拓展、配置作用。

其三，强化政策引导，鼓励、支持企业以独资、合资、合作等方式依法参与或自主举办多形式、多类型、多层次的华文教育和汉语国际教育，推动"民间力量"国内外办学，拓宽华文教育和汉语国际教育的渠道。

其四，产教融合必须遵循教育规律与市场规律相结合的原则，既要尊重教育规律，又要尊重市场规律。目前，国内外华文教育及汉语国际教育的市场需求越来越大，华文教育办学一方面必须根据产业需求积极培育、拓展教育市场，尤其要重视发挥办学企业主体作用；另一方面又要按教育

---

① 《国务院办公厅关于深化产教融合的若干意见》，中国政府网，https://www.gov.cn/zhengce/content/2017-12/19/content_5248564.htm。

规律规范办学，建立完善的教育质量保障体系，包括 "华文教育教学标准体系建设、海外华文教育评估体系建设、华文水平测试体系建设、华文教师专业发展体系建设、华文教育教学资源体系建设以及华文教育学科理论体系建设"① 等，不断提高教育教学水平。

十 "华教安全" 发展理念

华文教育和汉语国际教育的主阵地在国外，自然就有安全问题。我们必须充分认识到，"世界面临的不稳定性不确定性突出，世界经济增长动能不足，贫富分化日益严重，地区热点问题此起彼伏，恐怖主义、网络安全、重大传染性疾病、气候变化等非传统安全威胁持续蔓延，人类面临许多共同挑战"②。在这样复杂的国际环境下，所在国政治、经济、文化、民族、宗教及国际关系等矛盾的激化可能引发各种安全问题，如民族语言安全、文化传播安全、教育政策安全、外派人员安全、华侨华人社会安全、国家政治安全等。因此，华文教育和汉语国际教育必须坚持 "华教安全" 发展理念，"统筹发展和安全，增强忧患意识，做到居安思危"③。

其一，重视和维护国家、民族的 "语言安全"。"语言从来就是政治、文化斗争的有效工具，是获取民族和国家经济发展的重要手段，是保持和发展国家-民族共同文化的重要内容。"④ 在华文教育和汉语国际教育过程中，国家、民族的 "语言安全" 问题就显得特别重要。一是要维护民族语言的尊严和权力，防止华语遭受歧视、攻击、侮蔑、打压和不公正对待；二是要保持华语作为民族语言的纯洁性，防止所在国语言及其他外来语的侵害；三是要保护国家语言信息安全，防止重要语言信息外泄。

---

① 贾益民：《海外华文教育质量保障体系建设》，《世界华文教学》第一辑，社会科学文献出版社，2015。
② 《习近平著作选读》第二卷，人民出版社，2023，第48页。
③ 《习近平著作选读》第二卷，人民出版社，2023，第20页。
④ 潘一禾：《当前国家体系中的文化安全问题》，《浙江大学学报》（人文社科版）2005年第2期。

其二，重视和维护"文化传播安全"。华文教育过程中必然会遇到中外文化冲突，如果处理不当，就会引发文化安全事件，尤其是华文传媒在开展文化传播和华文教育的过程中要格外谨慎。一要尊重所在国不同民族文化，避免文化冲突引发矛盾；二要防止所在国民族文化对中华文化造成危害和侵蚀，自觉保护中华文化的纯洁性、正当性；三要积极促进中华文化与所在国民族文化的互学互鉴、交流融合，做到相互尊重，共存共荣。

其三，增强"教育政策安全"意识。不同国家往往根据本国国情制定本国的语文教育政策，尤其是外来语文教育政策，其中有的开放，有的保守，有的有所限制，有的甚至禁止。所以，华文教育和汉语国际教育必须根据不同国家的国情及外来语文教育政策而采取不同策略与办法，避免由于政策性冲突而发生教育安全事件。

其四，做好"外派人员安全"工作。首先要加强对外派人员的安全教育，使其树立安全意识，明确安全责任，自觉维护"教育安全"；其次要建立外派人员安全管理体系和安全目标责任制，建立外派人员安全预警及救助机制，及时防范和应对安全应急事件。

其五，维护华侨华人社会安全。华文教育及汉语国际教育的安全问题是关系到海外华侨华人社会安全的头等大事，关系到华侨华人在所在国的长期生存与发展，每一个华文教育工作者都务必要放在心上，抓在手上，落实在行动上。

其六，坚持国家利益至上，以国家政治安全为根本。涉外教育安全是总体国家安全的重要组成部分。华文教育安全问题事关国家政治安全，华文教育工作者必须树立国家政治安全意识，坚决反对一切危害国家政治安全、侮蔑祖国和人民、背叛和分裂祖国的行径。

总之，在思想上必须牢固树立"华教安全""汉教安全"发展理念，提高教育安全警惕性；在行动上要建立海外华教安全与汉教安全预警机制、防范机制和应对机制，统筹国内国外，完善教育安全制度体系，加强教育安全能力建设，打造华文教育及汉语国际教育高地，维护华侨华人社会合法权益，维护中华民族的团结统一，维护国家主权、安全、发展利益。正如王建勤所说，"国家必须采取有力措施，加快国家语言战略，特别是国家对外语言战略研究的步伐，加强国家语言文化安全对策研究，维护国家安全，防患于未然"，"以保证国家的语言文字的主导地位不受侵害，保证国家和民族的文化安全不受外来文化的侵蚀和渗透"。①

　　以上所述"十大理念",是笔者学习党的十九大精神就华文教育及汉语国际教育未来发展理念问题所进行的初步探讨。因时间和水平有限,上述看法还只是初步的,撰写本文则旨在听取大家的批评意见,期望有更多专家学者一起来研究、讨论新时代华文教育发展理念问题,以推动新时代华文教育和汉语国际教育事业的大发展。

　　(本文发表于《世界汉语教学》2018年第2期,作者贾益民。)

---

① 王建勤:《美国国家语言战略与我国语言文化安全对策》,中国网·丝路中国,http://sl.china.com.cn/。

新时代世界华文教育发展大趋势

第一，我们要进一步认识"新时代"。大家如今都有了一些共识，即要认识新时代、树立新时代意识。中国进入了新时代，即中国特色社会主义进入了新时代。新时代带来了新的机遇，也带来了新的挑战。新时代不仅仅是中国进入了新时代，也是世界进入了新时代。我们的华文教育在全球范围内传播，因此我们必须适应这样的时代和发展。首先，我们必须认识到，新时代是全球化发展的新时代。所以必须考虑在全球化发展的新时代，华文教育、华语文教育应该怎么做。其次，新时代是科技高速发展的新时代。无论是在华人华侨社会，还是在国际社会，科技发展都会给中华语言文化传播带来变革和发展。这两天的会议涉及方方面面的问题：曾志朗教授的脑神经科学问题、认知科学问题、网络建设问题、网络资源开发问题。此外还有许多，包括网络资源，"唐风汉语"总裁讲的一些智能教学发展，"互联网+"，等等。这个时代日新月异，华语文教育、语言研究与教学必须跟上这样一个高科技时代快速发展的新形势。尽管世界充满了各种矛盾，这些矛盾对我们提出了新的挑战，例如经济的、政治的、文明冲突的，各个方面，但是我们也看到，邓小平同志在中国改革开放初期提出的世界的主流问题仍然是和平与发展，现在世界处在了一个人类命运共同体的新时代，所以中华语言文化传播、华语文教育如何来适应或者服务于世界和平发展和人类命运共同体建设的新时代，是我们需要考虑的。除此以外，在全球化的发展条件下，我们看到当前的时代仍然是一个多元文化交流融合的时代、一个发展的时代，这个是大家在报告当中都提到的问题。我们的中华语言文化国际传播，一定要有助于不同国家、不同地区、不同民族文明之间的文化交流融合和发展，这是适应人类的新的文化生态或生命状态，也是一种新的生命状态所需要的，在这方面，中华语言文化传播、华语文教育怎样作出贡献，是值得我们思考的。我们正处于应对多元挑战的一个时代，多元的挑战来自方方面面，例如来自政治或来自文化。因此，我们必须有迎接多元挑战的精神准备及学术准备。今年我在《世界汉语教学》第 2 期发表了一篇名为《新时代世界华文教育发展理念探讨》的文章，文章提出了十大理念，第一个就是要树立"新时代"的这样一种理念，如今华语文教育转型升级等方面都面临着一些调整，因此我们要谈的第一点就是认识新时代，树立新时代意识。

第二，这两天我们会议提出来一个非常重大的课题就是"大华语和大华文教育"。我在《新时代世界华文教育发展理念探讨》一文中也提出了"大华文教育"这样一个理念，这是我到华侨大学工作之后一直在提的"大华文圈"。我们立足于华侨大学，思考着怎样推动华文教育发展，并且整合全校的资源来推动华文教育的发展，实际上我们的大发展面临着很多问题。基于"大华语"的概念和时代背景，华文教育也要走向"大华语"，走向"大华文教育"。在去年讨论大华语这个问题的时候我也提出华语可以分成三个层次。一个是作为母语的华语，一个是作为民族语言的华语。除了这两个之外，还有第三个层次就是世界华语的概念，即华语不仅是华人华侨的，是全球华人的，也是全世界的。我们要把华语当作一种世界语言，在世界范围内来传播，来提升华语的世界地位和作用。华语文教育、汉语国际教育发展的一个必然趋势就是走向"大华语"，人人学华语，只要有需要的人，都可以学华语，而且要让他们学好华语，这是很重要的一个理念。因此这就需要我们建立一个全球华语共同体，或者说华文教育的共同体。教育部提出"一带一路"教育行动计划，教育行动计划里面提出建立共建"一带一路"国家教育共同体。去年我也提出，既然是世界范围内人人学华语，我们便要面向世界传播中华语言文化，那么我们就有一个责任共同体。华语的全球化，包括涉及的标准问题等，都在大华语这个概念下和在大华文教育范畴中，我们也将进一步思考和探讨相关的理论问题和应用性的问题。

第三，科技发展推动华语教育，这是一个大趋势，我们必须借助科技发展来推动华语文教育的发展。传统的那一套理论或做法是远远不能实现这一方面的，但传统的东西、优秀的东西我们不能丢，必须坚持，必须发扬光大，所以我们必须借助现代科技来研究那些未知领域、理论问题、知识问题等。比如智能文学的问题和网络平台的问题、语料库的使用，还有各种教学平台、资源平台的建设。李劲松总裁的"唐风汉语"目前已经在国内推广，在海外的推广也越来越多，包括人工智能问题、智能教学问题，还有云计算、大数据、脑科学、神经科学、认知科学等。这些问题，我觉得是非常重要的，是可以大有作为的领域。

第四，华语文教育必须走向本土化，必须融入主流，这是新时代世界华文教育发展的一个重要趋势。我们必须推动本土化的发展，推动华文教育融入主流。本土化是融入主流很重要的前提，也是一个很重要的标志，因为我们的教育如果还局限在传统的华校办学模式和办学体系当中是远远不够的。美国 AP 课程的提出说明美国政府实际上已经把汉语教学、华文教学纳入政府教育主流，我们必须适应美国政府主流社会对汉语教学的这种政策性的导向或引导。如果我们关起门来办学，最后会脱离主流社会，没办法发展。何宝璋教授专门谈论了如何将本土化和文化主流结合起来。比如华文教师的培养问题，由"输血"到"造血"，要更多地培养本土化的母语非华语的华文教师，这是教师培训的一个重要任务。也正是基于这样的考虑，我 2004 年在暨南大学工作的时候就提出要建立一个华文教育本科专业，在中国大学里面建立华文教育本科专业，专门面向海外的华人华侨社会，鼓励他们来中国学习华文，学完以后就当作专业的华文教师来培养。从 2005 年开始，暨南大学先办起来，2006 年华侨大学接着办起来，一直到现在，这两所大学的这两个专业招生 500 多人。国务院侨务办公室给这些学生提供全额奖学金，他们来之前要签协议，保证回去以后要从事华文教育工作至少五年。如今这 500 多人都已经毕业，所以从 2005 到现在，已经十多年了，规模由小到大地发展起来。我们的目的就是培养当地的华文教师，而且我们看到除了华裔华侨子弟之外，也有非华裔华侨子弟进入这个行业，由"输血"到"造血"的发展，是推动本土化发展、推动华文教育进入主流的一个很重要的方面。培养具有所在国公民气质的华人，就要立足这样的出发点，这是融入主流的一个很重要的标准，也是本土化的一个很重要的标准。这里包括教师的本土化、教材的本土化、教学的本土化（包括教学模式、教学测试等），这涉及方方面面的问题。原来我们的对外汉语教学体系是面向来华留学生建立的一套理论体系，从教材建设到师资培养再到教法体系等都是那一套理论体系，但是我们现在的要求不一样，所以必须立足海外所在地区来进行人才培养。

　　第五，就是关于转型发展与标准化体系建设的问题，这是未来世界范围内华文教育发展面临的一个重要课题。大家都谈到了怎么样转型发展，实际上现在世界各国华文教育界、汉语教学界都在探讨这个问题。当然目前我们还没有明确的转向，转向的路径和转向的措施，以及转向之后的标准体系的建设，仍然是新的课题。所以国务院侨务办公室这些年提"三化"建设，就是海外华文教育的标准化、正规化和专业化。"三化"建设实际上是为海外华文教育的转型升级而提出的。为了实现"三化"，国务院采取了一系列措施。2007年我就提出来要进行海外华文教师资格证书认证，因为当时国家汉语国际推广领导小组办公室对外汉语证书认证停止了，但是华文教师需要进行海外华文教师资格证书认证，所以当时国务院侨务办公室给了我10万元，让我来做这个课题，整套的方案出来获领导赞同后，文化司就予以了立项。我离开暨南大学后，邵宜院长他们就接着再做，如今这个项目已经完成了，评测、考试、培训等工作已经推进，即华文教师资格证书的问题已经解决了。除此之外，就是华文水平测试问题，因为多年来，华文教育界最初的汉语水平考试就是面向来华留学生的，推展到全世界以后，主要还是面向主流社会，而且是面向成人，而华文教育大部分的教学对象是华裔青少年，充其量就是十五六岁，大部分是12岁以下的小学生。这些人的华语文水平怎样来检测，怎样通过检测来树立一些标准等，都是当时亟待解决的问题。国务院侨务办公室就此立项，邵宜院长他们成立了一个团队，他们的测试标准体系已经经过专家验收，只待具体实施。这里面涉及一些转型升级的问题，涉及体系化建设的标准化建设的一系列问题，我觉得还是要进一步加大力度推动这方面的工作。怎么样转型？如何转变普及教育和经营教育的关系？这都是需要进一步思考的。基础教育、职业教育或专业教育，有的提出来叫职场教育，这都有一些不同的概念，但是基础教育，陆俭明先生也强调，基础教育就是基础语言教育，语言文化教育这一部分还是最重要的。随着现在"一带一路"的发展，随着中国经济的"走出去"，现在对职业汉语或专业汉语的需求日益增加。比如高铁"走出去"以后，确实需要一系列高铁服务人员、高铁维护的技术型人员，比如港口码头的建设需要很多技术人员，还有建高楼大厦、建桥的工程技术人员，因为中方的企业"走出去"以后，需要当地一大批这样的管理人员和技术人员，他们需要懂得汉语来和中方的管理人员、技术人员去进一步沟通，包括以后的长期合作，所以在这种情况下，究竟怎么样来适合这种职业发展的需要，或者适合就业的需要，培养汉语人才，确实是一个很重要的课题。所以李劲松总裁在泰国开办的学校、编写的教材非常受欢迎，很多人在网上注册学习。

第六，要多元整合，融合发展。这是这两天的会议当中，大家普遍提到的一个很重要的课题，就是资源的整合、融合的问题。资源是多方面的，人力资源、物力资源、社会资源、网络资源和传统资源等，各个方面的资源如何整合、如何融合发展也是值得探讨的。崔希亮教授提出华语文教育和汉语国际教育的融合问题及华语文教育与所在国社会发展的融合问题。所以说，我们不能就华语文教育界来谈华语教育，华语文教育必须适应所在国、所在地区，适应所在国华人华侨社会，包括主流社会经济发展的需求。一个国家的政府，允许教汉语，支持教汉语、教华语文，支持人才培养，为什么？因为他们的社会发展需要这方面的人才，这些人才对促进当地的经济社会发展有好处，有助于他们开展对华的经贸往来，或者说经济合作、科技合作等各个领域的合作，保持与中国的友好关系。所以我们这方面的人才培养如何服务于他们，服务于这种社会的发展，要与当地社会的经济社会发展、人才需求紧密结合起来，这样才能得到社会、所在地区政府方方面面的支持。那么华语文教育如何与中华文化国际传播结合在一起，服务于世界多元文化和谐共存互鉴共荣的发展需求？华文教育如何和产业发展相融合？如何借助产业的技术力量、人力资源等推动华语文教育的发展？这些问题还与融合发展息息相关。在未来，还是要吸收一些像"唐风汉语"这种与华语文教育、中华文化传播相关的产业或者企业团体。因为教育界自身的力量有限，在资金、技术力量方面有限，人力资源也有限。这种多元整合、多元融合发展是未来华语文教育发展的一个很重要的趋势，也是一个必然的要求。

第七，必须大力促进华语文教育的学科建设和专业建设，这是华语文教育内在发展的一种需要。崔希亮校长提出华文教育专业充其量是个三级学科，三级学科在学科领域里面没有多少学科地位，也没有多少专业地位。这是值得深思的一个问题。那么为什么国内那么多大学开办汉语国际教育本科专业？1998年国内大学扩招的时候，汉语国际教育还叫对外汉语，这已经涉及一个关键词"对外"，招生涉外容易分配，所以很多大学尽管一个留学生都没有，汉语教育里面也开设了对外汉语本科专业。笔者去这些学校评估的时候，一个留学生都没有，这一专业学生怎么实习，校方也搞不清楚。这一专业的课程设置与中文系的差不多，就是加入一门对外汉语教学概论，或者再加入第二语言习得、第二语言教学方面的一些课程。但这样建设汉语国际教育专业是远远不够的。1994 年笔者做暨南大学华文教育发展规划时，做了 6 万多字，包括系所的设置、本科专业的设置等，但当时没成气候，所以没有实现。1995 年笔者发表了一篇文章，文章提出必须把华文教育当作一门学科来建设。学科建设、专业建设仍然是我们非常重要的一个领域。专业怎样定位？学科怎样定位？学科专业发展的目标是什么？都是我们需要重点解决的问题。除此以外，如何体现我们学科专业的优势和特点，尤其是其不可替代性，也非常重要。要让社会都了解这个学科，知道这个专业对社会发展所作的贡献和对世界所作的贡献。

（本文发表于《世界华文教学》2019 年第 1 期，作者贾益民。）

新时代华文教育的新使命

习近平总书记在中国共产党第十九次全国代表大会上的报告《决胜全面建成小康社会 夺取新时代中国特色社会主义伟大胜利》深刻回答了新时代坚持和发展中国特色社会主义的一系列重大理论和实践问题，是一篇马克思主义纲领性文献。认真学习宣传贯彻党的十九大精神，事关中国特色社会主义事业长远发展，事关中华民族伟大复兴中国梦的实现，对于决胜全面建成小康社会，夺取新时代中国特色社会主义伟大胜利，实现人民对美好生活的向往，具有重大现实意义和深远历史意义。这对于华文教育（包括汉语国际教育，下同）事业来说，同样意义重大而深远。习近平总书记在党的十九大上所做的报告，为新时代华文教育事业发展指明了方向，赋予了华文教育新的历史使命。

一　认清新时代历史使命，抢抓新时代发展机遇

党的十九大报告向世界郑重宣布："经过长期努力，中国特色社会主义进入了新时代，这是我国发展新的历史方位。"[①] 我们必须深刻领会"新时代"的重大历史意义。"中国特色社会主义进入新时代，意味着近代以来久经磨难的中华民族迎来了从站起来、富起来到强起来的伟大飞跃，迎来了实现中华民族伟大复兴的光明前景。""这个新时代，是承前启后、继往开来、在新的历史条件下继续夺取中国特色社会主义伟大胜利的时代，是决胜全面建成小康社会、进而全面建设社会主义现代化强国的时代，是全国各族人民团结奋斗、不断创造美好生活、逐步实现全体人民共同富裕的时代，是全体中华儿女勠力同心、奋力实现中华民族伟大复兴中国梦的时代，

---

① 《习近平著作选读》第二卷，人民出版社，2023，第8~9页。

是我国日益走近世界舞台中央、不断为人类作出更大贡献的时代。"①

在这样的新时代，伴随中国更高水平的改革开放和经济社会的进一步发展，中国对世界的贡献会越来越大，"中国智慧""中国方案""拓展了发展中国家走向现代化的途径，给世界上那些既希望加快发展又希望保持自身独立性的国家和民族提供了全新选择"。② 中国经济发展的快车不仅拉动周边国家，还将拉动世界经济发展，而且这一作用伴随"一带一路"倡议的实施将会日益凸显。联合国发布的《2018 年世界经济形势与展望》指出，2017 年全球经济增长速度达到 3%，是 2011 年以来的最快增长，其中中国对全球经济增长的贡献最大，约占 1/3。国际货币基金组织在最新发布的《世界经济展望》中表示，中国 GDP 从 2017 年的 11.9 万亿美元增至 2019 年的 14.2 万亿美元，超过同年欧元区共计 14 万亿美元的 GDP，中国经济对未来世界经济的贡献还将持续增加。③ 未来十五年，中国市场将进一步扩大，"预计将进口 24 万亿美元商品，吸收 2 万亿美元境外直接投资，对外投资总额将达到 2 万亿美元"。④ 中国经济上的强盛及对世界的贡献必然带来中国国际地位及地缘政治方面的提升。在当今世界政治经济格局下，中国参与全球治理的话语权越来越大。中国"倡导构建人类命运共同体，促进全球治理体系变革"，"国际影响力、感召力、塑造力进一步提高，为世界和平与发展作出新的重大贡献"。⑤ 中国政治经济地位在世界上的提升也必将带来中国语言文化地位在世界上的提升，各国人民了解、认识中国的愿望日益迫切，对中国及其语言文化的兴趣亦日益浓厚。所以，从经济、政治、文化三方面来看，中国进入新时代决定了世界范围内和中国打交道的人会越来越多，希望了解中国、认识中国、走进中国的人会越来越多，因此学习华文的人也会越来越多，这决定了世界华文教育未来必将有更大的需求和发展。

与此同时，华侨华人社会自身就有传承中华文化、民族语言的内生需求。新时代中国特色社会主义事业的大发展，尤其是"一带一路"倡议的

① 《习近平著作选读》第二卷，人民出版社，2023，第 9 页。
② 《习近平著作选读》第二卷，人民出版社，2023，第 9 页。
③ 李春霞、周明阳：《中国对全球经济增长贡献最大》，《经济日报》2017 年 12 月 20 日。
④ 王义桅：《中国进入新时代将为世界提供新机遇》，《丝路瞭望》2017 年第 12 期。
⑤ 《习近平著作选读》第二卷，人民出版社，2023，第 6 页。

推进及"两个一百年"奋斗目标的实现，也必将进一步促进海外华侨华人与祖（籍）国的紧密联系，带动华侨华人经济社会发展，带来华侨华人子女学习中华语言文化的新热潮。

所有这些都为新时代华文教育创造了新的历史发展机遇，提出了新的历史使命。使命指引方向，使命引领未来，使命催人奋进。新时代华文教育必须服务于全体中华儿女勠力同心，奋力实现中华民族伟大复兴中国梦的需要，满足海外华侨华人社会对华文教育日益增长的多样需求；必须服务于我国日益走近世界舞台中央，不断为人类作出更大贡献的需要，满足世界各国人民日益增长的学习、使用汉语和认识、了解中华文化的需求。这就是新时代赋予华文教育的新的历史使命。

二　促进中外人文交流，推进国际传播能力建设

党的十九大报告提出，要"加强中外人文交流，以我为主、兼收并蓄。推进国际传播能力建设，讲好中国故事，展现真实、立体、全面的中国，提高国家文化软实力"。[①] 华文教育承载着中华文化国际传播的重任，这就要求华文教育必须在促进中外人文交流、推进国际传播能力建设、讲好中国故事、提高中国文化软实力等方面发挥积极作用。

一是要着力提高汉语语言国际传播能力。华文教育是以汉语语言教学为主的，语言传播是华文教育的主要任务，语言相通是中外人文交流、民心相通的重要基础。今后世界各国学习、使用汉语的人会越来越多，对汉语的需求亦日益多样化，汉语正朝着"世界语言"的方向发展。所以，华文教育必须首先着力于提高汉语国际传播能力，服务于世界各国人民学习、使用汉语的需要。提高汉语国际传播能力，一方面要积极创造条件继续扩大华文教育办学总体规模，争取有更多各国人士学习汉语（目前世界范围内学习汉语的人数总量还不够多）；另一方面要加强汉语教学内涵建设，提高教师教学质量，提高学生汉语学习的兴趣和自主学习能力，以满足各国人民学习汉语的多样需求和迫切愿望。但是，海外汉语学习者普遍反映"汉语难学"，这是不争的事实。其实不然，所谓"汉语难学"，是我们目前

---

① 《习近平著作选读》第二卷，人民出版社，2023，第36页。

还没有完全找到汉语作为第二语言的教学与习得规律。所以,当前摆在华文教育面前的一个重要任务是如何进一步降低汉语学习的难度。这就要求我们必须认真深入研究汉语教学的内容与形式,进一步明确语言教学教什么、教多少、怎么教的问题,搞清楚先教什么、后教什么及教与学的标准等。对这些规律性问题的深入认识与科学把握,反映着汉语国际传播能力的高低,而这些问题也是华文教育、汉语教学永恒的话题,值得深入研究和探讨。

二是要着力提高中华文化国际传播能力。中华文化国际传播是华文教育的重要使命,华文教育是中华文化国际传播的重要平台。"一直以来,'西方中心论'者认为,起始于欧洲的现代化进程'是唯一成功和正确的发展逻辑',人类要发展只有一条道路——西方道路,'除了资本主义,别无选择';只能接受一种结局——全球西方化,西方道路、制度模式和价值观念普世化。"① 但是,随着中国的和平崛起、中国道路的成功,这些"西方中心论"的论调不攻自破,彻底打破了"除了资本主义,别无选择",只有走西方道路才能富强的神话。在"西方中心论"破除之后,"西方开始转向东方,重视东方文化","许多人希望从东方文化中吸取营养以补救西方文化的某些弊病,寻找西方文化发展的途径"。② 因此西方世界不得不从文化层面来思考中国快速发展的深层次原因。一方面,中国文化具有悠久的历史,延绵不断,并且早已浸透在每一个中国人的血液里,成为中国人坚强不屈、自力更生、奋发有为的文化基因。一个国家、一个民族的文化经久不衰,且生命力日益强盛,并成为这个国家和民族永续发展、顶天立地的坚强脊梁,那么这种文化必然具有其合理内核及巨大历史价值和现实意义。这种文化对世界来说无疑具有巨大的吸引力。中国文化正是这种文化的典型。另一方面,"文化是一个国家、一个民族的灵魂。文化兴国运兴,文化强民族强"。③ 一个国家的经济发展绝不仅是经济本身的事,起决定性作用的还是这个国家和民族的文化。中国改革开放以来经济社会发展所取得的巨大历史成就及对世界作出的巨大贡献,充分展现了中国文化包括中华优

---

① 韩庆祥、陈曙光:《中国特色社会主义新时代的理论阐释》,《中国社会科学》2018 年第1 期。
② 贾益民:《比较文学与现代文艺学》,华南理工大学出版社,1995。
③ 《习近平著作选读》第二卷,人民出版社,2023,第 33 页。

秀传统文化与中国特色社会主义文化的巨大魅力和时代风采。所以，华文教育必须致力于提高中华优秀传统文化的国际传播能力，借助华文教育这一平台，向世界人民广泛深入地宣传中华优秀传统文化及中国特色社会主义文化所蕴含的思想观念、人文精神、道德规范及价值观，展现真实、立体、全面的中国，助推中国文化软实力的提高。

三是着力提高"讲好中国故事"的能力。华文教育要肩负起语言传播与文化传播的使命，就必须要"讲好中国故事"。讲好中国故事，要解决"讲什么"的问题，要构建中国故事内容体系，既要讲好中国历史故事，帮助各国人民认识、了解中国数千年光辉灿烂的历史，又要讲好中国近现代故事，帮助各国人民认识、了解中国近现代的发展历史，更要讲好中国当代故事，尤其是改革开放以来的故事，帮助各国人民认识、了解一个真实、立体、全面的当代中国。讲好中国故事，还要解决"怎么讲"的问题，要构建讲中国故事的话语体系和方式体系，以适应各国人民讲故事、听故事的话语方式，即构建各国人民能够听得懂、听得进、听得有兴趣、听后能理解、理解后能认同的话语方式，而不能生搬硬套、枯燥无味、强加于人。所以，华文教育要讲好中国故事，就要让中国好故事进教材、进课堂、进头脑，就要使每一位华文教师成为讲中国故事的能手，这是华文教育服务于推进国际传播能力建设、讲好中国故事、提高中国文化软实力的基本途径。所有这些，也给华文教育研究提出了新的课题。

三 推动中华优秀传统文化创造性转化、创新性发展

党的十九大报告提出，要"推动中华优秀传统文化创造性转化、创新性发展，继承革命文化，发展社会主义先进文化，不忘本来、吸收外来、面向未来，更好构筑中国精神、中国价值、中国力量，为人民提供精神指引"。[①] 这段话的内涵极其丰富，值得认真学习领会和贯彻落实。"将中华优秀传统文化与解决中国社会发展的实际问题相结合，是党的十九大报告的一大亮点。""从中华优秀传统文化的角度，认真领悟习近平新时代中国特

---

① 《习近平著作选读》第二卷，人民出版社，2023，第19页。

色社会主义思想所提出的构建中国精神、中国价值、中国力量的意义。应该看到，习近平新时代中国特色社会主义思想所包含的认识论、方法论、实践论、矛盾论、辩证法，并不完全是西方传进来的'舶来品'，还创造性转化和运用了中华优秀传统文化、中国哲学的理念与观点。"① 应该说，党的十九大报告在"推动中华优秀传统文化创造性转化、创新性发展"② 上为我们树立了榜样，创造了典范。

第一，推动中华优秀传统文化创造性转化、创新性发展是一个全新的概念，给我们提出了许多值得深入研究和探讨的新课题。要认真总结中华优秀传统文化的主要内容、历史发展、核心价值观念、精神实质、基本特征等；要研究中华优秀传统文化哪些内容可以转化、怎么转化、转向哪里、转向什么等问题；要研究华文教育如何才能"推动中华优秀传统文化创造性转化、创新性发展"。华文教育是中华优秀传统文化在海外华侨华人社会得以传承发展的重要平台和动能，应该积极主动地承担起"推动中华优秀传统文化创造性转化、创新性发展"的历史使命，争取大有作为，作出新贡献。

第二，继承革命文化，发展社会主义先进文化是华文教育题中应有之义。过去一谈华文教育中的文化传承问题，由于思想不够解放，为避免意识形态文化观念的冲突，往往就把文化传承仅仅看作单纯的传统文化的传承，而忽视"革命文化"和"社会主义先进文化"。实际上，中国的"革命文化"和"社会主义先进文化"正是中华优秀传统文化得以传承并创造性转化、创新性发展的结果。社会主义核心价值观是社会主义先进文化的高度概括和总结，同样是中华优秀传统文化创造性转化、创新性发展的成果。华文教育要承担起"推动中华优秀传统文化创造性转化、创新性发展"的重任，就应该把传播中国革命文化、社会主义先进文化和社会主义核心价值观作为自己新的历史任务，自觉而科学地把中国革命文化、社会主义先进文化和社会主义核心价值观纳入教材、教学内容，紧密结合、融入语言教学，以学习者容易接受的方式，讲好中国革命故事，讲好中国特色社会主义建设发展故事，让中国革命文化、社会主义先进文化和社会主义核心

---

① 张异宾：《从认识论和方法论高度深入学习领会党的十九大精神》，《中国社会科学》2018年第1期。

② 《习近平著作选读》第二卷，人民出版社，2023，第19页。

价值观教学成为华文教育的新常态。

第三，不忘本来、吸收外来、面向未来，指出了文化创造性转化、创新性发展应有的态度，意义重大。"不忘本来"就是不忘中华优秀传统文化，不忘中华文化之根、之魂，始终坚定文化自信，始终坚守中华文化的本源要义、精神实质，同时以开放、科学的态度对待中华优秀传统文化，既不妄自菲薄，又不唯我独尊；"吸收外来"就是要吸收外国、外民族的优秀文化，取其精华，以丰富、发展我们自己的文化，而不闭关自守、抱残守缺或妄自尊大；"面向未来"就是要推动各国各民族文化的交流融合、互学互鉴、共同进步，在各国各民族文化发展进步、保持自身文化特色的基础上，建设基于世界大同的"世界文化"，即构建世界和平发展的文化理念，造福世界各国各民族人民。这是未来世界文化发展的必然，华文教育发展就应该"不忘本来、吸收外来、面向未来"。

第四，文化创造性转化、创新性发展的目的是更好构筑中国精神、中国价值、中国力量，为人民提供精神指引。从华文教育、国际文化传播的角度来看，海外华侨华人需要这种精神指引，那些愿意走进中国、认识中国的外国人士也需要这种精神指引。他们都希望找到中国有价值的东西，希望中国的价值观能够为他们所借鉴、学习，因此我们自己首先要研究清楚应该给他们什么样的"中国精神、中国价值、中国力量"的解读和影响，这是华文教育研究的重要课题。在此基础上，华文教育应该把"中国精神、中国价值、中国力量"的内容引入华文教材，引入华文课堂，给学生以精神指引，并通过华文教育这一桥梁和平台将其传播到华侨华人社会和其所在国的主流社会，为华侨华人和各国人民提供精神指引，为解决人类问题贡献中国智慧和中国方案。

四　推动构建人类命运共同体，服务世界和平与发展

党的十九大报告把"我国日益走近世界舞台中央、不断为人类作出更大贡献"[①] 作为中国特色社会主义进入新时代的重要标志，提出要"坚持走

---

① 《习近平著作选读》第二卷，人民出版社，2023，第9页。

和平发展道路，推动建设新型国际关系，推动构建人类命运共同体"①。"构建人类命运共同体"思想是习近平新时代中国特色社会主义思想的重要组成部分，是我国发挥负责任大国作用、参与全球治理体系改革和建设、向世界贡献中国智慧和力量、不断为人类作出更大贡献的根本指导思想。新时代华文教育必须服务于推动构建人类命运共同体，服务于世界和平与发展。

当今世界，和平与发展仍然是时代主题。构建人类命运共同体就是为了促进世界和平与发展。华文教育是促进世界和平与发展的一项伟大事业。从历史上看，华文教育为在世界范围内传播中华语言文化，促进世界各国文化的多样化，增进世界各国人民对中国的了解与友谊，发展中外人文交流，奠定中外全面合作、共同发展的语言文化与友好情感基础，推动建设相互尊重、公平正义、合作共赢的新型国际关系等，作出了重大贡献。从今天和未来看，华文教育推动构建人类命运共同体、促进世界和平与发展，仍然任重道远。

第一，华文教育要致力于满足世界各国人民学习、使用汉语的需求，不断促进全球汉语的普及与汉语水平的提高。目前，世界范围内学习、使用汉语的人数逐年增加，但是汉语的普及程度还远远不能满足各国人民学习、使用汉语的需要。这些汉语学习者的汉语水平大多还仅限于初级口语交流，与英语在世界上的普及程度相比简直是天壤之别。所以，华文教育的首要任务就是大力推进世界范围内汉语的普及与汉语水平的提高，并处理好普及与提高的关系，一方面要做好"普及"，另一方面要抓好"提高"，两者不可偏废，缺一不可。在这方面，国家层面应该统筹协调华文教育，研究制定国家汉语语言国际战略规划，尤其"必须面对全球化的挑战，站在全球化的高度来制定国家对重大语言战略问题的相关政策，必须以高度的竞争意识来制定国家的对外语言战略"②，并统一部署实施。

第二，华文教育要致力于促进世界文化多样化发展。世界文化多样化是世界和平与发展的重要内容，也是世界和平与发展的重要基础。没有世界文化的多样化发展，就没有世界的和平与发展。华文教育应该把促进世

---

① 《习近平著作选读》第二卷，人民出版社，2023，第485页。
② 王建勤：《美国国家语言战略与我国语言文化安全对策》，中国网·丝路中国，http://sl.china.com.cn/。

界文化的多样化发展作为自己的重要任务和使命。一方面，通过华文教育促进中华文化国际传播，使中华文化传播到世界每一个角落，满足各国人民了解、认识、体验中华文化的需求，共同分享中华文化的博大精深、光辉灿烂，并从中汲取营养；另一方面，要让中华文化在世界每一个角落落地生根，与当地文化融合发展、互学互鉴，成为所在国家和地区多元文化不可缺少的组成部分。在这一过程中，世界面临的不稳定性和不确定性突出，必须处理好不同国家、不同民族由历史文化传统、意识形态观念、宗教信仰的差异可能引发的文化冲突问题。因此，我们必须"要尊重世界文明多样性，以文明交流超越文明隔阂、文明互鉴超越文明冲突、文明共存超越文明优越"①，与世界各国人民友好相处，团结一道，共同创造世界多元文化，发展更加美好的未来。

第三，华文教育要致力于促进中外人文交流。中外人文交流是中国与世界联系的重要方式，是中国日益走向世界、走近世界舞台中央的重要途径。促进中外人文交流，是新时代华文教育的重要任务，华文教育必须采取多种形式和途径积极服务并参与中外人文交流，尤其是充分发挥华侨华人社会开展华文教育的桥梁和纽带作用，发挥汉语国际教育的主渠道作用，积极促进中华语言文化在各国主流社会的传播。要探讨华文教育服务并参与中外人文交流的形式与途径，力求形式灵活多样、内容丰富多彩、效果真实显著。比如，开展丰富多样的校园中华文化活动，邀请当地学生、社会人士参与、观摩，以中华文化特色内容和形式参与当地社区和主流社会的各种文化活动，在当地城市或社区主办中华文化主题活动，以适当的方式送中华文化进当地主流社会的学校、团体、企业、家庭等。同时，华文教育也要善于借助中外人文交流扩大影响，促进办学，形成华文教育与中外人文交流你中有我、我中有你、相互促进、共同发展的良好局面。

总之，华文教育要把为"各国人民同心协力，构建人类命运共同体，建设持久和平、普遍安全、共同繁荣、开放包容、清洁美丽的世界"② 作出新的更大贡献作为自己新时代的历史使命。

---

① 《习近平著作选读》第二卷，人民出版社，2023，第48页。
② 《习近平著作选读》第二卷，人民出版社，2023，第48页。

五 促进世界中华儿女大团结，推动两岸 关系和平发展

党的十九大报告提出，要"广泛团结联系海外侨胞和归侨侨眷，共同致力于中华民族伟大复兴"[①]，又指出，"解决台湾问题、实现祖国完全统一，是全体中华儿女共同愿望，是中华民族根本利益所在。必须继续坚持'和平统一、一国两制'方针，推动两岸关系和平发展，推进祖国和平统一进程"[②]，"实现中华民族伟大复兴，是全体中国人共同的梦想。我们坚信，只要包括港澳台同胞在内的全体中华儿女顺应历史大势、共担民族大义，把民族命运牢牢掌握在自己手中，就一定能够共创中华民族伟大复兴的美好未来"[③]。还强调，"加强海内外中华儿女大团结，团结一切可以团结的力量，齐心协力走向中华民族伟大复兴的光明前景"[④]。由此可以看到，团结联系广大海外侨胞，促进海内外中华儿女大团结，推动两岸关系和平发展，推进祖国和平统一进程，是新时代华文教育义不容辞的历史责任。

华文教育要服务于促进海内外中华儿女大团结。目前，海外华侨华人有6000多万人，分布在全球198个国家和地区，[⑤] 他们都是中华民族大家庭中的成员，他们对中国革命和建设事业的贡献彪炳史册、千古传扬。正如裴援平所说，"华侨华人为开辟中华民族伟大复兴的光明前景作出了重大贡献"，他们是中国革命事业的无私奉献者，是中国建设和改革事业的积极参与者，是中国和平统一大业的坚定支持者；"华侨华人中蕴藏着实现中华民族伟大复兴的强大力量"，他们是走好中国道路的重要支撑，是弘扬中国精神的重要载体，是凝聚中国力量的重要源泉。[⑥] 总之，华侨华人是实现中华民族伟大复兴不可缺少的重要力量。华文教育是海外华侨华人社会的重要组成部分，是华侨华人社会传承中华语言文化的重要途径，是华侨华人社

---

① 《习近平著作选读》第二卷，人民出版社，2023，第33页。
② 《习近平著作选读》第二卷，人民出版社，2023，第46页。
③ 《习近平著作选读》第二卷，人民出版社，2023，第47页。
④ 《习近平著作选读》第二卷，人民出版社，2023，第57页。
⑤ 裴援平：《现在海外华人华侨有6000多万，分布在198个国家和地区》，国际在线网站，http://news.cri.cn/gb/42071/2014/03/05/107s4450353.htm。
⑥ 裴援平：《华侨华人与中国梦》，《求是》2014年第6期。

会的共同追求，是广泛团结联系华侨华人的重要平台，是华侨华人与祖（籍）国联系的重要纽带，是为侨服务的重要工作内容。所以，华文教育在促进海外华侨华人社会大团结、海内外中华儿女大团结方面，必将大有作为。华文教育可以通过中华语言文化传播，团结、鼓励、帮助、支持华侨华人建设和谐侨社、和谐社会，树立中华儿女良好国际形象，积极融入主流社会，发挥中外桥梁和纽带作用，促进住在国与中国各领域、各方面、各层次的友好合作与交流，为住在国经济社会发展贡献力量，为实现中华民族伟大复兴贡献力量。

华文教育要服务于"推进祖国统一"大业。"实现祖国完全统一，是实现中华民族伟大复兴的必然要求。"① 这对新时代华文教育提出了新任务、新要求。华文教育是促进两岸关系和平发展、推进祖国统一大业的重要平台。华文教育必须服务并服从于"一国两制"和祖国统一大业，在华文教育和汉语国际传播中"必须坚持一个中国原则，坚持'九二共识'，推动两岸关系和平发展，深化两岸经济合作和文化往来，推动两岸同胞共同反对一切分裂国家的活动，共同为实现中华民族伟大复兴而奋斗"②。为此，要积极推进两岸华文教育界的交流与合作，包括共同研究制定统一的华文教学大纲、教学评估标准、测试标准等，共同编写华文教材，联合开展教师培训，研制教师资格标准，开展教学研讨与学术交流，互派教师、学生交换学习等，使两岸华文教育合作交流形成新常态，开拓两岸华文教育交流合作新局面，齐心协力走向中华民族伟大复兴的光明前景。

六　深化供给侧结构性改革，促进华文教育可持续性发展

党的十九大报告提出，要"深化供给侧结构性改革"③。这主要是对产业经济领域讲的，其实新时代华文教育也有一个"供给侧结构性改革"问题。通俗地说，海外华侨华人社会及各国人民需要什么样的华文教育，我

---

① 《习近平著作选读》第二卷，人民出版社，2023，第21页。
② 《习近平著作选读》第二卷，人民出版社，2023，第21页。
③ 《习近平著作选读》第二卷，人民出版社，2023，第218页。

们就应该帮助、支持办什么样的华文教育，这就是"供给"。尤其是现在海外华侨华人、外国人士学习汉语的需求日益扩大，且日益多样化，华文教育如何满足新时代海外华侨华人社会和世界各国人民学习华文的需求，以及我们能够"供给什么"和"怎么样供给"，都向我们提出了新课题、新任务和新要求，值得我们深入思考和探讨。

目前，海外华文教育最大、最迫切的需求还是在"三教"方面，即教师、教材、教学三个方面。近些年来，针对海外"三教"需求，中国政府有关部门和机构，如国务院侨务办公室、孔子学院总部/国家汉语国际推广领导小组办公室、各省份侨务外事部门、有关大学及教育机构等，做了大量卓有成效的工作，保证了有效"供给"，受到海外华文教育界、华侨华人社会、汉语国际教育界及外国政府和社会的高度评价与广泛欢迎。比如国务院侨务办公室自 2014 年提出华文教育"三化"即"标准化、专业化、正规化"① 及"施教体系、教材体系、培训体系、帮扶体系、支撑体系、体验体系"② 建设并全力推进实施以来，取得了显著成效，为海外华文教育可持续发展奠定了良好基础。但是，伴随海外华侨华人社会及各国主流社会对华文教育日益增长的、多样化的迫切需求，现有的优势"供给"资源早已捉襟见肘、供不应求，如师资、本土化教材等；而有的"供给"则供大于求，造成资源浪费，如一些大量赠送却既不适用又不能使用的教材、图书，还有年复一年、重复来重复去、形式化的师资培训等。这是一个"供给"问题，相应也就有一个"供给侧结构性改革"问题。新时代华文教育要可持续性发展，必须积极推进华文教育"供给侧结构性改革"，以不断提高华文教育水平，满足海外华文教育日益增长的多样化需求。

在"教师"需求方面，一是教师数量严重不足。二是现有教师结构不合理，比如年龄结构、学历结构、专业结构、族裔结构等。年龄结构上，大的大、小的小，中间断层严重，有的学校普遍偏大，有的学校普遍偏小，

---

① 黄小希：《国侨办主任：推进海外华文学校标准化专业化正规化建设》，共产党员网，https：//news. 12371. cn/2014/03/20/ARTI1395318096280149. shtml？from＝groupmessage ＆isappinstalled＝0。

② 裘援平：《振兴华文教育事业，助力中华民族复兴》，贾益民主编《世界华文教育年鉴（2015）》，社会科学文献出版社，2015。

结构很不合理；学历结构上，学历普遍偏低，有的教师尽管有硕士、博士研究生学历，但实属凤毛麟角，且大都专业不对口；专业结构上，真正是华文教育、汉语国际教育、中国语言文学、语言学及应用语言学、语文教育学等专业的教师较少，而大部分教师都是非专业的；族裔结构上，基本是华裔华族华侨华人教师及中国外派教师（含志愿者）"一统天下"，很少有所在国原住民、原族裔及其他外来族裔教师，即很少有本土化教师。三是现有教师水平参差不齐，造成教学效果不平衡，差距大，教学质量保障度低。四是教师培训机会不均等，由于条件限制，参加培训的教师只是少数，大部分教师无法参加培训，而相当一部分教师则是逢培训必参加，几乎成为"培训专家"。

在"教材"需求方面，一是教材种类不均衡。比如，教材种类按实际需要可以分为学历教材和非学历教材：学历教材可以分为小学、初中、高中、大学、研究生教材等；非学历教材可以分为幼儿、培训、研修、辅助（读物）教材等。其中，学历教材偏多，非学历教材偏少；学历教材中大学教材偏多，中小学教材偏少；非学历教材中培训教材偏多，幼儿教材、研修教材、辅助教材偏少。从面向华侨华人学生的华文教材来看，主打教材最早只有《中文》《汉语》两套小学阶段的教材，后来才编写了初中版和高中版；幼儿教材、研修教材、辅助教材都很少。教材按内容可以分为语言教材和文化教材，显然语言教材偏多，文化教材偏少。教材按教学对象可以分为成年人教材和少年儿童教材，显然成年人教材偏多，少年儿童教材偏少。教材按形式可以分为传统纸质版教材和现代信息技术教材（如多媒体教材、网络教材、慕课教材、智慧教学教材、手机 App 教材等），显然前者偏多，后者偏少。所有这些都不能满足当前华文教育对多种类教材的需求，尤其是上述偏少的教材。二是精品教材少。华文教育和汉语国际教育教材已有数百种，乃至上千种，但精品教材、品牌教材并不多见。目前世界发行量最大、发行最广泛、最受欢迎和好评的华文教材是暨南大学华文学院编（贾益民主编）的《中文》（小学版），《中文》（小学版）自1997 年出版发行以来，20 余年共发行了 4000 余万册（这还不包括海外授权自行印刷与出版的数量），近几年更是每年发行 300 余万册，遍及 160多个国家和地区。一套教材连续发行 20 余年，每年的发行与使用量达数百万册，且逐年增加，实属罕见。三是本土化教材偏少。目前学界对"本土化"研究还很不深入，对什么是"本土化"并不很清楚，在概念使用上也不一致，有的称"本土化"，有的称"本地化"，有的称"在地化"，有的称"住地化"，等等，我们在这里不讨论使用哪一个概念更合理、更科学、更准确，姑且还是用"本土化"。"本土化"理论研究滞后，缺乏共识，所以编写本土化教材也就缺乏理论依据和科学标准。正因为这样，已经编写出版使用的所谓本土化教材就存在很多问题。有的甚至只是把同一套教材用不同国家的语言作为媒介语加以注释和翻译，就把它说成某个国家的本土化教材。显然，这样的本土化教材实际是假"本土化"教材，或称为冒充的"本土化"教材。当前，除师资之外，海外呼声最高、诉求最迫切、需求最大的就是本土化教材，而且是希望能够满足不同类型需求的本土化精品教材。

在"教学"需求方面，一是教学质量保障体系不够健全，有的教学机构（主要是学校、学院、幼儿园）根本就没有建立基本的教学质量保障制度，教学不规范、不专业、随意性大，教学效果得不到基本保障。因此，国务院侨务办公室提出华文教育"三化"（标准化、专业化、正规化）建设意义非常重大，值得花大力气抓好落实。二是教师教学方法不得当，课堂教学调动不起学生学习兴趣，不能教学相长；有的教师根本不了解、没有掌握第二语言教学法，或者根本不懂教学法；有的甚至不能按教学计划和教学大纲规定完成教学任务。三是现代信息教育技术资源，如多媒体教学、智慧教学、网络教学资源等应用不到位，有的教师甚至从不使用这些资源，因为他们根本不会用。四是教学条件不充分，如课室配置、仪器设备、教辅材料、教具种类等不能满足课堂教学的需求。

由此可见，所有这些都对华文教育"供给侧结构性改革"提出了新任务、新需求，而且任务艰巨、需求迫切。当然，华文教育"供给侧结构性改革"是多方面的，我们应该根据不同国家、不同地区、不同学校的实际情况和具体需求，科学制定"供给"规划，实施按需、定向、精准、有效"供给"，以推动新时代华文教育又快又好发展。

"使命呼唤担当，使命引领未来。"[1] 新时代华文教育的发展需要我们在党的十九大精神的指引下，认真学习和贯彻落实习近平新时代中国特色社

---

[1] 《习近平著作选读》第二卷，人民出版社，2023，第15页。

会主义思想，深入探讨新时代华文教育发展新规律、新特点、新思路，明确新方向、新任务、新目标、新要求，以新时代奋发昂扬、敢于担当、勇于创新、乐于奉献的精神，把握新机遇，迎接新挑战，履行新使命，为中华民族伟大复兴与世界和平发展作出新贡献！

（本文发表于《世界华文教学》2018 年第 1 期，作者贾益民。）

印度尼西亚华文教育的几个问题

印度尼西亚华文教育曾有过辉煌的历史，造就了几代印华英才。印度尼西亚华文教育的历史自 20 世纪以来"三起三落"，现在又迎来新的春天。中断了 32 年的印度尼西亚华文教育目前正百废待兴，初现曙光，进入一个新的时期。印度尼西亚华文教育在新形势下又面临许多新的问题和新的任务。

举办这次会议，一起讨论印度尼西亚华文教育问题，意义重大。兴办本次会议的目的就在于交流情况、总结经验、探讨问题、寻求出路、谋求发展，我认为本次会议达到了目的。参加本次会议的许多印度尼西亚朋友正在酝酿成立印度尼西亚华文教育学会，印度尼西亚各地负责人能够聚在一起来协商这一重要举措，也是本次会议的一个积极成果。希望这一好的倡议能尽快成为现实。

下面就印度尼西亚华文教育的几个问题谈一些看法，供大家参考。

一　印度尼西亚华文教育的定性定位问题

什么是华文教育？华文教育就是对海外华人华侨学生进行的中国语言文化教育。它的教学对象很明确，就是华人华侨学生，当然也不排除少量非华人华侨学生，但华人华侨学生是华文教育的主体，其教育内容是中国语言文化。

就语言教学的性质来讲，目前印度尼西亚的华文教育究竟是母语教育还是非母语教育，究竟是第一语言教育还是第二语言教育？我想对这一问题不急于做结论。因为印度尼西亚华文教育停顿了 32 年之后，情况发生了很大变化。20 世纪 50 年代之前，印度尼西亚的华文教育就是母语教育，就是第一语言教育，这毋庸置疑。但 32 年之后，印度尼西亚华文教育的语言教学性质就比较复杂了：汉语仍然是印度尼西亚华人的母语，但在现实条件下，对绝大多数华文学习者来讲，汉语已不再是他们的第一语言；然而华人家庭有一定的中华语言文化背景，这与其他非华人学生学习汉语言文化的家庭背景有所不同。有些华人子女虽然不会认汉字，但在家庭里会听会说一些汉语（或是普通话，或是方言）。正因为这样，这些华人子弟学习汉语是有其特殊性的。从这个意义上讲，印度尼西亚华文教育既不能照搬作为第一语言或母语教学的汉语教学模式，也不能完全照搬作为第二语言教学或对外汉语教学的汉语教学模式。

我们应根据印度尼西亚华文教育的不同教学对象、教学类型的实际情况来界定其语言教学的性质，也就是说，要从现实出发。尤其对华裔少年儿童的华文教育，在某种意义上，它具有双语教学的性质。就对华裔少年儿童的华文教育培养目标而言，其华文教育不仅仅是一个语言教育问题，当然语言教育是主体，除此之外，还有一个综合素质培养的问题。在少年儿童习得语言的过程中，综合文化素质的培养不容忽视，德育、智育、美育都是华文教育的重要内容。从这一意义上说，华文教育具有语文教育的性质。当然，成年华人以语言学习为主，汉语是作为第二语言学习的，所以，对成年华人的华文教育可借鉴对外汉语教学的理论与方法。

华文教育的主体对象是华族，在华文教育过程中还有一个中华文化的认同感问题。语言教学过程中同时要培养中华文化认同感，这是华文教育的一项重要任务。这里涉及华文教育过程中文化教学的问题。究竟提不提弘扬中华文化？有的学者指出还是提华族文化或母语文化、本族文化为好，最好不提弘扬中华文化。我觉得这个问题可以先不争论。语言是文化的载体。语言教学过程中必然对语言学习者起一种文化的潜移默化作用。我认为提"华文教育"、"华文教学"或"华语教学"就足够了。学习一种语言，实际上就是在学习一种文化。就印度尼西亚华文教育的现状来说，现在单独抽出文化教学问题来讨论，我觉得还不是时候，为时过早。

目前印度尼西亚的华文教育是"双轨制"：一种是政府已纳入国民教育体系的华文教育，即在国民教育体系正规学校中开设华文教育课程（从小学到中学甚至到大学）；另一种是民间性质的华文教育，即华社华人自己开办的属于华语补习班性质的华文教育。目前印度尼西亚华文教育的重点应在后一方面。这是一个基本定位。我们的首要任务是把这种补习班性质的华文教育办好，定位就定在这里。有了这样一个定位，有关印度尼西亚华文教育的教学性质、教材编写、教师培训、教学方法等一系列问题就容易解决了。定位不同，对很多问题如教材编写等的处理或做法就不一样。纳入国民教育体系的华文教学的教材与华文补习班的教材，在编写内容、编写方法等方面就有差别。因此，搞清楚印度尼西亚华文教育的定位是非常重要的。

二　印度尼西亚华文教育的普及与提高问题

目前，印度尼西亚华文教育的首要工作是普及华文教学。推广华语，吸引更多的华人华侨子弟来学习华语，这是印度尼西亚华文教育界的当务之急，是第一位的工作。形成学习华语的风气和气氛，这是华文教育发展的一个很重要的标志。当然，在普及的基础上还有一个提高的问题。作为教学来讲，应该树立自觉追求教学规范的意识。尤其是教师，必须致力于提高教育教学质量，在这方面应有高标准、高目标。但是，我们也不能求全责备，必须承认和正视印度尼西亚华文教育中断了32年之久这样一个历史现实。普及中的提高是需要一个过程的。印度尼西亚的华文教育要普及，但在普及中也要避免商业化倾向。我们应该首先把华文教育当作民族的一项重要事业来发展和推进，而不应该视其为一个商业市场，仅仅从中牟取经济利益。

三　印度尼西亚华文教育的教学规范问题

印度尼西亚的华文教育要在普及中求提高，提高的标准就是要遵循语言教学规律，注意教学规范。从语音教学来看，必须坚持汉语拼音方案，教标准普通话，这是一个基本要求。教学过程中教师和学生不可避免地会受到印度尼西亚语、汉语方言语音的干扰，这就需要教师去研究、分析印度尼西亚语与汉语普通话发音的区别，要学会辨音，注意纠正学生的发音偏误。如印度尼西亚语没有送气音，所以学生在学习汉语时遇到声母中的送气音就常常发不准。还有一点，有的在教学过程中把汉语普通话和汉语方言同时教，教一句普通话，然后又教一句方言。从语言教学规律来看，面向华裔少年儿童的汉语教学，这种做法不宜提倡。

汉字教学也有一个规范化问题，其中之一是汉字的繁与简的关系问题。我们提倡"教简识繁"。简化汉字早已被联合国教科文组织明确规定为汉语使用的规范文字，不用繁体字。所以华文教育的一项重要任务就是推广简化汉字。但这不是对各国的华文教育做硬性规定。我们要尊重所在国、所在地区各学校自己的选择，但我们提倡简化汉字，提倡教简识繁。从识字规律看，学会简化汉字之后，繁体字大部分可以不学自通。简繁字同时教授会增加学习汉字的难度，尤其是对于海外华裔少年儿童来说，汉字本来就难书写，如果教简化汉字的同时又教繁体字（在一些课堂上就存在这种情况），不利于汉语学习。而且有些简化字与繁体字不能一一对应，如"发展"的"发"与"头发"的"发"，在简化汉字中是一个字，同音同形，但在繁体字中是两个完全不同的字，同时教授简繁体会大大增加学习难度，不利于激发学习兴趣。从习字规律讲，教简化汉字有助于学生的学习，有助于提高学生学习书写汉字的兴趣。汉字书写有规范化问题，汉字教学要尊重汉字书写规律，要教规范的笔画、笔顺。

此外，词语教学和语法教学都有规范化问题。如词形问题，中国国务院最近颁布了《第一批异形词整理表》，在词语教学中就不要把已经整理出来且废弃不用的异形词当作规范词来教。语法教学则要注意排除方言语法对规范语法的影响。

四　印度尼西亚华文教育的师资培训问题

主要有两个问题：一是培训什么，二是怎么培训。

1. 培训什么

我认为主要应该培训 3 个方面的内容。

（1）汉语言文化基本知识。这是目前印度尼西亚华文教师急需补课的内容。汉语言文化基本知识包括汉语基础知识，如语音、文字、词语、语法、文体、写作等，还包括中国文化知识，如中国地理、历史、文化、民俗、文学、艺术、中国概况等。

（2）汉语教学法。教学法培训要注意处理好理论与应用的关系问题。教学法理论很复杂，有各种教学法流派。如果现在对印度尼西亚的华文教师过多地讲这些教学法理论可能使其感到一头雾水，也很难应用于课堂教学，所以现在的教学法培训应注重教学法的实际应用，即教老师怎样上好一堂课，怎样根据语言教学规律组织课堂教学。我认为这是最重要的，也是海外华文教师急需的。

（3）儿童汉语习得心理。目前印度尼西亚华文教育面对的大多数教学对象还是华裔少年儿童，所以要重视儿童汉语习得心理规律的研究探索。汉语教学要增强趣味性。如何增强趣味性？游戏是汉语教学过程中很重要的一种趣味方式。怎样运用各种游戏来激发少年儿童学习汉语的兴趣，很值得研究和探讨，所以加强这一方面的培训是很有意义的。

2. 怎么培训

（1）教师要重视自我个人素质的提高。作为教师必须重视个人素质的提高，要有自学的自觉意识，有不断提高的自觉意识。这一点是很重要的。另外，华人社团、华文学校或华文教育组织机构等也要有自觉意识，即自觉组织本地区、本社团、本校或本系统的华文教师的自我培训，经常组织教师进行研究、交流、座谈、观摩、课评等。这也是一种很好的培训方式。

（2）"请进来，派出去。"从印度尼西亚方面来讲，一是请中国教师到印度尼西亚去培训华文教师，二是组织教师派到中国来参加培训。从中国方面来讲，也要"请进来，派出去"，即请印度尼西亚教师来华接受培训，同时派教师、专家去印度尼西亚进行华文教师培训。实际上这些工作都已经在做，希望今后能进一步加大力度，使培训面更宽、培训效果更好，从而推动教学质量的提高。

（3）函授培训。暨南大学在印度尼西亚已开始设点进行华文师资函授培训。目前只设了一个点，今后还会在其他地方设立函授培训点，希望通过函授培训，使更多教师得到提高。当然函授培训刚刚开始，肯定有很多不完善的地方，希望大家能够提出建设性意见，我们进一步改进工作。

此外，华文师资培训是一项十分重要的工作，今后还要进一步加强研究，如课程设置、教学内容、教学组织安排、教材编写等，都需要拿出实质性研究成果，以应用于师资培训。

印度尼西亚华文教育的前景是美好的、光明的。印度尼西亚华文教育的春天曙光初现，但真正春天的到来还需要大家共同努力。这次会议把华文教育与华文文学联系在一起，是很有意义的。教育与文学是不可分的。

印度尼西亚的华文教育与华文文学共同发展，必然会取得双赢局面。华文文学的发展必将推动华文教育的发展，而华文教育的发展也必将推动华文文学的发展。印度尼西亚老一代华文作家都是华文教育培养出来的，华文教育的发展将为印度尼西亚培养出一代又一代的华文文学新人，这是历史的必然。文学与教育结合起来研究，有利于推动华文教育与华文文学事业的发展。暨南大学今后将继续不遗余力，为推动印度尼西亚华文教育与华文文学事业的发展作出积极的贡献。

（本文发表于《暨南大学华文学院学报》2002 年第 4 期。在第一届印尼华文教育与华文文学国际研讨会上的发言，根据录音整理，已经本人审阅，作者贾益民。）

世界华文教育发展新形势与多元驱动

目前，在世界政治、经济、社会、文化等方面面临诸多新形势的情况下，世界华文教育发展也不例外，同样面临诸多新形势。我们究竟应该如何研判当前世界范围内的华文教育面临的新形势，这是值得我们进一步深入思考和探讨的。

我认为，目前世界华文教育发展包括汉语国际传播和汉语国际教育面临的新形势，最主要的有以下几个方面。

一是世界华文教育发展面临一个新的转型期，即由以规模发展为主向以内涵建设、质量提升为核心任务的发展期转型。从 20 世纪 80 年代开始尤其是 90 年代以来，海外华侨华人社会的华文教育进入一个新的发展机遇期，有些过去被迫停办的老华校复办，一大批新移民创办的新华校（或称为中文学校）如雨后春笋般发展起来，21 世纪以来，更是进入一个新的规模拓展期，截至目前世界范围内由华侨华人主办的华文学校已达两万多所，分布在 180 多个国家和地区，在校学生数百万人，专兼职教师数十万人，其在校学生人数和办学规模仍在不断扩大，学校数量也仍在不断增加，此外还有大量的华文补习班（包括家庭补习班）无法统计在内。如果说对外汉语教学自 2004 年、2005 年基本完成了由内而外的转型——由以国内的对外汉语教学为主转向在外国的汉语国际教育为主——之后，世界范围内的汉语国际教育规模也在不断扩大，比如国外孔子学院及孔子课堂建设如火如荼，日新月异，数量之多、发展之快令人难以想象，而且孔子学院和孔子课堂的数量及在学各类学员的数量还在逐年增加。世界范围内华文教育和汉语国际教育规模数量的不断扩大，一方面满足了学习者的迫切需求，另一方面也带来了很多困难和问题，如教师队伍力量薄弱、教材匮乏、教学质量缺乏保障等。这就要求华文教育及汉语国际教育呼吁内涵发展与质量提升，即由以规模发展为主向以内涵建设、质量提升为核心任务的发展期转型。

正因如此，国务院侨务办公室提出了华文教育要向标准化、专业化、正规化发展的任务，并提出了华文教育"六大体系"建设。这一号召和以此为基础提出的一系列具体举措是非常正确的，也是非常及时的。在这一新形势下，华文教育转型发展究竟转什么、怎么转，就是摆在华文教育界和汉语国际教育界面前的重要课题。

二是世界华文教育进入了和所在国主流社会、主流教育的融合期。这实际上也是华文教育新的转型的一种表现，即如何进入主流社会，如何和主流教育体系相融合，甚至直接进入主流教育体系，或者得到主流教育体系的认可。这是目前华文教育面临的非常大的课题，因为它直接关系到华文教育在其所在国作为一种民间办学形式的长期生存和发展。历史也已经证明并将继续证明，这种融合越紧密、越深入，对华文教育的长期生存与发展就越有利。在中国日益走向世界的今天，我们应该更加重视推动这种融合。

三是世界华文教育发展面临文化传播的新挑战。华文教育及汉语国际教育最根本的任务之一是在海外华侨华人社会乃至全球推动中国文化的传承与传播。在目前"全球化"与"逆全球化"的博弈过程中，在"民粹主义"与"全球主义"的对抗过程中，文化传播面临极大的挑战。在这种种挑战面前，华文教育和汉语国际教育如何建立起中国文化传播的国际话语体系，就是摆在我们面前的一个重大课题。例如，用什么样的话语体系来表达中华文化的核心价值理念更能够被世界所认同、所接受？另外，中国当代社会发展尤其是改革开放以来的发展是中华优秀传统文化继承、发展、创新的结果，它构成了中华文化的新的重要的组成部分，我们应该用什么样的话语体系来表达这些新的内容，促使其进入世界话语体系，更值得引起我们高度重视。同时，西方文化价值观对中华文化尤其是当代中国价值观的挑战也日益凸显。还有，华文教育和汉语国际传播也都面临着教育安全、传播安全的挑战，这种挑战既包括文化安全问题，同时包括语言安全问题。当前世界政治经济形势的发展，世界范围内的经济发展不景气，导致政治意识形态各个领域的冲突也越来越多，这就使海外华文教育及汉语国际教育面临诸多安全风险，比如在有些国家和地区仍然存在法律层面上的潜在风险。如何应对这种安全的挑战，是值得我们去积极思考和应对的。所以，我们必须增强华文教育、汉语国际传播的安全意识。

世界华文教育在这样的新形势下同样也面临新的机遇，或者说已经进入一个新的机遇期，即"华文教育多元驱动机遇期"。怎样把握这个"多元驱动"的机遇，非常值得我们思考和探讨。我认为这一"多元驱动"主要表现在以下八个方面，现简述如下。

第一，中国崛起的政治驱动。中国的国际政治地位日益在提升，世界范围内的话语权越来越大，这实际上是一种政治驱动。第二，中国经济发展的经济驱动。中国经济对世界经济的贡献，必然会带来语言传播、文化传播方面的拉动。第三，"一带一路"建设发展的区域驱动。"一带一路"倡议涉及的国家和地区广泛，通过实现"五通"，建设利益共同体、命运共同体。在这种情况下，世界对汉语的需求、对华文教育的推动是相当大的。第四，华侨华人社会生存与发展的内生驱动。这种内生驱动不是传统意义上的"生存"的概念，而是在世界经济社会发展新形势下华侨华人社会自身发展带来的关于语言、文化、教育的内在需求。第五，中华文化的文化驱动。文化传播本身就是一种重要的驱动因素，而且中国文化对世界的吸引力越来越大。第六，华文教育发展与汉语国际传播的投资驱动。就是说，进入这个领域的不仅仅是教育界本身或文化传播界本身，企业的融入、参与，使得投资驱动越来越多，这是一种新趋向、新形势。在这种情况下，华文教育发展如何借助社会投资或者企业投资的力量来推动自身发展，是值得重视的。第七，科技发展的创新驱动，或称为技术驱动。现代教育技术、互联网技术、云技术、大数据技术等在华文教育上的应用，都属于这种驱动。第八，民间力量参与的民间驱动。华文教育发展与汉语国际传播都需要社会各方的协同与协作。而在这个过程中，如何发挥华文教育、汉语国际传播的民间力量的作用显得非常重要。除了政府推动之外，民间力量应该自发地组织、协调起来，以民间力量来推动华文教育的发展。

在世界华文教育发展的新形势下，"多元驱动"给华文教育发展带来了多元机遇，我们应该积极借助"多元驱动"力量来大力推进华文教育和汉语国际教育事业的新发展。

（本文发表于《世界华文教学》2017 年第 1 期，作者贾益民。）

"一带一路"建设与华文教育新发展

"一带一路"倡议的提出及"一带一路"建设的实施给海外华文教育带来重要的新的发展机遇期。在"一带一路"建设背景下，华文教育将主要面临四个方面的新发展：第一，世界范围内的"华文热"、"汉语热"将进一步升温；第二，华文教育转型升级将会得到极大推动；第三，华文教育将迎来新的发展环境与氛围；第四，华文教育传统办学思想观念将面临重大转变。

一 "一带一路"建设的理念与内涵

2013 年 9 月和 10 月，习近平主席先后到中亚和东南亚各国访问。其间，他提出了"一带一路"倡议，即共建"丝绸之路经济带"和"21 世纪海上丝绸之路"，这就是"一带一路"倡议的由来。建设"一带一路"，其目的是促进"一带一路"沿线各国的经济繁荣与区域经济合作，加强不同文化、不同文明的交流与互鉴，促进世界和平与发展。这一倡议的提出顺应了世界多极化、经济全球化、文化多样化、社会信息化的时代潮流；它符合国际社会的根本利益，也彰显了人类社会的共同理想和美好追求，它是国际合作及全球治理新模式的一种新的积极探索，将为世界和平发展增添新的正能量。所以说，"一带一路"建设是"一带一路"沿线各国人民的共同事业，是造福世界人民的一项伟大事业。为此，中国政府颁布了推动共建"丝绸之路经济带"和"21 世纪海上丝绸之路"的愿景与行动计划，并发起建立亚洲基础设施投资银行和丝路基金，很快得到了世界上众多国家的积极响应、参与和支持。因为"一带一路"是促进共同发展，实现共同繁荣的合作共赢之路，是增进理解信任，加强全方位交流的和平友谊之路。中国政府倡导"一带一路"建设，秉承的是和平合作、开放包容、互学互鉴、互利共赢的理念，是全方位推进务实合作，打造政治互信、经济融合、文化包容的利益共同体、命运共同体和责任共同体。就"一带一路"建设来说，"丝绸之路经济带"共有三条线：第一条线是从中国经过中亚向西北到俄罗斯一直到欧洲波罗的海，第二条线是从中国经过中亚向西南方向到波斯湾地中海一带，这中间经过的广大地区是当前世界经济发展最活跃的地区；第三条线是从中国出发向南，经过南亚、东南亚一直延伸到南太平洋。"21世纪海上丝绸之路"则有两条线：一条线是从中国沿海港口城市出发向南经过南海，然后到印度洋，一直延伸到欧洲、非洲沿岸国家；另一条线是经过南海到南太平洋各国。由此我们可以看到，"一带一路"一头联系着广大的东亚地区，这里经济活跃、发展快、潜力大；另一头则向西经过广袤的西亚、中东等地区联系到发达的欧洲各国。这样"一带一路"的建设与发展必将极大地造福沿线各国人民，进而造福世界各国人民。"一带一路"建设的主要内容简称为"五通"，即政策沟通、设施联通（包括高速铁路、空中航线、高速公路等）、贸易畅通、资金融通、民心相通。其中"民心相通"是根本和前提，十分重要。所以说，"一带一路"建设是涉及范围非常广泛的一项重要建设工程，也是一个非常庞大的系统工程。

在这样的背景下，"一带一路"将为海外华文教育带来什么，我们应该怎样从"一带一路"建设中吸取力量、汇聚力量，助推华文教育发展，同时又应该怎样通过华文教育发展来助推"一带一路"建设，以此造福世界，是摆在广大华文教育工作者面前且必须思考的一个重大课题，也是广大华文教育工作者的使命和责任所在。

二 "一带一路"建设促进华文教育新发展

笔者认为，"一带一路"建设必将极大地促进海外华文教育的大发展，其中至少带来以下四个方面的新发展，这是显而易见的。

1. 世界范围内的"华文热""汉语热"将进一步升温

"一带一路"建设促进海外华文教育第一个方面的新发展是给海外华文教育创造了新的发展机遇，将进一步提升世界范围内的"华文热""汉语热"。共建"一带一路"国家华侨华人的数量应该不少于世界华侨华人总数（6000多万人）的70%，即4200万—4500万人，其中仅东盟国家就占有很大比例。在中国政府设计的"一带一路"建设愿景和行动计划中，有一句很重要的话，就是"发挥海外华侨华人在'一带一路'建设中的重要作用"，所以，广大的海外华侨华人将成为"一带一路"建设的见证者、参与者，而且是一支非常重要的助推力量。正因为这样，"一带一路"建设也为海外华人华侨社会的发展创造了机遇，必将会进一步激发海外华侨华人和青年学生学习汉语、学习华文的热情。因为"一带一路"建设为华侨华人经济社会的发展提供了重要的机遇期，谁抓住了这个机遇，其事业的发展就会持续相当长的时期；如果失去这个机遇，对海外华侨华人社会来讲就是一个莫大的损失，并将会影响华侨华人社会相当长的一段时期。所以，海外华侨华人社会也都意识到了这一点，参与"一带一路"建设的积极性非常高，正在努力谋划建设投资项目，蓄势待发。比如说，中国的高铁项目走出国门之后，一些海外的华商就参与到这些项目的投资中。除了华侨华人社会之外，共建"一带一路"国家也有更多的青年人学习汉语，因为参与"一带一路"建设必然需要有更多的人和中国打交道，比如各国政府都在积极选派政府青年官员来华学习汉语，这就是一个例证。各国政府都在中小学、大学开设必修或选修的汉语课程。他们意识到"一带一路"建设将会带来巨大的历史性发展机遇，因为中国经济发展处在快车道，大家都想搭乘中国经济发展的快车。而要搭乘这个快车首先要语言相通，语言就是一张快车票。所以世界范围内的"华文热""汉语热"必将随着"一带一路"建设的推进持续升温，这是一个可以预见到的现实，而且是正在实现的现实。

2. 华文教育转型升级将会得到极大推动

"一带一路"建设促进海外华文教育第二个方面的新发展是将极大地推动海外华文教育的转型升级。"一带一路"建设对海外华文教育提出了新任务、新要求，从而使海外华文教育转型升级成为可能与必然。中国经济、世界经济发展都面临转型升级的问题。在这种形势下，海外华文教育也迎来了转型升级的大好时机。转什么？怎么转？这是华文教育当前面临的新课题、大课题。比如说海外汉语教学、华文教育除了传统的汉语言教学与汉语言学习之外，将会有更多的学习者个人参加专业学习，与专业发展紧密结合。这就要求我们必须把汉语教学和学习者的专业学习及专业能力的提升结合起来，探索一条新的华文教学路子。华侨大学和安哥拉总统基金会合作，开办了安哥拉政府青年科技人才班，由安哥拉政府选拔当地最优秀的高中毕业生到华侨大学学习六年，其中两年学习汉语，两年汉语学习完成后进入华侨大学各工科专业学习四年，如机械工程、化学工程、材料工程、建筑学、土木工程等。这就需要探索一条新路子，让他们把学汉语和专业学习紧密联系在一起，帮助他们尽快地进入专业学习中，这是一个新课题。海外很多大学毕业生学完专业之后再学汉语，既耗时又费力。在这种情况下，我们能不能思考并尝试，在他们的专业学习阶段把汉语教学放进去，或者在他们的汉语学习阶段把专业教学放进去，这很值得去研究、实验、探索。这就需要我们去探索新路子、新机制，去发展新的教育教学模式和方式，来促进华文教育教学改革、促进华文教育的转型升级。因为"一带一路"建设需要各类汉语人才，而且需求量非常大，经贸的、金融的、旅游的、科技的、工程的、医学的、管理的、文化的、教育的，乃至军事的、国防的等。这必将会拓宽华文教学的领域，扩大汉语教学的范围，促使华文教育由过去单一的汉语教学、汉语补习向汉语专业学历人才培养以及汉语和专业学习培养相结合转变。

3. 华文教育将迎来新的发展环境与氛围

"一带一路"建设促进海外华文教育第三个方面的新发展是给华文教育创造了新的华文教育的环境和氛围，将促进中外文化交流更加频繁，内容更加丰富，中华文化传播更加广泛、更加深入。这是"一带一路"建设必然会带来的一个新局面。这就要求华文教育必须和文化传播、文化环境的创造紧密结合起来。在"一带一路"建设的"五通"中，"民心相通"是最重要、最基本的。民心不通，其他统统不通。一旦民心相通，那就一通百通。民心怎么样才能相通？民心相通最重要的就是文化的融合交流，文化的相互借鉴、相互学习、相互尊重、相互包容是"一带一路"建设最为重要的前提。而其中"语言相通"则是重要基础。所以，中国政府在"一带一路"建设愿景和行动方案中就提出要创造多元、开放、包容、融合、互鉴的文化环境和氛围，这是"一带一路"建设不可缺少的重要内容和重要组成部分，也对华文教育的语言传播和文化传播提出新的要求，即华文教育怎样为"语言相通"作出贡献，并将华文教育和文化传播相结合，来承担文化传播、文化融通、文化沟通的重要任务。比如，开展多种形式的文化传播与交流活动，以提升共建"一带一路"国家和各国人民对中华文化的认识，这对提高中华文化的软实力，提高中华民族的国际形象，提升中国国家的国际形象特别重要。所以，华文教育工作者、华文教育界在这个领域里是可以大有作为的。但应该做什么，怎么做，却是值得我们进一步去研究和探讨的。

4. 华文教育传统办学思想观念将面临重大转变

"一带一路"建设促进海外华文教育第四个方面的新发展是给海外华文教育带来新理念、新思想，将促进传统华文教育思想观念的重大转变。"一带一路"建设将启迪和促进传统华文教育与汉语国际教育向更加关注世界战略和全球大局的方向转变。华文教育工作者、汉语国际教育工作者应该有世界战略观念、全球大局意识，即从世界战略、全球大局出发给华文教育、汉语国际教育重新定位。在世界发展战略、全球发展大局中，也就是在全球经济社会发展大局中来重新认识华文教育、汉语国际教育的作用和地位，或者说，华文教育、汉语国际教育在当前世界经济社会发展的新形势下应该发挥什么样的作用，应该做什么，应该怎么做。如果我们还是仅仅局限于单纯语言教学的小圈子，就跟不上时代发展的需要。因为"一带一路"建设及当前世界经济社会发展将促进华文教育、汉语国际教育的教学内容、教学方式、教学观念尤其是人才培养观念的根本转变。现在我们可以清晰地看到世界经济社会发展的主题是和平发展、合作共赢。这是当今世界新的时代主题。所以华文教育、汉语国际教育必须顺应时代潮流，要成为世界和平发展、合作共赢的助推者，尤其是在文化的开放包容、多元融合、互学互鉴中发挥引领作用和推动作用，为世界经济社会发展营造良好的文化环境、文化氛围，促进世界各国人民的团结、和谐、幸福。

同时，华文教育思想观念的转变还体现在传统的华文教育理念应该向"大华文教育"的理念转变，即树立"大华文教育"理念，建立"大华文教育"格局。必须冲破原有的樊笼，让华文教育引起全社会的关注、支持和参与。华文教育及汉语国际教育的发展，不仅要得到中国社会，而且要得到世界各国社会的广泛参与、支持与帮助。这是一个大格局。另外，也要转变把华文教育仅仅看作单纯的语言教学、语言技能训练的观念，必须让华文教育承担创造新的世界文化环境的重大历史责任，使华文教育和文化传播及中外文化的交流融合、互尊互信、互学互鉴结合起来，使华文教育和汉语人才的综合素质养成、专业学习与专业能力培养结合起来，使华文教育与华文学习者的创新创业能力素质培养结合起来，让华文教育、汉语国际教育引领世界社会文化的发展，做世界先进社会文化发展的助推者、倡导者、传播者。这既是一种大观念，也是一种大格局。

三　结语

现代科技发展为华文教育、汉语国际教育提供了更加广阔的天地。在云教育技术、大数据挖掘技术基础上建立大数据华文教育教学平台，以及华文智慧教学等新的现代教学模式的出现已势在必行。这给华文教育带来新的重大机遇和新的重大挑战。大数据时代，世界华文教育必将迎来大发展，这也必将促进华文教育观念、教育思想的根本性转变。我们必须主动去适应这种转变。所以，"一带一路"建设是机遇。我们必须紧紧把握这个机遇。关键问题是我们做好了准备没有？其中包括思想准备、理论准备、专业准备、教育教学资源准备等。在这些问题上，我们必须树立责任意识，必须有使命感和紧迫感，并立即行动起来，作出科学的顶层设计和谋划并勇于实践，在"一带一路"建设中为华文教育创造更加美好的未来，让华文教育事业、汉语国际教育事业为创造一个富足、和谐、幸福、欢乐、美好的新世界作出更大贡献。

［本文发表于《世界华文教学》2016 年第 1 期，由作者贾益民根据2015 年 11 月 21 日在第一届国际华文教学研讨会（厦门）开幕式上的演讲内容整理而成。］

"21 世纪世界华文教育发展愿景与行动" 倡议

据统计，目前海外至少有 6000 多万华侨华人，分布在近 200 个国家和地区。有华侨华人的地方，就有华文教育。华文教育是面向广大华裔青少年开展的中华语言学习和文化传承教育，自 1690 年海外第一所有文字记载的华文学校——印度尼西亚明诚书院创办至今，已经走过 300 多年的历程。几百年来，华文教育历经曲折，起落沉浮，但其中华血脉从未中断，并已发展成为在海外植根最深、覆盖最广、比较正规、最为有效的中华语言文化教育形式；它既有助于保持华侨华人的民族特性，又有利于维系华侨华人对祖（籍）国的深厚情感，并已发展成为在海外展示和传播中华文化的重要平台。

推动华文教育的持续发展是一项功在当代，利在千秋的重要事业，需要团结海内外有识之士携手并肩，共同努力。为此，特提出 "21 世纪世界华文教育发展愿景与行动" 倡议。

一 时代需求

进入 21 世纪以来，民族文化多元化发展，不同源流的文化全球化融合，呈现一种既对立又统一的发展态势。伴随着中国经济的迅速崛起和大国地位的逐步确立，汉语迅速成为各国人民外语学习的重要选项，并引发世界范围内的 "汉语热" "中华文化热" 持续升温。在这一背景下，海外华文教育在促进中外文化交流与融合、营造国际社会和谐氛围、助力海外华侨华人社会发展、加强海峡两岸的合作、推动 "中国梦" 的实现等方面都将发挥不可替代的作用。

1. 世界经济发展、文化融合需要发展华文教育

在 21 世纪世界经济全球化的过程中，中国以积极、主动、负责任的姿态参与全球治理，在世界事务中扮演着越来越重要的角色，中国的态度和声音受到前所未有的重视。中华文化与经世哲学为世界秩序的重建打开了

一扇新的窗口，提供了一种崭新的理念。由此，悠久灿烂的中华优秀传统文化也日益为世界人民所了解、欣赏甚至接受。中国已经成为世界经济发展、文化融合不可或缺的重要力量，世界的经济发展、文化融合更需要中华语言与文化的深度参与。

2. 向世界讲好"中国故事"需要华文教育

中国正逐步迈向国际舞台中心，而要在国际舞台上发出中国声音，贡献中国智慧，提出中国方案，体现中国作用，我们就必须更多地了解世界，同时也必须让世界更全面、深入地认识中国，了解中华文化的和谐与包容。以海外华文教育为平台，通过海外华侨华人社会开展中华文化传播，开展有效的公共外交，维护和发展国际的友好关系，树立和宣传良好的国家形象，建设和平的国际环境，尤为重要。

3. 华侨华人的生存与发展、传承民族语言与文化需要华文教育

发展华文教育是海外侨胞传承中华文化、保持民族特性的重要保证，是凝聚侨心、促进华侨华人社会发展的内在动力；大力发展海外华文教育也是充分利用汉语这一世界性语言工具，在经济全球化进程中增强海外侨胞自身竞争力的重要手段。当前，传统的华侨华人社会结构正在发生重大转变，华人社会出现了文化传承的代际危机；以进入欧美的新移民为代表构成的新型华人社会也存在文化认同的问题，因而有效传承中华语言与文化就成为华侨华人社会的迫切需要。

4. 海峡两岸深化合作与交流需要华文教育

海峡两岸同根同源、同文同宗，皆为华侨华人来源地。发展华文教育既是海峡两岸的共同历史使命，也是海峡两岸深化交流与合作的重要平台。长期以来，台湾地区的华文教育工作从未中断，积累了丰富的经验，拥有良好的华文教育研究和海外华校资源；近年来，大陆对华文教育的支持力度不断加大，在海外华文教育领域的影响力不断提升。海峡两岸整合华文教育及中华文化研究力量，共同探讨并解决华文教育重大问题的过程，将为加深两岸合作与交流、促进文化融合提供诸多机会。

二 发展态势

世界华文教育当前正呈现出积极发展的态势，其主要表现有：华文教

育规模不断扩大，目前由海外侨胞自主兴办的华文学校有 2 万所左右，在校学生达数百万人，有几十万本土华文教师耕耘在教学一线，华文学校也日益由单一的语言教育中心向传播中华文化的多元平台转变；越来越多的外国朋友走进华文学校学习华文，从而走近中国，这让海外中华语言文化教育又有了新的内涵，教学性质也进一步多样化；开展华文教学的国家和地区日益广泛，一些国家和地区逐渐把华文列为当地的主要外语，华文教育与主流教育接轨的条件逐渐成熟；华文教学质量不断提升，华文教学理念不断更新，并且已打造了一个从幼儿园到高中、从语言教学到文化教学、从平面到多媒体的较为完备的华文教育教材体系。

华文教育能够取得以上发展，有赖于以下环境与条件。

1. 中国政府大力支持华文教育工作

中国国家领导人多次就华文教育工作发表重要讲话、参访海外华文学校；国家层面专门成立了海外华文教育工作联席会议，下设办公室，统一组织协调华文教育工作；设立了中国华文教育基金会，专门负责筹集资金用于支持和推动华文教育事业的发展；各级政府尤其是侨务部门在师资培养与输送、教材编写、华校资源建设、华裔子弟中华文化体验等多方面为华文教育事业提供帮助与支持；教育部批准设立专门为海外华文教育培养师资的华文教育本科专业；等等。

2. 华文教育办学环境日益宽松

随着中国的崛起及国际影响力日益扩展，中华语言文化在更大范围内得到了世界人民的认同，华文教育得到了越来越多国家的理解与支持。许多国家已将华文纳入政府的语言文化发展规划，将华文教学纳入国民教育体系，华文及中华文化已经成为这些国家多元文化建设的重要组成部分。作为华侨华人社会民族继承语的华文，正日益被当地主流教育接纳。

3. 华侨华人更加重视华文教育

广大华侨华人对中华语言文化一往情深，这是华文教育存在和发展的动力之源。华文教育直接关系华侨华人及其子女的切身利益，越来越受到海外华侨华人的重视。为了海外华侨华人子女能够传承中华民族语言文化，许多有识之士倾情华教，殚精竭虑。

4. 华文的世界价值日益彰显

经过 30 多年的改革开放，中国的发展取得了巨大成就，成为世界第二大经济体，有着广阔的市场和无限的商机，是世界经济的重要增长极；中国在双边及多边关系中的影响力和话语权越来越凸显；中国已经与世界融为一体，无论是政治经济还是文化军事的互动与交往都更加频繁；新生代华侨走向世界与世界各地人士涌入中国交相辉映；全球化、现代化、多元化价值观成为主流，中华文化的独特价值得到普遍认同。在这一背景下，华文的政治价值、经济价值、文化价值、科技价值等日益彰显，文化传承角度的华文学习及工具动机角度的汉语学习两股潮流相融合，气势之宏大前所未有。

然而，华文教育发展至今正处于一个历史转型的关键期，也面临着以下诸多挑战。

1. 一些国家或地区限制中华语言文化教学

世界范围内民粹主义思想重新抬头，加上传统政治因素或者意识形态的影响，一些国家担心中华文化及价值观念会对其原有体系造成冲击，对中华语言和文化始终持怀疑态度，进而防范或限制中华语言文化在当地的教学与传播，从而直接影响华文教育的发展。

2. 华文的生存空间受到世界强势语言和当地主流民族语言的挤压

华文教育在较多的国家与地区已逐渐演变成第二语言教学。而具有第二语言教学性质的华文教育的生存空间就不可避免地受到英语等强势语言和当地主流民族语言的挤压，华文的通用性和社会地位与英语等强势语言相比依然存在差距。基于实用性强等因素，这些世界强势语言仍然受到各国学习者的高度重视。异地生存的华侨华人要融入当地主流社会，在选择语言时也必然会优先倾向于居住国的社会通用语。

3. 分化发展的格局愈加明显

华文教育在各地生态各异。从教育的主体看，以欧美新移民为代表的新华侨往往以努力融入当地主流社会为目标，所以华文教育也日益融入当地主流社会；以部分东南亚国家为代表的传统华人社会始终在为争取民族语言权利而斗争，要求保持华文教育的独立性。从当地政府的角度看，虽然华文教育目前的发展环境总体上日益宽松，但当地政府对华文教育仍然存在两种政策取向：一种是要求华文教育融入当地主流社会，成为所在国多元文化中的一种；另一种则是要求限制华侨华人接受本民族语言与文化的权利，取消华文教育。这导致华文教育始终为所在国政府的不同教育政策所左右。两种分化的华文教育发展态势共存，客观上就要求华文教育必须积极寻找并确定有效的应对之策。

4. 办学目标受到商业化趋势的冲击

21世纪的商业化趋势对以传承中华语言文化为使命的华文教育造成了极大冲击。在这一趋势下，华文教育的核心办学目标在一定程度上被淡化，华文学校的生存环境趋向艰难，华文教学的目标存在功利化的倾向。

5. 面临"互联网+"等信息化技术革命的挑战

基于华文教育普遍的办学条件，华文教育在当前信息化浪潮中处于被动地位。所以，华文教育发展必须重视并积极运用现代教育技术手段的革新，推动教学模式和教学手段在"互联网+"层面的转型升级，唯有如此，才能在未来的语言文化教育竞争中占有一席之地。

6. 自身迫切需要转型升级

当前，华文教育面临着教学理念落后、年轻人参与意识减弱、事业吸引力不强、教师综合素质有待提高等诸多挑战，其自身亟待转型升级，提升水平，顺应潮流，以应对挑战。

三 行动原则

时代的需求，复杂的发展态势，新技术、新业态的挑战，超越传统的使命，促使我们必须就华文教育的发展达成共识，协同行动，共创未来。21世纪世界华文教育的发展应遵循以下原则。

1. "大华文教育"原则

进一步丰富和充实华文教育内涵，建立全方位、多层次、大范围的华文教育体系。在始终坚持语言教学和文化传承并重的基础上，突破华文教育的既有学科体系，将其工作范畴扩展至文学、历史、哲学、经济、管理、音乐、舞蹈、美术、体育和理工等相关学科专业领域，形成涵盖华文教学、中华文化传播、职业教育和综合素质教育等多方面内容的"大华文教育"格局，拓展和深化华文教育的工作方式与途径，打造丰富多样的华文教育发展平台。

在华文教学中，应尊重各华人社区特有华语变体的语言价值和历史贡献，积极推动贯彻"大华语"理念，建立世界华文教学责任共同体。

2. 协同创新原则

开展华文教育工作，要强调团结合作、协同发展、立足创新。既要强调国际性的协同发展，也要重视区域范围内的协同合作；既要不断创新华文教育的办学理念和发展模式，又要不断创新华文教学的内容、方法和途径。

3. 本土化原则

华文教育发展至今，无论是教学性质、教学内容还是办学模式、师资建设，其本土化特征都日益凸显。因此，21世纪世界华文教育的发展必须以此为基础，区分不同类型、不同性质的华文教学，因地制宜地制定有针对性的对策与方法；努力创新与当地主流教育体制融合的途径，探索华文教师本土化培养的方式，加大教学内容和教学方法的本土化分量，以不断提升华文教育的自我生存与发展能力。

4. 职业化原则

随着"一带一路"建设的实施，世界各国对通晓华文的专业化人才的需求也日渐增加。华文教育既要巩固和提高中华民族语言文化教学，又应满足当地对专业化人才的需求，延伸办学领域，拓展职业化教学，把华文教学与职业能力培养紧密结合起来，帮助华侨华人子女搭上中国发展的快车。这也是21世纪世界华文教育转型升级的重要渠道。

5. 信息化原则

教育信息化是带动华文教育现代化的强大引擎，是推动华文教育变革与创新的重要力量。在信息化的大背景下，华文教育要充分利用和发挥现代信息技术优势，实现信息技术与华文教育的深度融合。华文教育未来要积极依托云技术、云平台等大数据时代的科技成果来创新教学模式，革新教学方法，开发适应教学对象学习特性的信息化平台，提升教学质量。推动网络学历与非学历教育的发展，实现全球华文教育资源共建、共享与学分互认。

6. 和谐共生原则

受国际政治与经济等因素影响，华文教育在海外也面临着复杂的生存环境，甚至在个别国家的法律层面还面临着可能被取缔的危险。华侨华人社会应从为华文教育创建一个安全的生存环境出发，全面掌握和积极研究所在国的华文教育政策，努力推动华文教育走进主流社会，全方位、多角度地融入所在地的社区生活,以使华文教育获得所在国社会的广泛认同与长期支持。

四 行动方案

1. 多边合作

第一,积极发展华文教育与所在国政府及主流社会的多层次合作关系,推动华文教育融入主流,为华文教育的持续发展营造稳定的外部环境。

第二,积极探讨与祖籍国相关主管单位、各层级的华文教育基地单位合作的形式与路径,寻求更多的华文教育资源,拓展华文教育深度。

第三,积极发展与海内外高等学校的合作关系,提升华文教育的办学层次,建立华文教育完整的办学体系。

第四,积极拓展与所在地华人社会、宗亲会、同乡会、商会等社团的合作关系,夯实华文教育发展的社会基础,稳定并扩大华文教育的民间支持力量;同时建立一定区域内的华文教育协作机制。

第五,积极发展与中资企业和所在国大型企业的合作关系,订单式培养与汉语、中华文化相关的就业人才;努力寻求与培育华文教育职业化的模式与路径,增强华文教育的实用性及其对华裔子弟的吸引力。

第六,深化与所在国华文媒体的合作,创新与华文媒体的合作方式,利用华文媒体扩大华文教育的社会影响力,同时为华文媒体培育潜在的可持续的读者群,做到二者互利共赢,共同发展。

第七,深化两岸合作。支持华文教育的发展是海峡两岸的共同使命。海峡两岸应以满足海外华侨华人学习中华语言文化的实际需要为最大公约数,"扩同缩异",携手并肩,推动海外华文教育的发展。

2. 教学标准化与规范化

华文教育要积极打造基于内涵的质量提升体系,强调基础性研究,尤其是对具有针对性的华文语料的采集与分析工作。以此为基础,推动华文教育的整体转型升级。

第一,建立华文教学标准体系。华文教学标准体系的核心内容是华文教学大纲。科学的华文教学大纲的制定能够起到规范海外华文教学的作用,使华文教学有章可循、有法可依，推动华文教育走向规范化、科学化。基于不同需要，华文教学大纲可以分为面向全世界的普适性华文教学通用大纲和面向特定国家或地区的本土化教学大纲。华文教学大纲的建设也可以分成语言教学大纲、文化教学大纲等分别进行。建议成立专业的华文教学大纲制定专家小组，专项研究大纲制定相关问题。

第二，建立华文教育评估体系。建设综合的华文教育评估体系有其迫切性。建设海外示范性华文学校，帮扶海外特定华文学校，必须对学校教学状况进行评估，以帮助海外华文教师发现教学中存在的问题，提升教学水平。华文教育评估体系的建设重点包括华文教学质量评估、华文教师教学能力评估和华文学校办学实力评估。

3. 资源建设与配置

第一，建立海外华文师资培养和培训体系。华教大计，教师为本。师资队伍建设是华文教育最重要的资源建设内容之一，必须高度重视华文教师的专业发展。中国国务院侨务办公室正在组织建立规范、系统的海外华文师资培训与培养体系，以促进华文教师专业能力的提升。同时，必须尽快着手建立完善的青年华文教师培养及发展体系。建立从专科、本科到硕士、博士的青年华文教师系统培养体系和进修制度，为华文教育的持续发展储备人才，同时，也促进青年华文教师的职业规划与发展。

第二，打造立体化的华文教学资源体系。积极打造一个信息化、立体化的华文教学资源体系，涵盖"大华文教育"的教学内容，其中，包括教材、教辅、网教（网络教育）、空教、多媒体，乃至"富媒体"等多种形式。应积极协助在地化华文教材的开发工作，帮助培养各类华文教学资源的编写人才，推动建立完善、立体、现代化的教学资源体系。学习方式的便捷、教材的适用、教学资源的丰富，将会极大提升华文教学的发展空间。

第三，拓展与丰富华文教育的办学资源。在新的发展形势下，华文教育必须重视办学力量"资金池"的建设，积极寻找和稳定华文教育办学资金来源。应积极利用民间力量，鼓励吸纳企业、社会团体、各类民间机构投入华文教育，建立多种类型具有可持续发展的华文教育办学基金，推动华文教育长远发展。

第四，动员社会力量，提高华文教师待遇。以提供奖教金、帮困金、教龄补贴、优秀教师奖励等多种方式，来提高华文教师的职业吸引力。

4. 学科理论体系建设

华文教育工作者始终要把华文教育当作一个学科来建设，要建构起华文教育学的理论体系。华文教育学科建设目前取得了长足的进步，但仍处于初步阶段，需要不断发展完善。华文教育的学科理论体系建设，须侧重以下一些方面：华文教育理论研究，华侨华人子女华文习得规律研究，学习者背景研究和学习需要研究，华文教学法研究，普适性及本土化华文教育资源研发，华文教育与中华文化传播研究，华文教师专业发展研究，华文教育全球化战略及政策法规研究，华文教育现代化研究，华文教育历史研究，华文教育数据库、语料库建设及研究，等等。

5. 打造"互联网+"大数据信息平台

教育信息化是带动教育现代化的强大引擎，它将极大地推动教育的变革与创新。华文教育要充分利用和发挥现代信息技术优势，实现信息技术与华文教学的深度融合，以"互联网+"理念为指导，着力打造世界华文教育信息化大数据的"互联网+"共享平台。在信息化建设中，要花大力气着力建设与重点教材紧密结合的信息化教学资源库、教学案例库、教材库；大力开发操作性强、适应面广的华文教具体系；组织全球华文教育资源信息化建设联盟，实现校际优质资源的共享与学分互认。利用云平台、智慧教学等信息化系统，实现华文教学过程的碎片化与即时化处理、多媒体资源的灵活调用、线上线下与课上课下的一体化学习等；大力开发华语文化产品、教育技术产品和电子网络产品等。当前，要抓住发展机遇，以信息化手段为抓手，推进华文教育的转型升级。

6. "华文教育+"产业化探索

华文教育发展要积极探索华文教育的产业化发展路径，产业化发展道路是 21 世纪世界华文教育可持续性发展的一个重要趋势。基于"华文教育+"的建设理念，立足于同华文教育资源衍生产品开发、信息化产品开发、职业化华文教学、复合型华文人才培养等相结合，积极探索产业化发展道路，实现华文教育的自我增值与发展。须立足于打造品牌性产业，建立有影响力的产业集群，以产业化为平台，建立"华文教育+"特色产业集群，增强华文教育自我更新与发展的能力，提升世界华文教育的社会影响力。

五 积极响应"一带一路"建设

"一带一路"建设的主要内容为"政策沟通、设施联通、贸易畅通、资金融通、民心相通"①。响应"一带一路"的建设倡议，华文教育在以下三个方面大有可为。

1. 发挥优势，贡献"民心相通"

"一带一路"为华文教育营造了新的环境和氛围，有利于促进中外文化交流，丰富交流内容，有利于更加广泛地传播中华文化。这也是"一带一路"建设必然会带来的崭新局面。这一局面要求华文教育发展必须更多地与中华文化传播、文化环境创造紧密结合起来，主动服务于"民心相通"，推动"民心相通"，促进世界文化的互鉴与交融。

2. 借力东风，实现转型升级

"一带一路"建设对海外华文教育提出新任务、新要求，给华文教育带来了转型升级的大好时机。"一带一路"建设需要各种类型的汉语人才，如经贸、金融、旅游、工程、管理等各个方面。想要更好地满足"一带一路"建设的专业人才需求，需要我们去探索新路子、建立新机制、发展新模式，来促进教育教学改革，促使华文教育在传统的语言文化教学的基础上紧密地与专业化、学历型人才培养相衔接，从而促进华文教育的转型升级。

3. 与时俱进，转变教育理念

"一带一路"建设将启迪和促进华文教育向更加关注世界战略及全球大局转变，华文教育工作者要从世界战略、全球大局出发，在全球经济社会发展的大局中来重新认识华文教育的作用和定位。在这一过程中，华文教育的办学理念应持续向"大华文教育"转变，从而在服务于"一带一路"建设的进程中，不断地发掘出促进华文教育多维发展的稳定增长点，逐步建立起"大华文教育"的发展格局，使华文教育越来越多地得到所在国社会的包容、认可与支持。

---

① 习近平：《习近平谈治国理政》（第二卷），外文出版社，第503页。

六 共创美好未来

推动华文教育大发展是实现中国梦的必然要求，也是海外 6000 万华侨华人的共同期盼。我们希望海内外华文教育界人士积极响应本倡议，抓住机遇，携手共进，努力落实，不断创新，共同谱写 21 世纪世界华文教育发展的新篇章。

（本文发表于《世界华文教学》2017 年第 1 期，由 2016 年 5 月 22 日"世界华文教育发展专题研讨会"上达成的共识整理而成，作者贾益民、胡培安、胡建刚。）

华文教育学学科建设刍议

——再论华文教育学是一门科学

随着海内外华文教育事业的发展，建立华文教育学学科已势在必行。笔者在 1996 年 8 月于北京怀柔召开的世界汉语教学研讨会上宣读了一篇题为《华文教育学是一门科学》的论文，提出了关于加强华文教育学学科建设的若干问题，指出"华文教育是一门跨国界、跨文化、跨语言、跨学科的边缘学科；华文教育是指面向海外母语非汉语的华侨、华人及其他外国人开展的中国语言文化教育"。后来，这篇论文以《关于建立华文教育学的初步设想》为题，发表在泰国《亚洲日报》上①，同年被收入暨南大学华文学院编的《语言与文化论集》中②，次年又被收入《东西方文教的桥梁》论文集中③。近两年来，华文教育学是不是一门科学，仍受到来自有关方面的质疑和诘难。华文教育学作为一门科学的学科建设仍遇到许多人为的障碍。因此，目前仍有必要就华文教育学的学科建设问题进行更深入的研讨，以澄清一些模糊认识。

首先遇到的问题是：什么是学科？所谓学科通常有两种概念：一种是指"学术的分类"，"指一定科学领域或一门科学的分支"；另一种是指"教学的科目"。④ 有人说，"华文教育"或"华文教育学"没有被列入"专业目录"，因此它不是一门学科。这些人所说的"专业目录"是指国务院学位委员会和原国家教委颁布的《普通高等学校本科专业目录》和《授予博士、硕士学位和培养研究生的学科、专业目录》。据我理解，这两个目录上所列的专业名称之所以被统称为"学科"一方面是因为它概括了某一科学领域

---

① 贾益民：《关于建立华文教育学的初步设想》，泰国《亚洲日报》1996 年 10 月 6 日，教育版。

② 贾益民主编《语言与文化论集》，暨南大学出版社，1996，第 1~6 页。

③ 周小兵、谭章铭主编《东西方文教的桥梁》，广东人民出版社，1997，第 104~109 页。

④ 辞海编辑委员会编《辞海》（缩印本），上海辞书出版社，1979，第 1126 页。

某门科学的分支，另一方面是因为它同时又是学校教学的某种科目。应该指出的是，两个专业目录因为培养对象不同，所以内容也不尽一致。比如"对外汉语"专业在本科专业目录中是与"汉语言"专业、"汉语言文学"专业并列的；但在研究生专业目录中既没有"对外汉语"专业，也没有"汉语言"专业，而是设立了"汉语言文字学"和"语言学及应用语言学"两个相关专业。这样，在确定某个科学领域是不是一门"学科"时，就产生了两个标准，即在本科专业目录中作为"学科"的专业，在研究生专业目录中就不是一个"学科"；同理，反之亦如此。所以，仅以专业目录为划分、衡量"学科"的唯一标准是不科学的。实际上，无论是作为学术的分类还是作为教学的科目，两个专业目录既不可能全部概括所有的科学领域或所有的科学分支，也不可能全部概括所有的教学科目。现有的"专业目录"只不过列出了所有科学分支和所有教学科目中的一部分，目的是规范高校的教学科研工作。正因为如此，专业目录是可以调整的，既可以减少，也可以增加，一切以社会实际需要和学科自身发展为依据。否则，事实上存在而又未被列入专业目录的某些学术领域或教学科目，或虽被列入"专业目录"，但经调整又被删掉或压缩的某些学术领域或教学科目，是否就意味着再也不是一门"学科"了呢？显然，答案是否定的。由此可见，仅以"华文教育"或"华文教育学"没有被列入专业目录而否认它是一门学科，显然是错误的。

实际上，从学术角度讲，确定一个学术领域或教学科目是不是一门学科，主要标准有三个：一是要有独具的性质和特点，即学科的基本属性；二是要有独具的研究对象和范畴；三是要有本学科所承担的独特任务。华文教育学就其学术领域层面而言，显然具有充分的理由和无可辩驳的事实而理所当然地成为一门学科，尽管"专业目录"上找不到"华文教育"或"华文教育学"这几个字。下面谨从这三个方面就华文教育学的学科建设问题略述管见，以祈求教于大方。

二　华文教育学的学科性质与特点

什么是华文教育学？简言之，华文教育学是研究华文教育及其规律的科学。相应地，华文教育的性质和特点也就规定了华文教育学的基本属性。

什么是华文教育？所谓华文教育，是指以母语或第一语言非汉语的海外华人、华侨为主要教学对象（也包括少数非华裔学生）开展的中国语言文化教育，在有的国家或地区（主要是欧美）又称中文教育。"华文教育"的英文表述是"The Education of Chinese Language and Culture"。这一性质便决定了华文教育具有以下基本特性。

第一，华文教育的主要对象是海外华人、华侨（也包括少数非华裔学生）。

这一特性是华文教育与"对外汉语教学"的主要区别之一。对外汉语教学的主要对象是非华裔学生（也包括少数海外华人、华侨）。就其教学对象而言，这两个学科既有其共性的一面，又有其相异的一面，且相异又是主要的。此外，这一特性还使华文教育既区别于国内对母语非汉语的少数民族的汉语教学，又区别于国内对汉语方言区的人们进行的汉语普通话教学。在此意义上，华文教育是跨越国界的。

第二，华文教育的主要内容是汉语言和中国文化。

华文教育既包括"汉语言教学"，又包括"中国文化教学"，这是华文教育与"对外汉语教学"的一大区别。在对外汉语教学理论中人们通常把"文化教学"看作"语言教学"中的"文化因素"的教学，而"文化因素"又往往被归结为"交际文化"。在这个意义上对外汉语教学中的所谓"文化问题"仅仅是作为语言教学的一种"背景"而提出来的，即"文化教学"是内含于"语言教学"之中的，并不是独立于"语言教学"之外与"语言教学"相并行的。但是，华文教育则不然。华文教育从一开始就把"语言教学"和"文化教学"看作并重的。关于这一点，从华文教育所承担的主要任务上可以看得更为清楚。

华文教育所进行的中国语言文化教育承担着培养海外华人、华侨学生的民族文化素质的重要任务。这些学生大都生长在外国，自小所接受的是所在国语言与文化的教育，而对中华民族的语言、文化缺乏了解和认识，有的甚至有抵触情绪，更谈不上什么认同感了。但是，老一代华人、华侨深知让子孙后代学习汉语和中华文化，对于维系民族感情，培养中华传统美德，提高民族文化素质，具有十分重要的作用。所以，大部分华人、华侨学生一开始往往都是奉父母之命而学中文。根据这一现实，华文教育并不仅仅限于教授语言，更重要的还在于在华人、华侨新一代中传播和弘扬中华文化。正因为如此，在华文教育中，"文化教学"绝不仅仅是"语言教学"中的"文化因素"教学，也不仅仅是"交际文化"的问题，它是具有更广泛更深层的文化内容的教学，而且是与语言教学并重的。也正是这一特点，决定了华文教育在教学理论、教学方法、教材内容等方面具有自己的特点，而区别于对外汉语教学。

第三，华文教育既是一种非母语教学或第二语言教学，也是一种外语教学。

就此而言，华文教育与对外汉语教学又具有同一性。对外汉语教学是一门新兴的学科，其学科性质属于语言学范畴，学术界已经公认它"既是一种第二语言教学，又是一种外语教学"，而"作为一种第二语言教学，它有别于汉语作为本族语教学，而跟其他外语教学有一些共同的特点和共同的规律"。① 就对外汉语教学的这一性质而言，是比较容易理解的，因为其教学对象主要是非华裔学生。但是，华文教育的主要对象是海外华人、华侨，为什么说它不是母语教学，而是与对外汉语教学一样，也是一种第二语言教学或外语教学呢？

这里所说的"母语"并非指本族语言，而是指人的第一语言。第一语言既可以是本族语言，也可以是非本族语言。首先，就作为华文教育主要对象的海外华人学生而言，他们的第一语言往往是居住国语言，而汉语则成了他们的第二语言，或叫作"外语"。尽管他们有的会一些汉语口语或汉语方言，但就其接受系统教育以及日常生活中使用的主要语言来说，还是居住国语言。所以，对这些华人学生来说，华文教学理所当然的是一种第二语言教学，或称外语教学。其次，就华侨学生而言，他们的情况较为复杂：有的虽持中国护照，但实际上是在外国出生、长大，在语言方面与华人并无区别；有的虽在中国出生，但很小就移居外国，其接受正规语言教育以及日常生活用语实际上很快就转化为居住国语言。所以，对华侨学生来说，华文教育仍然是一种第二语言教学或外语教学。显然，无论是华人学生，还是华侨学生，对他们进行的华文教育决不能与把汉语作为母语或作为第一语言的中国境内学生所接受的中文教育同日而语。如果把华文教育看作"母语教学"，那么华文教育也就等同于国内的中文教育了。此外，

① 吕必松：《对外汉语教学探索》，华语教学出版社，1987，第66页。

华文教育也不能等同于对国内少数民族学生进行的汉语教学或等同于对汉语方言区的人进行的汉语普通话教学。虽然少数民族学生的母语或第一语言是他们的本族语言，而非汉语，汉语教学对他们来说也是一种第二语言教学，但他们却不是移居海外者，所以对他们的汉语教学不能说成华文教育，也不能说成对外汉语教学，因为华文教育和对外汉语教学都是"跨国界的"。正因为如此，华文教育也要遵循对外汉语教学或第二语言教学和外语教学的一般规律。

第四，华文教育要遵循汉语言教学与中国文化教学的特殊规律。

华文教育的核心内容是汉语言和中国文化，其教育对象又是海外华人、华侨学生，所以，它又要遵循汉语言教学作为一种外语教学、中国文化教学作为一种外来文化教学的特殊规律。这一特殊规律是由汉语言和中国文化本身固有的特点所决定的。比如汉语采用方块字，文字依"六书"而造，具有其他拼音文字所没有的表形、表声、表意功能，名词没有单复数之分，代词没有阴性、阳性、主格、宾格的区别，语言讲"平、上、去、入"四声，语法、句法既灵活又复杂……所以作为一种第二语言教学的汉语教学，在教学内容与教学方法等方面都有自己的特殊性。不仅如此，中国文化也具有自己的独特性。因了这些特殊性，所以海外华人、华侨学生在学习中国文化时，势必造成某些文化障碍或冲突。尽管他们在家庭里、在父母身上或多或少受到某些中国文化的熏陶，但他们毕竟生长、生活在居住国文化环境里，他们所接受的居住国的文化教育已经成为他们文化思想观念、思维和行为方式的主导，所以他们对中国文化的价值判断常常以所在居住国文化为标准；而华文教育的主要任务之一就是面向海外华人、华侨学生传授中国文化，培养他们的民族文化情感，弘扬优秀的中华文化传统。在这种情势下，"文化教学"必须反映中国文化的特质，具有中国文化的特点。显然，这是不言而喻的。

第五，华文教育是教育的一个门类。

如同艺术教育、体育教育、师范教育、外语教育、对外汉语教学等教育门类一样，华文教育既要遵循教育的一般规律，又有其自身的特点。无论是从教育学的角度来说，还是从目前海内外华文教育事业的发展现实来看，华文教育已经具备了多形式、多层次的教育体制，既有非学历教育，又有大学专科、本科乃至研究生学历教育；某些国家的华文教育已经融入了所在国的主流教育，成为所在国主流教育的一部分，不仅在教学上设置了华文教育的有关专业科目，而且在学术界和教育界涌现出了一批华文教育的专门学者和教育家。那么，我们还有什么理由非要否认华文教育是一门科学或是一门学科呢？如果非要否认华文教育的学科意义，无非就等于否认了海内外一大批长期以来克服种种艰难险阻而大力推动华文教育事业发展的有识之士所作出的巨大贡献。显然这是非常错误的。

从"学科"的界定来看，华文教育具有上述五个基本特性，也就相应确定了华文教育学的基本属性。可以说，华文教育学是关于华文教育作为对海外华人、华侨进行中国语言文化教学的科学；就这一学科定性而言，华文教育既隶属于语言学范畴，又隶属于文化学范畴和教育学范畴；它是一种跨学科的新兴学科。这也正是华文教育学的学科特点之所在。

三　华文教育学的研究对象和范畴

华文教育学作为一门学科，有自己特定的研究对象和范畴。在上一部分的讨论中，我们已经简要地提到华文教育学作为一门学科所独具的研究对象和范畴，为了使这一问题更加清楚，这里再作进一步讨论。

一门学科的研究对象与范畴是由这门学科的性质决定的。华文教育是以海外华人、华侨学生为主要教育对象的中国语言文化教育，这一性质也就决定了华文教育学的研究对象与范畴。华文教育从其语言教学的性质来说，它属于语言学范畴，所以它的研究对象自然而然地就包含了语言理论；从其文化教学的性质来说，它属于文化学范畴，也就理所当然地包含了文化理论；从其教育的属性来说，它又属于教育学范畴，研究对象当然少不了教学理论；从华文教育有其自身形成与发展的历史来看，它又属于史学范畴，研究对象还应包括华文教育史。笔者认为，以上四个研究范畴和相应的四种研究对象，是构成华文教育学学科理论体系的基本内容。也正是在此意义上，我们又说华文教育是"跨学科"的。

1. 语言理论

华文教育首先是汉语言教学，因此华文教育研究首先包含汉语言本体的研究，如语音、词汇、语法、修辞、文字、写作等。但是华文教育研究中的语言理论研究绝不仅仅限于汉语言本体研究，而是包括了对海外华人、华侨学生学习和习得汉语的规律的研究，即所谓语言习得理论研究。这是近 20 年来发展并逐渐盛行的语言理论之一，它以学习语言者习得语言的全过程为研究对象，探讨外语学习者学习第二语言全过程中所出现的各种现象，总结其规律，以指导学习者习得语言。在这方面，华人、华侨学生把汉语作为一种第二语言学习或一种外语学习，与纯粹的非华裔外国人学习汉语有其共同性，但更有其特殊性。因为他们生长在华人、华侨家庭里，日常生活中或多或少地从家庭中受到某些汉语普通话或汉语方言的熏陶，会不知不觉地对汉语有一种认同感、亲近感，至少听起来并不完全陌生。这样，他们在习得汉语的过程中，接受能力就会较强，学起来相对容易些。正因为这样，华人、华侨学生学习汉语的习得经验要丰富一些，或者说有其独特的习得规律。华文教育研究的任务之一，就是要揭示华人、华侨学生习得汉语的特殊规律，以寻得共性，指导其语言学习。

2. 文化理论

前面说过，由于华文教育的对象不同于一般的对外汉语教学，所以"文化教学"并不仅仅限于语言教学过程中的"文化因素"的教学。除此之外，更重要的是华文教育中的"文化教学"和"语言教学"是并重的。当然，语言是文化的载体，尤其当人们学习第二语言或外语时，不可避免地会受到这种语言所代表的文化的干扰，形成若干文化阻碍或冲突，造成语言学习的困难。所以，语言教学中的文化问题必须在教学过程中引起充分的重视和注意。这既是对外汉语教学所要研究的重要课题，也是华文教育学所要研究的重要课题。其不同的是，华文教育除了研究语言教学中的文化问题之外，还要研究平行于"语言教学"的"文化教学"问题。所以华文教育学学科理论中的"文化理论"的概念和范畴大于对外汉语教学中的"文化理论"的概念和范畴。华文教育学所要研究的文化理论问题主要包括以下三个方面的内容。一是文化教学研究。这种研究并不是超脱于华文教育之外的，而是主要研究面向海外华人、华侨学生要"教什么文化内容"，即作为一种外来文化教学究竟要"教什么""怎么教"，重点探讨华文教育中文化教学的特殊规律，或者说研究外来文化的教学规律问题。二是语言教学中的文化因素的教学研究。对此问题的研究，表面上看起来与对外汉语教学中的"文化因素"的教学研究并无二致，但实际上由于教学对象不同，其"文化因素"的教学特点也有其差异。华文教育学对这一问题的研究就是要从华文教育的特殊对象出发，探讨面向海外华人、华侨学生进行语言教学，如何导入"文化因素"，这里也有一个"教什么""怎么教"的问题。三是文化接受研究，即研究在此文化背景下如何学习、接受彼文化的规律，解决不同文化的冲突，以达到兼收并蓄，相生相长。学习者学习一种外来文化，自然会产生许多文化阻碍与碰撞现象，从而使外来文化接受过程发生障碍，这就是文化冲突原则。海外华人、华侨学生长期生活在居住国文化环境中，自小接受居住国文化的熏陶，在学习中国文化的过程中，也必然会发生文化冲突。如何解决这些文化冲突，使其容易接受中国文化观念，以及如何防止在文化接受过程中所发生的"文化变异"与"文化误读"，这都是华文教育研究中的重要文化理论课题。

3. 教学理论

华文教育学研究的教学理论在于揭示华文教学的一般规律，并用以指导华文教学。华文教学的规律也就是华文教育的规律，它是由语言教学规律、文化教学规律以及语言文化学习规律和一般教育规律共同决定的。华文教学理论研究的对象是华文教学本身。从华文教学的内容来看，其教学理论可以区分为语言教学理论和文化教学理论两大类。语言教学理论在于探讨面向华人、华侨学生进行汉语言教学的一般规律，如语音教学、文字教学、词汇教学、语法教学、情景教学、写作教学等规律；文化教学理论则在于探讨面向海外华人、华侨学生进行中国文化教学的一般规律，从中找出华文教学不同于对外汉语教学以及其他语言文化教学的本质特点。这是华文教学理论研究的主要任务之一。

华文教学又是一个系统工程，从教学系统来看，华文教学理论又包含了若干方面的研究对象与范畴，如教学本质论、教学设计论（包括专业班级设计、目标设计、课程设计、教材设计等）、教学方法论（课堂技巧论）、教材编写论、教学测试论、教学管理论等。所有这些，都是华文教学理论的重要组成部分，是华文教育学学科理论题中应有之义。

4. 华文教育史

华文教育作为一门学科，有其形成与发展的历史，即学科史。可以说，自从两千多年前有了海外华侨，最初的华文教育也就出现了。不过那时的华文教育实际上就是华侨教育，最早的教育形式是华侨家庭对子女的教育，后来发展成海外的私塾。人们通常把最早见于文字资料的 1690 年荷属印度尼西亚巴达维亚创办的"明诚书院"作为华文学校的开端。① 随着海外华人社会的不断扩大，海外华文教育也不断扩大。发展到今天，华文教育已经成为维系华人社会的中坚。

概而言之，华文教育史研究主要包括以下三个方面的研究对象与范畴：一是学科史研究，即研究华文教育形成与发展的历史。此类研究既可以研究国别史，即不同国别的华文教育发展史，如"美国华（中）文教育发展史""澳大利亚华文教育发展史"等；又可以研究国际史，即某个地区若干国家的华文教育发展史，如"东南亚华文教育发展史""西欧华文教育发展史"等；还可以研究世界史，即华文教育在世界范围内作为一个整体的发展历史，可称作"世界华文教育发展史"。二是华文教育现状研究，即研究目前世界各国华文教育的最新情况，从中总结出某些规律性的东西，以推动不同国家华文教育事业的发展。三是华文教育发展趋势研究，揭示未来华文教育发展的目标、方向及途径。

由以上若干方面的讨论，我们又可以清楚地看到，华文教育作为一门学科，是有着充分的历史与现实依据以及充分的理论根据的。以上所论及的研究对象与范畴，也就构成了华文教育学的学科理论体系。

四 华文教育学学科建设的目标与任务

毋庸置疑，华文教育学学科建设的目的在于推动华文教育事业的发展，以适应海外"华文热"这一发展形势的现实需要。为了达到这一目的，我们必须首先明确华文教育学学科建设的目标，即建立完善的、科学的华文教育体系。为了实现这一目标，华文教育学学科建设目前面临的主要任务如下。

1. 建立完善的、科学的教学体系

目前，海外华文学校具有多种办学形式，有的是全日制，如马来西亚的华文小学和华文独中；有的是半日制，如柬埔寨的华文学校；有的是 after school，即每天正规教育的学校放学后，学生再到华文学校学习 1—2 个学时的华文；有的是 weekend school，即周末学校，学生利用周末或星期天到华

---

① 林蒲田主编《华侨教育与华文教育概论》，厦门大学出版社，1995，第1页。

文学校学习几个学时的中文，后两种办学形式如美国、澳大利亚、欧洲许多国家的中文学校等。当然，不同的国家和地区，在办学形式上大可不必强求一致，但无论采用何种办学形式，自身的教学体系应该是完善的、科学的，比如学制的确定、教学计划的设置、教材的选择与使用、教学设施的配置、教学的测试、教学的组织与管理等，都是教学体系中的重要内容。

2. 加强学科理论研究

学科理论研究的意义在于总结和探讨华文教育的基本规律，推动学科理论建设，提高教育质量和办学水平。在国外从事华文教育工作的教师，除了极少数国家和地区的华文学校有专职教师之外，大多数教师是兼职的，所以他们从事教学研究乃至学科理论研究有相当大的难度；而在国内从事华文教育工作的教师、专家和学者，又因课程教学任务太重，很难抽出时间搞研究。这样发展下去，势必影响华文教育教学水平的提高。课堂教学和学科研究是相辅相成的。课堂教学为学科研究提供现实材料，学科研究又反过来促进课堂教学水平的提高。问题的关键是要培养一大批热心于华文教育研究的人才。只有学科理论研究水平提高了，华文教育的学科地位才能得以提升，华文教育事业才能有更大的发展。

3. 编写适合于不同国家和地区及不同办学形式的华文教材

教材编写是海外华文教育面临的一项十分紧迫的任务，这也是海外华文教育面临的最大难题之一。怎样才能编写出适合不同国家、不同办学形式所需要的华文教材？这首先取决于确定科学的编写原则，拟定完善的编写大纲，设计合理的编写体例，选取丰富的编写内容。自 1995 年开始，在中国海外交流协会的支持与帮助下，暨南大学华文学院组织编写了两套海外华文教材（均由笔者主编）：一套是为柬埔寨半日制华文学校编写的《华文》教材，[①] 包括主教材、学生练习册、教师教学参考书共 36 册。这套教材经柬埔寨王国教育部审查批准，由柬埔寨柬华理事总会作为全柬华文学校唯一统编教材，在全柬所有五六十所华文学校发行使用。这套教材不仅填补了柬埔寨华文教材的空白，而且通过这套教材规范了全柬华文学校的教学活动，极大地推动了柬埔寨华文教育水平的提高，同时，还为编写适

---

① 暨南大学华文学院、柬埔寨柬华理事总会编，贾益民主编《华文》，柬埔寨柬华理事总会印行，1996。

应不同国家和地区需要的华文教材积累了经验，从而使华文教材编写迈出了重要的一步；另一套教材是为欧美、大洋洲等国家和地区的周末学校编写的华文教材《中文》，① 包括主教材、学生练习册、教师教学参考书共 48 册。《中文》教材的前 16 册自 1997 年出版发行以来，在北美、大洋洲、欧洲的很多国家都受到广泛欢迎与好评，被认为是目前海外见到的最好的中文教材。这两套教材之所以深受海外华文学校广大师生的欢迎和好评，其主要原因就在于确定了一整套科学的编写原则。这些原则主要包括对象性原则、目标性原则、实用性原则、科学性原则、趣味性原则等。② 应该说，编写海外华文教材难度相当大，其学术性、科学性很强，必须一丝不苟，精益求精，还要大胆创新，有所突破。海外华文教材编写研究是华文教育学学科研究的重要内容之一。一套好的教材的问世，既需要有科学的编写方针与理论原则做指导，又要有科学态度和创新精神，还要甘于奉献。唯其如此，才能编写出广受欢迎的优质教材。

4. 加强师资队伍建设与培训

加强华文教育学学科建设，提高华文教育水平，关键是要有一支精干的、高素质的、合格的师资队伍。而目前海外华文教育遇到的另一大难题就是缺乏华文师资，而原有的华文师资队伍水平也参差不齐，尤其他们的知识结构与能力结构都跟不上华文教育发展形势的需要，所以摆在众多华文学校面前的一项十分紧迫的任务就是选拔、聘用、培养高素质的、有经验的华文教育师资。

目前，华文教育的任务越来越重，难度也越来越大，相应地，对师资队伍的要求也越来越高。作为一名合格的华文教师，必须具备华文教育的基本理论知识，熟练地掌握汉语言文化理论知识和语言文化教学理论知识，并具备扎实的教育学、心理学、美学、文学、哲学等文化知识素养，具有较强的教学能力。华文教育事业的发展，取决于教学质量的提高；而提高教学质量，加强学科理论研究、提高学术水平是关键，提高教师素质是根本。就目前海外华文教育师资队伍的状况来看，加强师资队伍建设，提高

① 暨南大学华文学院编，贾益民主编《中文》，暨南大学出版社，1997。
② 贾益民：《论海外华文教材的编写原则》，《学术研究》1997 年第 6 期；泰国《亚洲日报》1997 年 9 月 8 日，教育版。

教师素质，是推动华文教育事业发展的根本大计。因此，华文学校应该有计划、有组织地引进、聘用、培训华文教师。教师培训的形式可以是多种多样的，比如有的可以脱产进修，有的可以业余进修，有的可以通过函授形式进修，有的可以自学；此外，教学检查、教学评估、教学观摩、经验交流、参加学术会议或冬夏令营华文师资短期培训班等都是培训师资的好形式。总之，华文教育师资队伍建设是华文教育学科建设的一项重要内容，这项工作只能加强，而不能有任何削弱。

［本文发表于《暨南学报》（人文科学与社会科学版）1998 年第 4 期，作者贾益民。］

国际职场汉语教学探讨

随着中国与共建"一带一路"国家经贸往来的持续增长、投资合作的不断深化，需要以汉语作为职业用语的国际职场人士越来越多，汉语的应用价值正不断提升。2021 年 11 月 11 日，习近平主席在亚太经合组织工商领导人峰会上发表主旨演讲时指出，中国将坚定不移推进改革开放，为亚太经济发展提供助力；将打造高水平、制度型对外开放格局，持续优化营商环境；将坚定推进高质量共建"一带一路"。① 无论是坚定不移推进改革开放，还是打造高水平、制度型的对外开放格局，都将强力推动中国同世界经济和国际体系继续深度融合。在这一时代背景下，高度重视并大力发展国际职场汉语教学，是有效满足世界对汉语专门人才需求的必然途径。

一 国际职场汉语教学提出的背景

（一）"一带一路"倡议对国际职场汉语人才的现实需求

2013 年，国家主席习近平提出建设"丝绸之路经济带"和"21 世纪海上丝绸之路"。"丝绸之路经济带"从陆地上实现东南亚、东北亚经济的整合，并最终融合在一起通向欧洲，形成欧亚大陆经济整合的大趋势；"21 世纪海上丝绸之路"则从海上联通欧、亚、非三个大陆，与"丝绸之路经济带"共同形成一个"海上+陆地"的闭环。"一带一路"倡议的推进，极大地促进了沿线国家与中国的经贸往来、产业合作和人文交流。截至 2022 年 2 月，中国已经同 148 个国家和 32 个国际组织签署了 200 余份共建"一带

---

① 参见《坚持可持续发展共建亚太命运共同体——在亚太经合组织工商领导人峰会上的主旨演讲》，中国政府网，http：//www.gov.cn/gongbao/content/2021/content_5654768.Htm。

一路"合作文件。[①]

八年多来，"一带一路"建设逐渐从理念转化为行动，从愿景转变为现实，建设成果丰硕。据商务部统计，2020年我国与共建"一带一路"国家的货物贸易额达1.35万亿美元，中欧班列全年开行超过1.2万列；我国全年对沿线国家非金融类直接投资177.9亿美元，在沿线国家承包工程完成营业额911.2亿美元；沿线国家的企业在中国新设4294家，直接投资82.7亿美元。[②]

"一带一路"建设在产生庞大的贸易额与投资额的同时，也必然伴随着大量的中国企业"走出去"和外国企业"走进来"。"中国一带一路网"《中企海外项目周报》发布的官方信息显示，在2021年9月6日至12日这一周时间内，中国企业在海外签约中标的项目达13个，分布于13个国家，涉及领域分别为道路建设、水库建设、市政工程、农业产业园、光伏项目、炼油厂等；在建开工项目3个；运营完成项目4个。从2021年12月6日到2022年1月9日这一个月内，中资企业在沿线国家共签约中标项目66项，平均每周达16.5项。中资企业在海外中标的这些大型项目，无论是基础建设还是运营管理，都需要为数不少的所在国本土化管理人员、技术人员和服务人员。而近年来也有大量外国企业在我国投资办厂或者合资开办企业，这些走进中国寻找商机的外国企业，也有大批来自其本土的管理人员、技术人员等需要掌握必要的职场汉语，以便能顺畅地跟中国员工沟通交流。

2020年6月，习近平主席在给"一带一路"国际合作高级别视频会议的书面致辞中指出："我们愿同合作伙伴一道，把'一带一路'打造成团结应对挑战的合作之路、维护人民健康安全的健康之路、促进经济社会恢复的复苏之路、释放发展潜力的增长之路。通过高质量共建'一带一路'，携手推动构建人类命运共同体。"[③]"一带一路"倡议正由重在总体布局的"大写意"阶段逐步转向聚焦重点、共同绘制的细腻"工笔画"阶段。在

---

① 参见《已同中国签订共建"一带一路"合作文件的国家一览》，中国一带一路网，https：//www.yid-aiyilu.gov.cn/xwzx/roll/77298. Htm。
② 参见《我国已签署共建"一带一路"合作文件205份》，中国一带一路网，https：//www.yidaiyilu. gov.cn/xwzx/gnxw/163241. htm。
③ 参见《习近平向"一带一路"国际合作高级别视频会议发表书面致辞》，中国政府网，www.gov.cn/xinwen/2020-06/18/content_5520353. htm。

"一带一路"的高质量发展阶段，立足"民心相通"，因应建设工程、科技工业、高铁航空、经济贸易、家政服务等行业对国际化汉语人才的迫切需求，大力开展国际职场汉语教学，就是绘制细腻的"工笔画"。

（二）中国发展对国际人才的现实需求

1. 中国发展对国际职场人才的吸引力加大

2013年，比亚迪在美国加利福尼亚州洛杉矶县兰开斯特市开设工厂，该工厂现已成为北美最大的电动大巴工厂，为当地创造了上千个工作岗位。[①] 中国持续开放发展，正不断创造出各种类型的就业岗位，对国际职场人才的吸引力日益加大。

2020年6月，老挝国立大学举办中老铁路运营期首批老挝籍学员中文强化培训班。第一期248名学员参加了中文强化、铁路专业理论、现场实体培训和中老铁路专业岗位技能培训。其中，中文强化培训为期10周，开设基础中文、听力、口语、阅读及铁路基础知识等课程。中老铁路于2021年12月正式开通后，老挝国立大学分期培训的600名老挝籍学员，都已成为中老铁路运营的骨干员工。

在经济目标驱动下产生的国际职场汉语教学，学习者目标明确，学习主动性强。中外贸易往来合作规模的不断扩大，必然带动海外就业岗位大量增加，也将催生更多的国际职场汉语学习需求。

2. 中国发展对国际职场人才需求的多元化

中国目前是全世界最具活力的经济体。2021年，中国全年国内生产总值1143670亿元，比2020年增长8.1%。全年货物进出口总额391009亿元，比2020年增长21.4%。2021年，共建"一带一路"国家对华直接投资新设立企业5336家，增长24.3%；对华直接投资金额743亿元，增长29.4%。[②] 企业数量与市场投资的增长，则意味着对技术研究人员、服务人员等各种人才的需求增加。而且国际职场汉语人才的需求正呈现出多元化的特点，需要开设丰富多样的"中文+特色/职业课程"，以全方位满足市场多元化的需求。如为了

---

① 参见《更美好的生活　更绿色的未来——美国工人给中国大使讲"比亚迪故事"》，中国一带一路网，https://www.yidaiyilu.gov.cn/xwzx/hwxw/225938.Htm。

② 参见《中华人民共和国2021年国民经济和社会发展统计公报》，国家统计局官网，https://www.stats.gov.cn/xxgk/sjfb/zxfb2020/202202/t20220228_1827971.Html。

满足日益增长的对焊接技术人才的需求，巴基斯坦费萨拉巴德农业大学孔子学院开设了"中文+焊接技术"课程；土耳其从2017年开始，面向总统府高层公务员开设"中文+职业培训"；斯里兰卡从2019年开始，为当地海关、移民局、旅游警察、酒店等量身打造了各类"中文+职业培训"课程。"中文+"特色项目的内容，涉及高铁、经贸、旅游、航空、机器人技术、农业等领域，既为汉语学习者提供了就业机会，又为中外人文交流作出了贡献。

3. 中国发展需要与国际职业教育体系人才培养加强合作

"一带一路"建设项目投资大，涉及领域广，对国际职场人才的需求也具有规模化特点，需要成批量地培养各层次职场汉语人才，才能满足沿线国家的人才需求。鉴于此，我们应充分利用国外现有的成熟职业教育体系，成规模地开展基于"中文+""汉语+"的国际职场汉语教学，培养职场汉语人才。2020年10月，教育部中外语言交流合作中心与泰国教育部职业教育委员会在线签署《关于开展"中文+职业技能"合作的谅解备忘录》，双方将共同启动建设全球第一所语言与职业教育学院，推动中文教育和职业教育融合发展。①

中外语言交流合作中心还与南京工业职业技术大学共建"中文+职业技能"国际推广基地。该基地将根据外国学生多样化的学习需求，以中文为切入点，向其他领域延伸，打造出各类"中文+"项目，为各国培养既懂中文又懂技术的专业人才。② 全国首家职业教育孔子学院也已经在南京工业职业技术大学成立。

以上学院和基地的设立，都是"中文+"教育理念与国际职业教育体系深度合作的有益尝试。

（三）汉语国际教育发展的现实需求

1. 从基础汉语走向职场汉语

第一，应用型职业教育越来越受到重视。

进入21世纪以来，应用型的职业教育越来越受到国家高度重视。职业教育，是指为了使受教育者具备从事某种职业或者职业发展所需要的职业

---

① 参见《中泰开展"中文+"职业技能合作正式签约》，中华人民共和国驻泰王国大使馆官网，https：//www.fmprc.gov.cn/ce/ceth/chn/gdxw/t1841834.Htm。

② 参见《"展翼丝路——'中文+职业技能'"国际合作研讨会在宁召开》，江苏省教育厅官网，http：//doe.jiangsu.gov.cn/art/2020/10/28/art_57807_9551066.Html。

道德、科学文化与专业知识、技术技能等综合素质而实施的教育活动。国务院 2019 年印发的《国家职业教育改革实施方案》指出，"职业教育与普通教育是两种不同教育类型，具有同等重要地位"。"我国教育总体已进入世界中上行列，正是加快推进教育现代化的关键阶段。没有职业教育现代化也就没有教育现代化。"①

职业教育为我国经济社会发展提供了有力的人才和智力支撑，服务经济社会发展能力和社会吸引力不断增强。随着我国进入新的发展阶段，产业升级和经济结构调整不断加快，各行各业对技术技能人才的需求越来越迫切，职业教育的重要地位和作用也越来越凸显。2021 年 4 月，"全国职业教育大会"在北京召开，习近平总书记和李克强总理分别就职业教育工作作出重要指示和批示。习近平总书记强调，"在全面建设社会主义现代化国家新征程中，职业教育前途广阔、大有可为"。李克强总理指出，职业教育"要瞄准技术变革和产业优化升级的方向，推进产教融合、校企合作，吸引更多青年接受职业技能教育，促进教育链、人才链与产业链、创新链有效衔接"。② 教育部在 2022 年的工作要点中指出，要"积极推动技能型社会建设，大力营造国家重视技能、社会崇尚技能、人人享有技能的社会环境"③。

在促进中国经济持续高质量发展的进程中，技能型社会建设越来越重要，职业教育也迎来了大发展的历史机遇期。职业教育需要努力增强适应性，积极进行改革创新，深化产教融合、校企合作，共建"双师型"教师培养培训基地、企业实践基地等。

第二，中国职业教育发展日趋国际化。

国家高度重视教育对外开放，教育国际化是中国教育的重要发展趋势，也是教育服务"一带一路"倡议的必由之路。《国家教育事业发展"十三五"规划》中就提出要"优化教育对外开放布局。实施共建'一带一路'教育行动。积极倡议'一带一路'沿线各国构建教育共同体，开展教育互

---

① 参见《国家职业教育改革实施方案》，中国政府网，www. gov. cn/zhengce/content/2019 - 02/13/content_5365341. Htm.

② 参见《习近平对职业教育工作作出重要指示》，中国政府网，www. gov. cn/xinwen/2021 - 04/13/content_5599267. Htm.

③ 参见《教育部 2022 年工作要点》，教育部官网，www. moe. gov. cn/jyb_xwfb/gzdt_gzdt/202202/t20220208_597666. Html.

联互通、人才培养培训、丝路合作机制建设等方面重点合作"。

截至 2020 年底，中国共有中外合作办学机构和项目 2332 个，其中本科以上 1230 个，国内本科以上中外合作办学在读学生超过 30 万人。2019 年在我国学习的共建"一带一路"国家留学生占比达 54.1%。①

教育部在 2022 年的工作要点中指出，要"推进高水平教育对外开放。……实施'未来非洲—中非职业教育合作计划'，举办国际性职业教育大会，主办金砖国家教育部长会议，建立金砖国家职业教育联盟和举办职业教育技能大赛，推进'鲁班工坊'建设"②。不论是举办国际性职业教育大会还是建立金砖国家职业教育联盟，职业教育都已成为我国进行高水平教育对外开放的重要抓手，也是推进共建"一带一路"教育行动高质量发展的重要内容。

第三，来华留学生学习汉语的转向。

改革开放以来，中国的国际中文教育事业取得了令人瞩目的发展成绩。据教育部副部长、国家语委主任田学军介绍："目前全球已有 70 多个国家将中文纳入国民教育体系，4000 多所国外大学开设了中文课程。据粗略统计，目前中国以外正在学习中文的人数约 2500 万，累计学习和使用中文的人数近 2 亿。"③ 以上数据说明，国际中文教育发展在世界范围内已经拥有广泛而坚实的基础。但是，国际中文教育的可持续、高质量发展，仍需要我们勇于创新，不断推出满足学习者需求的新内容、新项目，不断增强国际中文教育的吸引力。

在这一过程中，来华留学生从学习基础汉语转向学习专业、学习职业技能，就是国际中文教育的一个重要转向。教育部中外语言交流合作中心马箭飞主任指出，要努力培育国际中文教育的新模式、新业态；努力构建形成中外合作、官民并举、多元参与的办学体系；提升中文的实用价值和

---

① 参见《教育部：2016 年至 2019 年留学生学成回国占比达八成》，教育部官网，www. moe. gov. cn/fbh/live/2020/52834/mtbd/202012/t20201223_507056. Html。

② 参见《教育部 2022 年工作要点》，教育部官网，www. moe. gov. cn/jyb_xwfb/gzdt_gzdt/202202/t20220208_597666. Html。

③ 参见《2020 国际中文教育交流周启动》，中国政府网，www. gov. cn/xinwen/2020－12/14/content_5569421. Htm。

应用空间，为掌握中文的青年人实习、就业和人生发展创造机会。① 武汉大学赵世举教授强调，国际中文教育面临前所未有的挑战，要努力构建以语言服务为理念的多元化国际中文教育大格局，着力打造事业、产业、物业、副业、职业"五业"并举的、全口径全方位的、多元一体的国际中文教育体系。② 无论是提升中文的实用价值和应用空间还是打造"五业"并举、多元一体的国际中文教育体系，都意味着汉语教学要积极实现从基础汉语向专业汉语、职场汉语转型升级，因为，"以就业为导向的应用汉语人才更加吃香"③。因此，国际中文教育需要进一步强化"产教"融合理念，"要面向各国不同区域产业、市场发展需求，加快人才培养结构调整，把中华语言文化人才培养和产业、市场所急需的各类型各层次专业人才培养紧密结合起来"④。

2. 从青年学生走向职场人士

当国际职场汉语教学也发展成为国际中文教育的重要组成部分时，势必带动其教学对象的相应变化，即从以青年学生为主转变为"青年学生+职场人士"。这一转变，既扩大了汉语教学的授课范围，又延伸了汉语教学的覆盖领域；既丰富了汉语教学的常规模式，又能帮助更多的国际人士有机会了解中国。学习职业汉语的国际职场人士，就成为推动中国与世界交往的一支重要力量。国际职场汉语教学对培养具有全球视野、跨文化交际能力及对我国友好的国际化人才作用重大。同时，面向职场人士开展的汉语教学，其经济价值也将同步得到提升，从而在潜移默化中推动国际中文教育的市场化，增强其自我"造血"功能。北京语言大学崔希亮教授指出："国际职场汉语教学是随着我国迅速和平崛起和世界经济全球化的不断推进而新产生的汉语教学探索，这种汉语教学适应了与中国有经贸或科技合作交流关系而母语为非汉语的专业人士的需求，也是'一带一路'建设的助推器，适应了海外中资企业所在国员工以及当地相关的服务业从业人员的

---

① 参见《新时代国际中文教育业态构建和模式创新研讨会成功举办》，中外语言交流合作中心官网，www.chinese.cn/page/#/pcpage/article? id=929&page=2。

② 参见《新时代国际中文教育业态构建和模式创新研讨会成功举办》，中外语言交流合作中心官网，www.chinese.cn/page/#/pcpage/article? id=929&page=2。

③ 邢欣、宫媛：《"一带一路"倡议下的汉语国际化人才培养模式的转型与发展》，《世界汉语教学》2020年第1期。

④ 贾益民：《新时代世界华文教育发展理念探讨》，《世界汉语教学》2018年第2期。

迫切需求。"① 当然，我们也要时刻"树立新时代意识，做好语言服务研究"②，加强对职业化、服务型汉语教学的系统性研究。

3. 从单一职业汉语走向职场通用汉语及职场专门用途汉语结合

职业汉语在满足市场需求的发展过程中，也面临着教育人群市场细分的问题。目前，职业汉语教学虽仍以通用汉语为主，但在不久的未来，职场通用汉语和职场专门用途汉语将并驾齐驱，以满足不同学习者的学习需求，并形成一个以职场通用汉语为主干、以职场专门用途汉语为分枝的国际职场汉语"树形系统"。

"将面向外国人的国际中文教育与职业教育衔接起来，在职业教育中嵌入中文教育，这种增益效应将逐步在与'一带一路'沿线国家和地区合作中逐步释放出来。"③ 随着"一带一路"国际合作的深入推进，在缅甸、巴基斯坦、印度尼西亚、斯里兰卡等"一带一路"节点国家，职场通用汉语和职场专门用途汉语的学习者都在增加。"海外汉语学习人数的不断增加，汉语学习多层次、多领域、多目标，专业化、职业化、实用化的趋势越加明显。"④

二 国际职场汉语的界定、特性及体系构建

（一）职场汉语的界定

"职场汉语"专指职场人士在特定的职场工作情境中所使用的汉语。职场汉语最鲜明的特征在于其"职场性"，即只有在某个特定的职场环境中才会使用的专门性汉语。常用的职场汉语如工程汉语、酒店汉语、高铁汉语、家政汉语、商务汉语、空乘汉语等。

（二）国际职场汉语的定义

"国际职场汉语"是指国际上以汉语作为第二语言的职场工作人员在特

---

① 参见《第二届国际职场汉语教学研讨会举行》，《世界汉语教学》2020年第4期。
② 陆俭明：《树立"新时代"意识做好语言服务研究》，《中国语言战略》2018年第1期。
③ 龚思进：《让世界理解中国，海外侨胞可为、善为、大有作为》，《侨务工作研究》2021年第6期。
④ 李泉：《论专门用途汉语教学》，《语言文字应用》2011年第3期。

定职场工作场景中所使用的汉语。国际职场汉语既不同于日常生活和工作中所使用的"基础汉语",也不同于一般意义上的"实用汉语""专业汉语"等。"国际职场汉语"在语言性质上属于第二语言,其适用对象是国际上以汉语作为第二语言的职场工作人员,其适用场景是国际职场工作场景,要求实用性强、时效性好。因此,"国际职场汉语"具有二语性、通用性、行业性、交际性、速效性等特性。

(三)国际职场汉语的特性

国际职场汉语具有以下显著特性。

第一,二语性。国际职场汉语为第二语言。国际职场汉语的学习者都是把汉语作为第二语言进行学习的职场人士,因此国际职场汉语无论是教学内容,还是教学方法;无论是教学理念,还是教材编写,都应遵循第二语言教学的总体要求。

第二,通用性。国际职场汉语的通用性,体现为在国际职场通用汉语中,其内容在不同的职场都可以通行使用,不同的职场在汉语使用上具有共同交集。而这一交集的存在就是国际职场汉语通用性的集中体现。例如,不管在哪一个职场工作,就"汇报工作"这一工作场景来说,大家都会使用以下话语:

> 合作项目进行得怎么样了?
>
> 我觉得时间有点儿紧?
>
> 恐怕需要增加人手。
>
> 我派一明协助你。
>
> 我想跟您汇报一下今天跟 MC 公司谈判的情况。
>
> 谈判进行得很顺利。
>
> 有困难的话,就及时向我反映。①

国际职场汉语的通用性有助于职场汉语教学实现教学效率最大化。

第三,行业性。通用性是国际职场汉语教学共性的集中体现,而行业

---

① 贾益民、吴煜钊:《国际职场通用汉语》(1—6 册),暨南大学出版社,2020,第 106 ~
107 页。

性则是国际职场汉语的个性化存在。国际职场汉语中的专门用途汉语，指如高铁汉语、客运服务汉语、家政汉语等行业专门汉语。国际职场汉语行业性与通用性并存，二者相互补充，各有侧重，服务于不同需求的学习群体。

第四，交际性。语言的本质属性在于其交际性，而国际职场汉语尤其需要突出其交际性。语言的交际，可以分为口语交际和书面语交际两种类型。而国际职场汉语应遵循"口语交际领先，书面语交际跟上"这一原则，突出口语交际能力训练。在国际职场汉语中，口语交际是第一性的，是学习者能够迈进职场的敲门砖。当然，在有条件的情况下，对于具有高阶发展需求的学习者，则书面语教学也可相应跟上，以进一步培养其国际职场汉语书面语的运用能力。

第五，速效性。国际职场的职业竞争非常激烈，机会往往稍纵即逝。因此，国际职场汉语教学也需讲究快捷、时效，学习者在经过短期强化、集中高效的培训后即能获得较好的交际能力。因此，国际职场汉语教学从教材编写到课堂教学，都要围绕快速、有效来进行顶层设计，教学内容编排要精准实用，教学方法要精讲多练、活练，以使我们的教学能够帮助学习者在短期内获得立竿见影的学习效果，以助力学习者获得其心仪的职业岗位。

（四）国际职场汉语的教学对象

国际职场汉语的教学对象是以汉语作为第二语言的国际职场人士。他们以汉语作为职场工作语言，但同时，汉语又不是他们的第一语言，而是他们的第二语言。国际职场汉语的教学对象，既可以是海外中资企业在当地聘用的外方人员，也可以是来华投资企业中的外方人员，还可以是中国有关企事业单位聘用的外方专业技术人员或者劳务人员；既可以是已经在某个岗位上工作的职场人士，也可以是为获得某个特定岗位而学习的待就业人员。

（五）国际职场汉语的体系构建

第一，国际职场通用汉语。

国际职场通用汉语是国际职场汉语的基底，是国际职场汉语的基础性内容。《国际职场通用汉语》教材以职场的通用场景作为语言教学核心内容的来源，并将通用场景分成 6 级，每级共 20 个场景，总共编排了 120 个职场通用场景的汉语学习任务。

第二，国际职场专门行业汉语。

与国际职场通用汉语不同，国际职场专门行业汉语突出行业化、专门性和技能化，具有更强的实用性和针对性。国际职场专门行业汉语要以行业职场的专门用途来规定语言学习的特色型内容。基于此，国际职场专门行业汉语又可进一步分成 N 种类型，如家政汉语、物流汉语、空乘汉语、航运汉语、酒店汉语、高铁汉语、工程汉语、金融汉语、中医汉语、农业汉语等。显然，不论是常用词语还是常用句式，也不论是交际对象还是交际内容，家政汉语都会不同于金融汉语，物流汉语也不同于中医汉语。不同类型的行业汉语之间存在的多层面差异，就是国际职场专门行业汉语各自的特色所在。

基于国际职场通用汉语的 6 级通用场景，再辅以国际职场专门行业汉语的 N 种个性化类型，国际职场汉语就形成了一个 "6+N" 的完整语言体系。

三　国际职场汉语教学的基本遵循

国际职场汉语教学是针对国际职场汉语组织的第二语言教学活动。不论是针对国际职场通用汉语进行的教学活动，还是针对国际职场专门行业汉语组织的教学活动，都需遵循以下五个基本原则。

（一）以场景化教学为主

为满足高度实用性的要求，国际职场汉语教学必须突出场景化，尽量在接近真实的职场环境中组织教学，以"学了就能说、学了就有用"作为教学最高目标。国际职场汉语教学中的活动任务设计、词语与句型选择，都应体现鲜明的场景化特征。如"五行国际职场汉语系列教材"将每篇课文都设计为 1 个职场场景，每个职场场景又安排若干个职场任务，再根据职场任务来设计课文对话，确定语言学习内容，"出色地实现了'职场场景-活动任务-惯用表达'的一体化，为职场汉语教学提供了具有较大参考价值的总体框架和模式"。①

就职场场景来说，国际职场通用汉语重在对各类职场中都普遍使用的汉语交际任务进行教学，如自我介绍、请假、邀请与送礼、工作汇报与分配、升职与加薪、预约客户等。国际职场专门行业汉语则应突出行业性，靶向满足某一行业的特定表达需求。如"查票及补票""列车正点及晚点""列车到站播报"等为高铁汉语所特有；"与雇主沟通一天的饮食安排""向雇主汇报孩子或老人的状况"等则是家政汉语的特色内容。

在场景化原则指导下，国际职场汉语中的高频词语、常用句型的选取，应由完成活动任务的语言需求来决定。即应以职场特定活动任务中是否常用为标准，来"选用国际职场工作场景高频词语"②。基于此，《国际职场通用汉语》第一册就收录了"财务部""投影仪""购买力""汉堡""酒会""蓝牙""笑纳"等超纲词语，第二册收录的"茶歇""黑屏""带薪""订货""报价""年假"等也是超纲词语。同时，也可将部分共现频度高、关联性强的词语处理为语块来进行学习，以提高学习者语言加工的速度。如《国际职场通用汉语》第二册的"词语总表"就收录了"别提了""好久不见""新婚快乐""欢迎词""日程表""总结会"等词语。语法知识的教学也应以重点句型强化训练的形式来进行，避免直接讲解语法知识。"职场工作场景中的高频词语和常用句型共同构成了职场汉语的惯用表达，为完成特定职场场景中的常规性活动任务提供了最具'行业性、实用性、速效性'的学习内容。"③

（二）以国外教学为主

国际性是国际职场汉语教学的重要特征。因此，国际职场教学主要应在国外进行，尤其是应将共建"一带一路"国家作为教学的主战场。国际职场汉语教学应以国外教学为主，主要原因在于"需求在外"。"一带一路"倡议下走出去的大量中资企业，在国外不断发展与壮大的过程中，需要招

---

① 张博：《从教材开发看职场汉语教学模式构建》，《国际中文教育》（中英文）2021 年第 2 期。

② 贾益民、吴煜钊：《国际职场通用汉语》（1—6 册），暨南大学出版社，2020。

③ 张博：《从教材开发看职场汉语教学模式构建》，《国际中文教育》（中英文）2021 年第 2 期。

聘大量的当地员工，以促进当地人员就业，服务当地社会。对这些不会说汉语的当地职员来说，职场汉语培训安排在当地进行，既便于教学组织，又节省培训成本；最重要的是，还有利于学习者与所要从事的职场环境直接对接，以便尽快熟悉职场环境。即便是对要来中国工作的外国人的职场汉语培训，在达到一定规模的情况下，也可以将主要的学习安排在当地进行；待主体内容基本掌握后，再安排其到中国来进行一小段时间的适应性训练即可。国际职场汉语教学安排在国外进行，能最大限度地节省培训成本，降低国际职场汉语教学的加入门槛，拓展国际职场汉语教学的群众基础。当然，为增强在国外学习职场汉语的学习者对中华文化的认知，培养他们对中国的熟悉感，教学也可以有意识地加入中华文化知识的内容。如《国际职场通用汉语》就在教材的每一个主题单元编排了"文化"板块，用来介绍与单元主题相关的中华文化背景和文化交际知识，使学习者在学习职场汉语的同时，也有机会拓展对中华文化知识的认知。

（三）以业余培训教学为主

国际职场汉语教学主要面向已经在岗或者即将就业的国际人士开展，是一种短期非学历的二语教学。因此，国际职场汉语教学应以安排业余培训教学为主。对于职场人士，可充分利用其工作之外的闲暇或碎片化时间安排教学活动；对于即将就业人士，则可安排相对集中的时间进行短期强化汉语培训。以业余培训为主安排国际职场汉语教学，有助于最大限度地扩大职场汉语教学的覆盖人群。

（四）以实践教学为主

国际职场汉语教学突出实践性，强化实践教学。要尽量营造各种接近真实的语言和职场情境，来开展模拟真实的职场汉语教学。越逼真越好，越接近真实越好。有条件的教学单位，还可以安排学员到对口的企事业单位进行短期实习，以实地体察其目标职场对汉语使用的真实需求。如《国际职场通用汉语》教材专设"活动任务"环节，该环节就是以训练职场交际技能为主要目标，题型丰富多样，除了必要的词语练习之外，更重在强化词汇记忆与句型口语训练，力求做到即学即用。刘旭在研究国际汉语的职业教育发展时也指出，国际汉语的职业教育"应充分融合汉语国际教育与职业教育两个领域的优势，既要注重语言教育中的交际性与实用性，也要注重职业教育中的专业性和可操作性"①。

（五）以培养口语交际能力为主

国际职场汉语教学以提升学习者职场口语交际能力为第一目标，重点培养学习者的双语甚至多语的职场交际能力，如具体事项沟通能力、专业谈判能力、口译能力、主动收集信息能力等。为有效培养学习者的口语交际能力，从教学大纲设计到教材编写，从课堂教学核心任务安排到课后辅助性练习，都要密切围绕口语交际训练来进行，教学各个环节都体现"精讲活练"原则，基于口语交际能力的提升来展开多层次、多途径的训练。如《国际职场通用汉语》以"会话"作为课文的核心内容，以特定职场人物在特定职场场景中展开的语用功能和情境对话为载体，来设定某一职场情境所需要的句型及词语；语言口语化，简洁易懂，实用上口，全方位服务于学习者国际职场口语交际能力的获得。

四　国际职场汉语教学体系的构建

为确定国际职场汉语教学的学科内容，明晰国际职场汉语教学的重点建设领域，需要构建一个科学合理的国际职场汉语教学体系。国际职场汉语教学体系由以下六个部分构成。

（一）"6+N"的教材体系

国际职场汉语"6+N"的教材体系是"国际职场通用汉语"和"国际职场专门行业汉语"融通结合的产物。"6"即为《国际职场通用汉语》的6册系列教材；"N"即为"国际职场专门行业汉语"编写的系列教材，此类教材可根据职场现实需求，编写 N 套，如家政汉语、工程汉语、中医汉语、空乘汉语等。《国际职场通用汉语》系列教材和《国际职场专门行业汉语》系列教材相辅相成、相得益彰。在这个"6+N"的教材体系中，学

---

① 刘旭：《"一带一路"建设中国际汉语职业教育发展研究》，《广西社会科学》2020 年第11 期。

习者根据需要既可以独立学习某一套或者某一册教材，又可以穿插学习两套教材，以满足自己对职场汉语的学习需求。国内首套《国际职场通用汉语》已于 2021 年 12 月正式出版发行；"6+N"体系中的"N"系列教材，即《国际职场专门行业汉语》系列教材，目前也正紧锣密鼓地编写中。

（二）线上线下相结合的教学体系

针对职场汉语学习人士的学习条件与认知特点，借鉴翻转课堂的教学理念，国际职场汉语教学需打造一个线上教学与线下教学相结合的教学体系。要开展国际职场汉语教学的线上学习资源研发，为国际化学习者在线上学习课程内容提供充足的资源保障。线上教学以学习者自学为主，重在语言输入性学习；线下的实体课堂教学以学习者在教师指导下重点进行交际性训练为主，重在语言的准确、规范输出训练，提升学习者在某一特定职场熟练运用汉语进行有效交际的能力。

（三）职场汉语水平测试体系

语言水平测试是语言教学中的一个核心环节。依据"6+N"的国际职场汉语教材体系，需要有序开展国际职场汉语的水平测试体系研制工作，并将其作为国际职场汉语标准化、规范化发展的一个重要支撑。立足于该水平测试体系的研发，在条件成熟时，海内外相关权威教学机构可协同合作，尽早制定并向市场推出国际职场汉语等级证书认证体系。

（四）学习者就业推荐、创业孵化帮扶体系

国际职场汉语教学以满足学习者的职场汉语交际能力提升为目标，职业属性突出。在进行职场汉语教学的同时，如何助力职场汉语的学习者有效就业，也是国际职场汉语教学组织者必须考虑的要务。只有学习者在接受职场汉语培训后都能够有机会充分就业，国际职场汉语教学才能保持长久的生命力。

基于此，国际职场汉语教学的组织者应主动创建面向不同行业的就业推荐和创业孵化帮扶体系，主动创造出学习者与用人单位之间能够进行就业岗位有效对接的机会，在教学组织者与学习者之间形成一个"进得来，出得去"的良性循环，打造一个"职场汉语+职业培训+创业服务"的运行体系。

（五）国际传播体系

2021 年 12 月，在第三届国际职场汉语教学研讨会上，"全球职场汉语传播联盟"正式宣布成立。全球职场汉语传播联盟是职场汉语探索国际合作和国际传播的一个创新模式，也是职场汉语国际传播体系的重要组成部分。职场汉语国际传播体系的建立有助于联合多方力量实现"众人拾柴火焰高"的聚集效应，提升国际职场汉语教学的影响力、号召力，推动国际职场汉语全面走向世界，实现国际职场汉语人才的快速培养与有效就业，为互惠、共享的国际经济合作提供人才支撑。

（六）"职场汉语+职业教育"体系

国际职场汉语教学应主动与职业教育开展合作，构建"职场汉语+职业教育"的人才培养体系。职业教育是针对专门行业人员入职前的教育与培训，其行业对应性与实践操作性都较强，在教育手段、内容、目标等各方面都与语言教育存在较大差异。国际职场汉语教学需主动对接职业教育，积极与职业教育沟通交流，努力成为职业技能教育的语言载体。二者可以广泛地开展合作，如共同举办不同类型、不同层次的"鲁班工坊"等。

同时，立足于国际化发展方向，国际职场汉语教学应紧抓"专业在内，培训在外，就业在外"这一办学特点，努力将职场汉语教学送进国外的职业院校植入国外的职业教育课程体系中去，建立广泛的国际化合作伙伴网络，拓展国际职场汉语教学的实施平台，推动国际职场汉语教学行稳致远。

（本文发表于《世界汉语教学》2022 年第 3 期，作者胡建刚、贾益民。）

华文教育研究的重点与方向

世界华文教育研究已经进入了一个新的发展阶段。笔者认为，以下几个方面是当前华文教育研究的重要领域，也将是未来一段时间内华文教育研究的重要方向，需要我们组织力量，广泛调查，深入分析，取得成果，以推动华文教育研究向更深层次、更高水平发展。

一　华文教育"三教"问题研究

紧紧围绕扎根于实际需要的"三教"问题，华文教育理论研究首先要解决华文教育"教什么"的问题。"教什么"就必然涉及"标准"问题。现在的华文教学还没有通用的、地区性的华文教学大纲，华文教育目前在应该"教什么"这个问题上尚无定论。而要设计华文教学大纲，就必然会牵涉大纲标准的制定问题，就会密切关联到语言问题和文化问题。这里有很大的研究空间，有很多工作值得我们进一步去研究和探索。

其次要解决"怎么教"的问题，要花大力气去研究华语本体各要素，研究华语习得规律、习得偏误，在语言对比的基础上对偏误现象进行有针对性的描写和分析，并以此开展本土化、国别化教材的编写与教学。同时，展开对不同阶段、不同群体、不同背景下的华语学习者的接受心理、接受规律、学习动机的研究，并使之成为华文教育可持续性发展的不竭动力。

强大的师资队伍是华文教育持续发展的根本保障。为促进华教师资队伍的正规化和可持续发展，当前非常有必要积极研发华文教师资格认证体系，根据海外华文教学日益规范化的需要，开展华文教师等级证书制度研发，建立一个融师资培训、证书考试、等级认证为一体，科学、权威、实用的华文教师认证制度，以促进华文教育的发展。在此基础上，积极研发配套的华文师资培训系列教材，以培训需要为出发点，开发出针对不同教学性质、不同教学类型的系列华文师资培训教材。要积极组织开展多层次、高质量、成体系的海外华文师资培训工作，建设立体化的华文师资培训课程体系，以推动海外华文师资队伍的成长。

二　世界华文教育现状调查

开展海外华校普查、海外华文教育组织调查及海外华文教育政策调查是华文教育理论研究的重要内容。通过调查，我们要了解清楚目前华文教育的现状究竟是怎样的，全球究竟有多少华文学校，这些华文学校里面究竟有多少学生，学生的构成比例是怎么样的，各个学校、各个国家、各个地区都有多少华教师资，师资构成又是如何，等等。目前，这些基本数据非常匮乏，很多时候我们所依据的数据都是估算出来的，缺乏田野调查得来的第一手数据作为基本依据。这种状况将极大地限制华文教育理论研究的科学性，对相关主管部门的科学决策也会产生不利影响。因此，我们需要调动世界范围内华文教育界的各方力量，群策群力，发挥各自优势，摸清海外华校的整体概况、师资队伍结构、教学运行机制、学生来源、教材使用及历史沿革等。在深入、充分调查的基础上，依托相关科研机构，建立海外华文教育的专门数据库，为华文教育政策制定和科学研究提供直接的数据平台支撑。

三　世界华文教育发展历史研究

作为一个学科，其发展历史是学科理论研究的核心课题。当前华文教育研究的重要领域之一便是华文教育发展历史研究，也包括其未来发展趋势研究。可以说，我们现在看不到一部完整的关于世界华文教育历史的文献，现有的一些华文教育历史研究著作，往往研究范围较小，史料性不强。部分著作相关史料搜集不甚翔实，全面性、权威性不足。随着时间的流逝，有些华文教育的珍贵史料，我们只能眼看着其逐渐流失，而没有人去收集、整理，尤其是海外一些华文教育界的老前辈，他们手上有大量的宝贵资料，脑海中有丰富的事件史实，但限于各种原因，这些鲜活的史料目前我们只能看着它慢慢消失。而那些正在流逝的材料与史实，正是华文教育历史研究的宝藏。

作为华文教育理论研究的一项基础性工作，我们要抓紧时机，积极行动起来，去抢救这些华文教育史料。把华文教育当作一门学科来建设，抢救、收集和整理华文教育史料是一项最基础性的工作，应该抓紧来做，这是我们的历史责任，不然我们既对不起前人，更对不起后人。前人为华文教育做了这么多贡献，创造了这么丰富的华教历史，我们不能任其白白流失掉。抱着对历史、对未来负责任的态度，我们迫切需要加强对华文教育史料的收集、整理工作，加强对华文教育史料的研究、编纂工作。

四　华文教育的文化教学体系建设

华文教育不仅仅是语言教学，文化的教学与传承占非常大的比重，可以说，华文教育是语言和文化并重的。我们要让世界人民认同中华文化，要让华侨华人子女传承与弘扬中华文化，这是华文教育教学目标的重要内容之一。但我们应该让世界人民认同什么样的中华文化，让华侨华人子女传承什么样的中华文化，这些问题到目前为止并没有从理论上真正认识清楚。中华文化的核心内容到底是什么，它的内核和价值体系究竟是什么，我们现在还表述不清楚，或者说，关于华文教育的文化教学究竟教什么，我们还缺乏一个界定清晰的表达或论述。这就直接导致我们对华文教育的文化教学内容和华文教材编写中的文化内涵的把握无法达成共识，无法制定相对统一的文化教学大纲。这些问题都需要华文教育界的专业之士进行深入研究，为建成系统性强、共识度高的华文教育文化教学体系进行不懈的努力。同时，如何有效地开展华文教育文化教学，创新华文教育文化教学的内容、形式，提升文化教学的可接受度，也是文化教学的重要研究内容，值得重视和探讨。

五　华文教育教学资源开发

在华文教育理论研究的基础上，华文教育界也必须重视教学资源的开发，尤其是基于现代教育技术和网络平台的语言、文化教学资源的开发。为提升华文教学的可接受度，提高华文教学的教学效果，我们既要继续大力开发、编写具有较强针对性、实践性和本土化的华文纸质平面教材及多媒体教材，也要充分重视研发建设华文教学案例库、华文教材和教辅资料库，搜集优秀教案、课件及教学用音频、视频资料等建设华文教学多媒体素材库。要有规划、有目的地打造一个或多个影响力广泛、基于云端技术的华文教育教学资源平台，为全球华文教师及华语学习者服务，满足华文教学和学习的需要。

在大力开发教学资源的同时，另一个不能忽视的重要领域是华文教育资源包括语言教学资源和文化教学资源的传播问题，即如何有效地将我们开发的教学资源传播出去，以达到最大的利用价值。我们应该建设怎样的传播通道，应该如何利用各种传播手段使各种教学资源能够最大限度地被一线的华文教育工作者使用，这是之前被学界所忽略的一个重要方面，今后值得组织学界和社会的力量共同研究，大力推动华文教育教学资源的开发、利用与推广。

六　华文教育的协同创新平台建设

华文教育要向更深层次发展，既需要创新，也需要协同。创新是生命力，协同是生产力。华文教育是一个宏大的事业，是全世界中华儿女实现民族伟大复兴梦想的重要途径。在这一过程中，无论是华文教育现状普查，还是华文教育各类教学资源库建设，以及其他各类工作的有效开展，都需要全世界华文教育界同人共同添砖加瓦。大家分工合作、信息互通，资源共建共享，研究互助互动，这是华文教育事业发展的必由途径。在这方面，海峡两岸华文教育界的协同创新、互助发展已经有了成功的范例。几年来，通过协同创新，海峡两岸在原有合作的基础上把海峡两岸甚至世界范围内的华文教育事业都大大地往前推进了一步。无论是海峡两岸华文教师论坛还是世界华语文教学研究生论坛，海峡两岸华文教育界协同创新建立的这些交流机制与平台，都取得了丰富的成果，产生了积极而广泛的影响。建立海峡两岸乃至世界海峡范围内华文教育协同创新的有效机制，开辟华文教育协同创新的新领域，拓展华文教育协同创新的新渠道，创造华文教育协同创新的新成就，是世界华文教育理论研究和事业发展的重要方向。

［本文发表于《华文教学与研究》2013 年第 2 期，是根据作者贾益民在"第二届两岸华文教育协同创新研讨会"（中国厦门，2013 年 1 月）上的讲话整理而成。］

海外华文教育质量保障体系建设

华文教育作为中华民族的一项"留根"工程、"铸魂"工程、"圆梦"工程，其质量保障体系建设应当从以下几个方面着手：华文教育教学标准体系建设、海外华文教育评估体系建设、华文水平测试体系建设、华文教师专业发展体系建设、华文教育教学资源体系建设及华文教育学科理论体系建设。同时，华文教育质量保障体系建设需要海峡两岸华文教育界的携手合作与协同创新。

一 引言

习近平总书记指出："团结统一的中华民族是海内外中华儿女共同的根，博大精深的中华文化是海内外中华儿女共同的魂，实现中华民族伟大复兴是海内外中华儿女共同的梦。"[1] 华文教育是一项"留根"工程、"铸魂"工程、"圆梦"工程，在实现中国梦的过程中发挥着巨大的历史作用。

华文教育是传播中华文化的重要平台。海外华侨华人是实现中国梦的一支强大力量，肩负着极其崇高的历史使命，发挥着不可替代的重要作用。很多外国人认识中华文化、了解中华文化、认识中国，都是从他身边的中国人或者华侨华人开始的。目前海外华侨华人已达6000多万人，他们分布在全世界的200多个国家和地区，在传播中华文化方面，在帮助其他外国友人了解、认识中华文化方面发挥着巨大的作用。但是，第二代、第三代甚至第四代华裔子女很多已经不会讲汉语了，更谈不上对中华文化的了解和传播。所以，应对这些华侨华人子弟进行华文教育，使他们在传承中华文化的同时，肩负起向世界各国朋友传播中华文化的重任。这有助于中华文

---

① 《习近平谈治国理政》，外文出版社，2014，第63页。

化在世界上的地位和作用的进一步提升，也有助于改变整个世界对中国历史文化、对中国现实，乃至对每一个中国人的态度。现在世界上对中国、对中国人有很多误解、偏见，因为在海外可以看到的能有效传播中华文化的东西太少。华文教育是传播中华文化的重要平台，它能在传播中华文明中发挥非常重要的作用，也符合国家提出的"中华文化走出去"战略，是全面提升中国软实力的重要途径。

现在中国经济发展迅速，但是在世界范围内文化地位的提升却处于相对滞后的状态。在中国大陆、港澳、台湾，甚至在其他国家，我们看到坐地铁或出租车的小孩子手里捧的大部分都是日本动漫，打开手机、电脑看的也是日本动漫。这看起来是一种游戏、一种消遣、一种娱乐，但实际上孩子们就是在接受某种文化的熏陶。为什么博大精深的中华文化，美好、丰富、生动的中国故事，就不能出现像日本动漫这样的文化产品，行销全世界？现在，在全世界各地的商场和旅游景点看到的东西，很多都是"made in China"，但是产自中国的文化产品却很难看到。这也显示了一个国家、民族的文化的地位和作用，显示了文化的一种"软实力"，但是我们现在做得还很不够。

华文教育是开展民间公共外交的天然桥梁和重要渠道。面对周边的30多个国家，中国当前面临的挑战还是如何积极协调与这些国家的关系。实际上，华侨华人多数集中在中国的周边国家，尤其是东南亚各国。中国要和平发展、和平崛起，要实现小康，推进现代化进程，全面提升人民的生活水平，就必须具备一个安全稳定的国际环境和周边环境。这除了需要加强国家政府间的交往，更重要的是加强公共外交、民间外交。而华侨华人对维护安全稳定的环境具有非常重要的作用。要使这种安全稳定的环境继续保持下去，我们不仅需要做好老一辈华侨华人的工作，还需要继续做好第二代、第三代乃至几代华侨华人子弟的工作，发挥他们在睦邻外交，乃至与世界各国和平外交中的作用。我们可以通过华文教育，通过汉语教学，通过文化、教育的交流，去做这些国家各个阶层乃至政府高层的工作，维持友好的国际关系与国际环境。改革开放以来，特别是20世纪90年代以来，华文教育在此中发挥了非常显著的作用。所以，华文教育不能仅就教育谈教育，不能仅局限在狭窄的学术层面，必须提升到战略的高度，去认识其内在价值。

华文教育必须进一步重视教学质量。现在，"汉语热""华文热"流行全球，我们需要对这个"热"进行冷静分析和思考。现在，在华文教育和汉语教学开展得最好的地方，学习者绝大多数是华侨华人子弟。"汉语热""华文热"实际上更多的是"热"在华侨华人。所以，这个"热"其实有一定局限，汉语教学在海外的发展并没有想象中那么"热"。而且，经过调查发现，海外华文教育也存在高年级学生生源流失的状况。以《中文》教材的使用情况为例，《中文》教材从小学一年级到六年级一共是12册主教材、24册练习册和12册教师手册。从教材的发行情况看，第一册到第四册的发行量基本上占了2/3，第五册和第六册的发行就少了很多，第七册以上发行量就非常少了，第十一册、第十二册的使用者更是凤毛麟角。生源流失在很大程度上是由于华文教育教学质量本身存在问题。所以，必须把教学质量看作华文教育的生命线，看作华文教育可持续发展的不竭动力，实现华文教育"量"与"质"的同步提升。

同时，还要建设完善的华文教育质量保障体系，并促使其不断趋于科学、成熟、规范，这是提高华文教育教学质量的必然选择。

二 华文教育质量保障体系建设

华文教育质量保障体系建设主要包括以下六个方面：华文教育教学标准体系建设、海外华文教育评估体系建设、华文水平测试体系建设、华文教师专业发展体系建设、华文教育教学资源体系建设及华文教育学科理论体系建设。

第一，华文教育教学标准体系建设。华文教育教学标准体系的核心内容是华文教学大纲体系。就教学标准体系建设而言，华文教育现在缺乏统一的大纲。从教育学来讲，教育教学首先要有总体设计和教学大纲，然后再根据总体设计和教学大纲编写教材。在教学总体设计中确定教学目标，确定教学"质"和"量"的规定性，包括教多少、教哪些、教的对象是谁、对象的特点是什么、对象的需求是什么等。在此基础上，根据教材实施教学，才可以进行教学评估和教学测试，甚至进行统一的华文能力水平测试。但是如果没有教学大纲，华文教育就很难再进一步提升质量。所以，华文教育教学标准体系建设的关键是制定教学大纲。

从对外汉语教学大纲发展到汉语国际教育大纲，说明汉语国际教育已经建立了比较完整的教学大纲体系，实现了质的转变，使对外汉语教学由以国内教学为主转向以海外教学为主，教学对象转变为住在国外的非华侨华人，即外国人。但是，华文教育到目前为止尚未建立起统一的、作为教学标准的教学大纲。虽然，汉语国际教育的大纲可以用在华文教育中，包括其中基础性的部分，但是，汉语国际教育与华文教育之间毕竟存在差别，其表现之一就是汉语国际教育设定的教学对象是以非华侨华人子弟为主的成年外国人，而华文教育的主体对象是华侨华人子弟，是以少年儿童为主的群体。所以，将对外汉语的教学大纲用到对华侨华人子弟的华语教学上并不实用。更不用说，华文教育中还有文化教学的问题，强调文化学习与语言学习并重。基于汉语国际教育大纲更强调语言学习，我们应该建立一套面向华侨华人子弟的华文教学大纲，即在华文教学上要有总体设计。

基于不同的需要，华文教学大纲又可以分为：面向全世界的普适性华文教学通用大纲和面向特定国家或地区的本土化教学大纲。面向全世界的普适性华文教学通用大纲可以着重解决教学中应该教多少、教什么的问题。按教学阶段的不同，在不同的阶段应该教多少、教什么，这应由普适性华文教学通用大纲来统辖。在通用大纲的指导下，可以建立本土化的教学大纲，也就是面向不同国家和地区的本土化大纲。关于什么叫"本土化"语言教学，现在有多种解释。最通常的解释就是，如果一套教材注释的语言或者翻译的媒介语用的是英语，那它就是面向英语国家和地区的"本土化"教材；如果媒介语言是日语就是面向日本的"本土化"教材，是泰语就是面向泰国的"本土化"教材。然而，这究竟是不是真正意义上的"本土化"还是一个值得进一步探讨的问题。什么是"本土化"？在教学中怎么体现？在教材中怎么体现？这些问题在制定大纲时是必须解决的。否则，就很难解决"本土化"教学和"本土化"教材编写中的问题。华文教学大纲也可以分为语言教学大纲和文化教学大纲。语言教学大纲的制定因为有一些参照，所以比较容易。文化教学大纲相对较难，因为目前对于中华文化的核心理念和核心价值尚缺乏统一的认定。而且如何把中华文化的理念转化为适合不同年龄阶段和教学对象的教学内容，以及具体的文化呈现方式和形态，这些问题都有待进一步研究和探讨。所以，建议华文教育界成立一个世界范围内的华文教育专家委员会，研究、策划、指导解决华文教育的专业性问题，如理论问题、学科建设问题、教材问题、师资培训问题等。在华文教育专家委员会中，专门成立大纲制定专家小组，来专题研究和指导大纲的制定，使华文教学有章可循、有法可依，推动华文教育走向规范化、科学化。

第二，海外华文教育评估体系建设。建设综合的华文教育评估体系有其迫切性，因为中国政府建设海外示范性华文学校，帮扶海外华文学校，都有必要对学校教学状况进行评估。但是，我们目前对海外华文教学的情况并不了解。以《中文》教材在海外的使用情况为例，该教材设定是半年使用一册，可一些学校一年才用一册。而有些学校认为半年一册不够用，因为教材太简单。这就涉及统一的教学标准和教学规范化问题。我国国务院侨务办公室在海外建立了很多示范学校，现在总计有 192 所。这些示范学校的示范作用需要进一步明确，它是教学的示范、办学的示范、教材编写的示范，还是教学方法的示范？其示范性究竟表现在什么方面？目前的情况是示范性学校的办学缺乏统一的建设评估标准，这是亟待开展的工作。具体而言，海外华文教育评估体系建设重点应当包括华文教学质量评估、华文教师教学能力评估和华文学校办学水平评估。华文教学质量评估涉及华文教学大纲评估、教学方案及教材评估、华文课堂教学评估，以及华文学习者华文水平评估。建议在拟设立的华文教育专家委员会中成立华文教学评估分委员会（或小组），专项研究华文教育的评估方法和评估内容，探索评估的实施方案。

第三，华文水平测试体系建设。建设华文水平测试体系是一项重要而迫切的任务。目前，海外华侨华人的华文水平实际状况究竟怎样，一直以来就没有进行过普遍测试；海外华文教育的实际教学效果怎样，学生的实际华文水平如何，多少年来也没有进行过测试。而现在的汉语水平考试（HSK）又不能反映华侨华人真实的华文水平，因为 HSK 最初并非针对海外华侨华人的华文水平测试而设计的。海外华侨华人中大部分华文学习者是少年儿童，而 HSK 根本无法适用于他们。所以，很有必要研制一套面向海外华侨华人不同年龄阶段的华文水平测试系统。

根据华文学习者不同的年龄阶段，华文水平测试大致可以分为以下四类：①幼儿华文水平测试，适用于幼儿阶段的华文学习者，年龄在 3~5 岁；②儿童华文水平测试，适用于小学阶段的华文学习者，年龄在 6~12 岁；③少年华文水平测试，适用于中学（初中、高中）阶段的华文学习者，年龄在13~18岁；④成年华文水平测试，适用于成年阶段的华文学习者。根据华文教学的性质，华文水平测试大致可以分为以下两类：①华文作为母语且是第一语文的水平测试，这类情况虽然不多，但实际存在，而且在有的国家占主导地位，如马来西亚；②华文作为第二语文的水平测试，这类情况十分普遍，是海外华文教育的主流。

关于华文水平测试的具体内容，从海外华文教育的实际出发，华文水平测试的内容应该是"语言与文化并重"，这是由海外华文教育的性质和特点决定的。语言方面应以现代汉语为主，面向少年、青年或成年母语文学习者，可适当增加有关古汉语常识的内容，语言测试应以华文的实际应用能力为主。文化方面应以中华文化为主，包括历史文化（传统文化）和中国现当代文化；同时还应包括中华思想文化和跨文化交际的内容。面向少年、青年或成年母语文学习者，可适当增加中外文化交流、比较等内容。无论是语言内容还是文化内容，都必须适合于不同类别的华文学习者。

华文水平的测试应由中国政府主导的华文水平测试组织机构，以及由华文教育专家组成的华文水平测试委员会具体负责组织实施，并以华文水平测试委员会的名义颁发证书。证书可按不同类别的华文学习者设立不同的等级。

第四，华文教师专业发展体系建设。"华教大计，教师为本。"华文教师的专业能力如何，决定着华文教育的质量和水平。因此，必须高度重视华文教师的专业发展。华文教育目前缺乏统一的华文教师专业发展纲要，也缺乏一以贯之的华文教师专业发展体系。国务院侨务办公室正在组织制定华文教师证书等级标准，以建立规范、系统的海外华文师资培训与培养体系，促进华文教师专业能力的提升。其后应根据该证书的等级要求，建立培训体系。

华文教师专业发展体系建设可以从以下两方面着力：一是推动实施华文教师证书制度，以华文教师证书制度来整合华文教师培训资源，做到培训与考证相结合，既强化培训的目标性，也避免培训的盲目性，以增强教师培训的系统性、科学性。现在华文教师的培训，不管是我们派老师出去培训，还是请他们进来培训，培训的内容和参加培训的老师基本没有多大变化，而培训地点的改变使培训在一定程度上演变成旅游参访，实际培训效果难以确定。培训活动需要投入大量的人力物力，所以更需要规范化和科学化。二是建立完善的青年华文教师培养及专业发展体系。建立从专科、本科到硕士、博士的青年华文教师培养体系，专业华文领域应当涵盖语言学、应用语言学、文化学和教育学等，为华文教育的可持续发展储备人才，同时也促进青年华文教师的职业规划与发展。

第五，华文教育教学资源体系建设。现在海外华文老师教学所需要的参考资料相对较难获取，学生学习也缺乏充足的课外辅助性读物，往往只有一本课本、一本练习册，这说明我们的教学资源严重匮乏。中国提供给华侨华人的教材选择余地较小，国务院侨务办公室主打的是《中文》和《汉语》，还有一套《幼儿汉语》，《千岛娃娃学汉语》是专门给印度尼西亚的华侨华人子弟编撰的。北京语言大学、国家汉语国际推广领导小组办公室编撰的教材有很多，但主要是面向成年人和孔子学院学生的，真正面向华侨华人子弟的很少。

现在教学资源体系是一个现代化、立体化的体系，包括教材、教辅、网教（网络教育）、智教、空教（空中教室）、多媒体、富媒体、云媒体等，媒体资源越来越多。我们如何使用这些资源也是值得思考的问题。经过多年努力，华文教育已经建立了初步的教材体系，但是还缺乏完善的、立体的、现代化的教学资源体系。

目前，面向全世界的华文通用型教材的种类和数量都还非常缺乏。华文教育工作者既要建设好通用教材，又要进一步满足本土化华文教材建设的需要。可以考虑在华文教育专家委员会中设立华文教材研发分委员会，专门研究华文教材的开发、规划、编写等问题。

第六，华文教育学科理论体系建设。20世纪90年代初，笔者曾提出把华文教育作为一个独立学科进行建设的主张。因为不管别人是否认为它是个学科，作为华文教育工作者，我们都要把它当作一个学科来建设，来研究这个领域中的基础理论问题，其中包括要做什么、怎么做、它的学科支撑是什么、内涵是什么、外延是什么，以建构华文教育学理论体系的大厦。在这个大厦中，每一个本领域的专家学者都可以找到自己的学科定位。我们在国家的支持下，经过多年的努力，终于使华文教育从最初的不被重视，发展到现在越来越得到国内外学界的普遍认可。这表现为在大学中设置华文教育本科专业，而且部分高校自主设置了华文教育的硕士学位和博士学位，华文教育学科体系得以建立。但是这个学科目前尚处于初步阶段，还需要不断地发展，需要大家共同努力。

华文教育的学科理论体系建设应侧重以下几个方面：华文教育理论研究，华侨华人子女华文习得规律研究，华文教学法研究，华文教材普适性（通用性）及本土化研究，华文教育资源研究，华文教育与中华文化传播研究，华文教师专业发展研究，华文教育全球化战略及政策法规研究，华文教育现代化研究，华文教育历史研究，世界华文教育数据库、语料库建设及研究。这些研究必须在全球化的战略背景下进行，因为其涉及各国不同的华语文的政策问题。同时，作为一个学科，还要研究它的学科史。我们应该先从国别华文教育史的研究开始，发展到对国际华文教育史的研究，最后开展世界华文教育史的研究，一步一个脚印，后者以前者为基础，为前提，最终的目标是写出一部世界华文教育通史。华文教育工作者应该有这个自信，因为这些研究都非常重要，每个方面的研究都需要一些团队和专家学者不懈地努力。

抓好以上六个方面华文教育质量保障体系的建设，是发展华文教育事业的基础性工作，必须高度重视，尽快启动，整合资源，协同攻关，大力推动。

（本文发表于《世界华文教学》2015 年第 1 期，作者贾益民。）

"大华语"的三个层次和"大华语战略"

"大华语战略"必须基于全球化战略的理念。全球化为"大华语"发展创造了机遇,这是经济全球化、文明多样化的必然结果,也是中国走向世界的必然结果。

从语言学的角度看,"大华语"应该包括三个层次:一是"作为母语的华语",二是"作为民族语言的华语",三是"作为世界语言的华语"。"作为母语的华语"要求我们必须不断提高母语水平,建设高质量的华语,以提升自己母语的语言生活质量;"作为民族语言的华语"要求我们必须在世界华人即全球华夏儿女中传承民族语言文化,不断提高华语的生活水平并以此来影响世界;"作为世界语言的华语"则要求我们必须承担起世界责任,努力在世界范围内帮助有需要的各国人士学习、使用华语,逐步建立起华语作为世界语言的世界华语生活体系(包括华语教育传播应用体系等)以满足各国人士学习、使用华语的现实需求。

要实施"大华语战略"必须在充分发挥华语母语国作用的基础上充分发挥海外华侨华人社会的作用。海外华侨华人分布在世界五大洲。他们一方面作为文化使者与桥梁,为中国语言文化在世界的传播,为世界各国人民认识中国、与中国友好往来作出巨大的历史贡献;另一方面作为海外华语生活的实践者、创造者,在悠久的语言生活历史中创造了丰富而重要的华语资源,比如对汉语的补充、丰富,对汉语方言的传承,对外来语的吸收、改造,对住在国语言的影响,等等,更重要的是他们创造了丰富而完善的华文教育与传播体系,其作用之大、影响之广,令世人惊叹。

由此可见,海外华侨华人是实施"大华语战略"的一支重要力量,绝不可忽视。尤其是在"一带一路"建设过程中,加强人文交流、实现民心相通必然要求语言先行。正因为这样,"大华语战略"的实施就显得更为重要,而海外华侨华人作为一种重要的战略性资源在华语传播方面的作用也就更加凸显。所以，我们一方面要大力开展汉语国际教育，另一方面要大力开展华文教育，前者主要面向各国学习华语的非华人士，后者主要面向各国华侨华人。在实施"大华语战略"过程中，必须要在这两个方面做好顶层设计，要协调配合、双管齐下。

实施"大华语战略"必须加强"大华语"研究，其中最重要、最急迫的是要开展全球华语生活状况调研，正所谓"摸清家底"，比如海外华侨华人社会的华语生活状况如何，各国主流社会华语使用状况如何，现有华语应用程度与水平如何，华语应用景观状况如何，华语应用的人员、民族、阶层、文化背景等的分布状况如何，华语教学、传播状况如何，等等。这些问题的国别研究、田野调查都是实施"大华语战略"的基础性工作。

（本文发表于《语言战略研究》2017 年第 4 期，作者贾益民。）

关于构建汉语国际教育知识体系的思考

汉语国际教育知识体系的构建必须体现其作为国家和民族的一项伟大事业的价值需求，回答汉语国际教育目前面临的重大现实问题，比如新时代对汉语国际教育提出的新要求、中国走向世界的汉语表达、"一带一路"建设对汉语国际教育提出的新任务、孔子学院发展面临的新挑战等，其核心是汉语国际教育人才培养问题。汉语国际教育人才培养包括国际汉语人才、汉语国际教育师资、汉语国际教育及中国语言文化研究人才等三方面的人才培养。不同类型、不同阶段的人才培养对学习者的知识结构、能力结构的要求，以及教育教学的要求不同，都有一个知识体系的构建问题。

汉语国际教育知识体系构建也必须适应汉语国际教育自身学科建设与发展的需要，突出汉语言文化学科自身的特点和规律。汉语国际教育作为一门学科，构建自身学科的知识体系势在必行，其知识体系应包括"对象体系、内容体系、教法体系、资源体系、评测体系、教师队伍体系、政策法规体系、管理服务体系"等八大系统，应对其分别作出"质"和"量"的规定。同时，汉语国际教育知识体系的构建也只能在汉语言文化学科基础上探讨其跨学科、跨领域、跨文化、跨国别、跨民族的特性与规律，而不能以其他学科替代其汉语言文化教育的学科属性。各相关学科内容的吸纳也应建立一个取舍"标准"。

汉语国际教育知识体系构建必须把海外华文教育纳入其中。海外华文教育是汉语国际教育的重要组成部分。汉语国际教育的对象既包括非华裔外籍人士，也包括外籍华人和长期居住外国的华侨及其子女。面向海外华人华侨及其子女的汉语言文化教育一般统称为"华文教育"（台湾地区称为"华语文教育"）。目前海外有6000多万名华人华侨，2万多所华（中）文学校，数百万名在校学习华文的学生，数十万名华文教师。他们不仅是汉语国际教育的生力军，而且是中华文化国际传播的生力军，在汉语国际教育和中华文化国际传播中发挥着重要的桥梁和纽带作用。

华文教育历史悠久，内容丰富，形式多样，影响深远，意义重大。海外华文教育可以极大地丰富汉语国际教育知识体系，许多重大问题也需要汉语国际教育给予理论上的总结、解释和阐述。比如华文教育的特殊性决定了其语言教学性质的复杂性，不仅包含汉语作为第二语言的教学，而且包含汉语作为第一语言的教学，同时也包含汉语作为介乎于第一语言和第二语言之间的语言教学。这说明华文教育的语言教学性质很难纯粹用第一或第二语言进行界定，也不能用双语或三语进行界定。华文教育文化教学的特殊性就更加突出。华文教育的根本目的是使华侨华人子弟传承本族语言和文化，而不仅仅是像对非华裔外国人所希望的那样为了了解、认识和认同中华文化。另外，长期以来，海外华文教育的对象主要是华裔少年儿童，因此华文教育积累了面向华裔少年儿童开展汉语言文化教育教学的丰富经验，值得认真总结和借鉴。所有这些都对汉语国际教育知识体系构建具有重要意义。

（本文发表于《世界汉语教学》2019 年第 2 期，作者贾益民。）

关于海外华语文教师专业发展
研究的思考

　　海外华语文教育的普及与提高不仅目前是而且今后一段相当长的历史时期内仍然是摆在华语文教育工作者面前的一个重大课题和重要任务。如何进一步普及海外的华语文教育，如何进一步提高海外华语文教育水平和质量，广大海外华语文教师承担着重大的历史责任。侨务大计，华教为本；华教大计，教师为本。因此，推动海外华语文教师的专业发展，提高其专业水平，就显得十分重要。也正因为如此，开展海外华语文教师专业发展研究势在必行。但遗憾的是，华语文教育界对华语文教师专业发展的研究却很少见。因为以海外华侨华人子女为主要教学对象的华语文教育有着不同于汉语国际教育的特殊性，所以两者对教师专业发展的要求也不尽相同。这就要求我们依据海外华语文教育的特殊规律和现实情况，对海外华语文教师的专业发展作出符合实际的实践经验总结与理论探讨，深入思考海外华语文教师专业发展的相关问题。本文的思考旨在抛砖引玉，并请大家斧钺。

一　教师专业发展理论研究现状及启示

　　海外华语文教师的专业发展离不开具有普遍意义的"教师专业发展理论"的指导。这是研究海外华语文教师专业发展的一个重要前提。因此，分析一下教师专业发展理论研究的现状是很有必要的。

　　在 20 世纪 60 年代，国际劳工组织与联合国教科文组织正式将教师列为一个专业化的职业。从此，各国教育学界在教师专业发展方面做了大量研

究，从不同角度对教师专业发展提出了多种理论。对此肖丽萍①、张志泉②
等曾做过较全面的概括与评析。这些理论对我们今天思考海外华语文教师
专业发展问题具有重要借鉴作用和启迪意义。

（一）关于"教师专业发展"概念

研究"教师专业发展"，搞清楚"教师专业发展"的概念十分重要。为
此，很多西方学者就"教师专业发展"概念提出了自己的见解。比如，
Hoyle 认为："教师专业发展是指在教学职业生涯的每一阶段，教师掌握良
好专业实践所必备知识与技能的过程。"③ Perry 认为："教师专业发展意味
着教师个人在教师专业生活中的成长，包括信心的增强、技能的提高、对
所任教学科知识的不断更新拓宽和深化以及自己在课堂上为何这样做的原
因意识的强化。就其积极意义上来说，教师的专业发展包含更多的内容，
它意味着教师已经成长为一个超出技能的范围而有艺术化的表现；成为一
个把工作提升为专业的人；把专业智能转化为权威的人。"④ Day 认为教师
专业发展包含所有自然的学习经验和有意识组织的各种活动，这些经验和
活动直接或者间接地让个体、团体或学校得益，进而提高课堂的教育质
量。⑤ 教师专业发展是一个过程。在该过程中，具有变革力量的教师独自或
与人一起检视、更新和拓展教学的道德目的；在与儿童、年轻人和同事共
同度过的教学生活的每一阶段中，教师不断学习和发展优质的专业思想、
知识、技能和情感智能。

关于教师专业发展的概念，中国大陆和台湾的学者也发表了自己的见
解。大陆学者黄甫全提出，"教师的专业发展是指教师作为专业人员，在专
业思想、专业知识、专业能力等方面不断完善的过程，即由一个专业新手

---

① 肖丽萍：《国内外教师专业发展的研究评述》，《中国教育学刊》2002 年第 5 期。

② 张志泉：《教师专业发展研究的现状及可探空间探析》，《中小学教师培训》2008 年第 5 期。

③ Hoyle, Eric, "Professionalization and Deprofessionalization in Education", In Eric Hoyle and Jacquetta Megarry (eds.), *World Yearbook of Education 1980: Professional Development of Teachers*, London: Kogan Page, 1980, pp. 42–45.

④ Perry, Pauline, "Professional Development: The Inspectorate in England and Wales", In Eric Hoyle and Jacquetta Megarry (eds.), *World Yearbook of Education 1980: Professional Development of Teachers*, London: Kogan Page, 1980, pp. 143–145.

⑤ Day, Christopher, *Developing Teachers: The Challenges of Lifelong Learning*, London: Falmer, 1999.

逐渐发展成为一个专家型教师的过程",同时又"是一个教师终身学习的过程,是一个教师不断解决问题的过程,是一个教师的职业理想、职业道德、职业情感、社会责任感不断成熟、不断提升、不断创新的过程"①;台湾学者罗清水认为,"教师专业发展乃是教师为提升专业水准与专业表现而经自我抉择所进行的各项活动与学习的历程,以期促进专业成长,改进教学效果,提高学习效能"②。

在以上关于"教师专业发展"概念的种种论述中,大都把"教师专业发展"看作一个"过程",即教师专业发展是教师在教育教学活动中不断学习提高、积累经验、革新教育观念与教学方式、提高道德水平和专业能力、全面提升教育教学质量、造福于学生和社会的一个过程。显然,这一过程对于海外华语文教师专业发展来说同样具有十分重要的意义。认识和把握"教师专业发展"的概念,并不仅仅是为理解概念而理解概念,更重要的是理解其精神实质,把握教师专业发展的理论内核。这对增强教师专业发展的自觉意识,提高其专业发展的思想认识和行动积极性,都是非常重要的。

(二) 关于"教师专业发展阶段"

既然"教师专业发展"是一个过程,那么这一过程在教师不同的教育教学时期就表现为不同的"阶段";在不同的阶段,教师的专业发展就会有不同的表现、要求、特征和规律。为此,"教师专业发展阶段"就成为教育学界研究的重要内容。

最早从事"教师专业发展阶段"研究的是 20 世纪 60 年代末美国的傅乐教授。他通过问卷调查,提出了教师专业发展"四个阶段"的理论,即"教前关注"(pre-teaching concern)、"早期求生关注"(early concerns about survival)、"教学情境关注"(teaching situational concerns)和"关注学生"(concerns about pupils)。③ 到了 70 年代,美国学者卡茨通过访谈和问卷调查,也提出了教师专业发展的四阶段理论,即"求生存阶段"(survival)、

① 黄甫全:《新课程中的教师角色与教师培训》,人民教育出版社,2003。

② 罗清水:《终生教育在国小教师专业发展的意义》,《研习资讯》1998 年第 4 期。

③ Fuller, F. Frances, "Concerns of Teachers: A Developmental Conceptualization", *American Educational Research Journal*, 1969 (6): 207-226.

"巩固阶段"（consolidation）、"更新阶段"（renewal）和"成熟阶段"（maturity）。① 美国伯顿教授提出了教师生涯循环发展理论，把教师专业发展划分为"生存阶段"（survival stage）、"调整阶段"（adjustment stage）和"成熟阶段"（mature stage）。② 进入 80 年代，美国的费斯勒教授提出教师专业发展要经历"职前阶段"（preservice）、"入职阶段"（introduction）、"能力形成阶段"（competency building）、"热心和成长阶段"（enthusiastic and growing）、"职业生涯挫折阶段"（career frustration）、"稳定和停滞阶段"（stable and stagnant）、"生涯低落阶段"（career wind down）、"生涯退出阶段"（career exit）等八个阶段。③ 休伯曼提出教师专业发展的五个阶段，即"求生与发现期"（survival and discovery）、"稳定期"（stabilization）、"尝新与自疑期"（experimentation and interrogation）、"宁和与积守期"（serenity and conservatism）、"游离闲散期"（disengagement）。④ 司德菲也把教师专业发展划分为五个阶段，即"预备生涯阶段"（anticipatory career stage）、"专家生涯阶段"（expert master career stage）、"退缩生涯阶段"（withdrawal career stage）、"更新生涯阶段"（renewal career stage）、"退出生涯阶段"（exit career stage）。司德菲等提出了教师职业生命历程圈理论（life cycle of the career teacher），把教师专业发展历程概括为六个阶段，即"新手"（novice）、"学徒"（apprentice）、"专业人员"（professional）、"专家"（expert）、"杰出贡献者"（distinguished）、"退休人员"（retiree）。⑤

中国学者也对教师专业发展阶段做过很多研究。白益民把教师专业发展过程划分为"非关注""虚拟关注""生存关注""任务关注""自我更新

① Katz, G. Lillian, "The Developmental Stages of Preschool Teachers", *The Elementary School Journal*, 1972（73）：50–54.

② Burden, R. Paul, *Teacher's Perceptions of the Characteristics and Influences on Their Personal and Professional Development*, Manhattan, KS：Author, 1980.

③ Fessler, Ralph, "A Model for Teacher Professional Growth and Development", In Peter Burke and Robert G. Heideman（eds.）, *Career Long Teacher Education*, CC：Thomas, 1985, pp. 181–193.

④ Huberman, Michael, "The Professional Life Cycle of Teachers", *Teachers College Record*, 1989（91）：31–57.

⑤ Steffy, E. Betty, Michael P. Wolfe, Suzanne H. Pasch & Billie J. Enz, *Life Cycle of the Career Teacher*, Thousand Oaks, CA：Corwin Press, 1999.

关注"五个阶段。① 钟祖荣把教师专业发展过程划分为"准备期""适应期""发展期""创造期"四个阶段，分别对应"新任教师""合格教师""骨干教师""专家教师"（学科带头人、特级教师等）。② 邵宝祥、王金保把教师专业发展过程划分为"适应阶段""成长阶段""称职阶段""成熟阶段"。③ 罗琴、廖诗艳把教师专业发展过程划分为"适应期""发展期""成熟期""持续发展期"四个阶段。④

以上关于"教师专业发展阶段"的种种研究，尽管表述各有不同，但就其理论实质而言，基本结论都大同小异。其"异"并无多少实质意义，而其"同"则彰显出教师专业发展的本质所在。实际上，我们可以将教师专业发展阶段划分为四个基本阶段，即初始阶段、成长阶段、成熟阶段和成功阶段。海外华语文教师专业发展也必然经历这样四个基本阶段，不同阶段有各自不同的要求、特征和规律，这才是应该进行深入研究的方面。

（三）关于"教师专业发展范式"

对教师专业发展的研究，有人归纳出教师专业发展的不同范式：一是知识范式，认为教师的专业化就是知识化，因为作为一名教师必须具备一定的知识；二是能力范式，认为教师不仅要具备一定的知识，而且要有表达、传递知识的综合能力，以及与学生进行沟通和处理课堂事务的能力；三是情感范式，不仅强调教师对学生要有爱心，能注意和关心学生的情感发展，而且强调教师自身要具备情感人格方面的条件，要从发展教师的情感方面思考教师专业发展策略；四是建构范式，强调教师在成长过程中需要不断地建构、更新自己的知识体系，把知识变成自己内在化的而不是外在化的东西；五是批判范式，强调教师不仅要关心学科知识，还要主动关心、独立思考和积极介入学科之外的东西，诸如社会、政治、经济、文化等；六是反思范式，主张教师应具有"反思"意识，经常反思自己的教育

---

① 白益民：《自我更新教师专业发展的新取向》，博士学位论文，华东师范大学，2000。
② 钟祖荣：《现代教师学导论教师专业发展指导》，中央广播电视大学出版社，2001。
③ 邵宝祥、王金保：《中小学教师继续教育基本模式的理论与实践》，北京教育出版社，1999。
④ 罗琴、廖诗艳：《教师专业发展的阶段性：教学反思角度》，《现代教育科学》2002 年第2 期。

理念与教学行为，不断进行自我调整，从而促使自己专业能力的可持续发展与提升。① 以上六种"范式"被认为正逐渐成为国际教师专业发展的主流。我们认为这是符合教师专业发展的内在必然要求和本质规律的，值得华语文教师借鉴与参考。

（四）关于"教师专业标准"

教师专业发展必须符合一定的教师专业标准。教师专业标准往往反映着教师的专业地位，同时也是教师成为专业教师的重要标志。国际社会普遍认为，教育教学质量的提升关键在于教师的专业素质与专业能力。因此，制定科学、合理的教师专业发展标准就成为教师队伍建设的重要内容。自2003年以来，联合国教科文组织领导会员国开展了关于教师专业发展的政策对话，以促进教师专业发展标准的制定与国际交流。2008年九个人口大国教育部部长会议发表《巴里宣言》，提出了教师专业标准制定与实施的建议。美国也高度重视教师专业标准的制定及其认证。亚太经济合作组织（APEC）近年来也支持会员经济体进行教师专业发展标准的合作研究。自2005年以来，每年举办一届的国际教师教育论坛都把教师专业标准问题作为会议的重要议题。国内教育学界关于教师专业标准的研究也取得了很多积极的成果。② 2012年2月10日，教育部颁布了《幼儿园教师专业标准（试行）》、《小学教师专业标准（试行）》和《中学教师专业标准（试行）》（教师〔2012〕1号），对中小学及幼儿园教师的专业标准作出了明确规定，这对促进教师队伍建设将发挥重要的指导作用。由此可以看出，制定教师专业标准是教育发展的基本要求，也是教育规律的必然要求。

2012年底，中国国家汉语国际推广领导小组办公室颁布了新版的《国际汉语教师标准》，规定了国际汉语教师五个方面的职业能力标准："汉语教学基础"、"汉语教学方法"、"教学组织与课堂管理"、"中华文化与跨文化交际"和"职业道德与专业发展"。这一新标准将成为今后孔子学院汉语教师选拔、国际汉语教师资格认证、汉语国际教育硕士专业学位研究生培

---

① 刘微：《教师专业化：世界教师教育发展的潮流》，《中国教育报》2002年1月3日。
② 熊建辉：《教师专业标准国际比较研究新进展——评〈美国优秀教师专业教学标准及其认证〉》，《世界教育信息》2014年第6期。

养等工作的重要依据。它实际规定了国际汉语教师专业发展的能力目标与方向，无疑会极大地推动和规范国际汉语教师的专业发展。然而不无遗憾的是，这一标准并不能完全适用于海外面向华侨华人子弟从事华语文教学的教师。但话又说回来，多年来，世界华语文教育学界关于华语文教师专业发展的专门研究少之又少，除了台湾学者宋如瑜的《华语文教师的专业发展——以个案为基础的探索》① 之外，至今还见不到更多的系统研究成果，更没有形成一个"世界华语文教师标准"，也没有形成一个系统的世界华语文教师专业发展的培训体系和教师资格认证体系。这在一定程度上严重影响了世界华语文教师专业发展水平的提升。

海外华语文教师的专业发展应该符合一般教师专业发展的标准，但同时还必须符合在海外面向华侨华人子弟从事华语文教育教学的特殊标准。有鉴于此，在借鉴海内外关于教师专业发展研究成果的基础上，系统而又全面地研究探讨海外华语文教师专业发展问题，已经成为华语文教育学界不可回避的重要课题。

二 海外华语文教育的特殊性及其对教师专业发展标准的要求

近年来，随着世界华语文教学的大发展，海外华语文教师专业发展总体状况有了较大改善，比如华语文专业教师队伍在不断扩大、队伍结构逐渐趋向合理、专业水平和教学质量不断提高、专业培训日益得到重视等。但是，我们也应该清醒地认识到，海外华语文教师队伍建设尤其是专业发展仍存在很多问题，比如专业教师总量缺口仍然很大，教师学历、年龄结构仍不尽合理，教师专业水平仍有待提升，专业培训还很不均衡，教师专业认同度仍然偏低，教师职业发展目标还不够明确，等等。所以，海外华语文教师专业发展的任务仍然十分艰巨。

海外华语文教师专业发展既不能照搬海内外一般教师专业发展的模式和做法，如执行教育部制定的中小幼教师专业标准，也不能单纯照搬国家汉语国际推广领导小组办公室制定的《国际汉语教师标准》，而应该充分考

---

① 宋如瑜：《华语文教师的专业发展——以个案为基础的探索》，台北：秀威出版社，2008。

虑海外华语文教育教学的特殊性，从而研究建立适应于海外华语文教育教学的教师专业发展理论，制定系统、科学、全面、有针对性的华语文教师专业发展目标、内容、标准，以及行之有效的培训规划和模式，建立科学合理、具有激励性且切实可行的华语文教师专业资格认证体系。那么，海外华语文教育教学有哪些特殊性？这些特殊性对华语文教师专业发展标准的特殊要求又是怎样的呢？概括起来，主要有以下五个方面。

（一）教育教学对象的特殊性及其对教师专业发展标准的要求

传统意义上的对外汉语教学（现称为"汉语国际教育"），其对象大都是来华非华裔留学生。对外汉语教学走出国门之后，其对象也大都是设于外国大学中的孔子学院里的非华裔青年大学生和孔子课堂里的中小学生，而这部分学生规模数量尽管逐年在扩大，但仍然十分有限。刘延东在第八届孔子学院大会开幕式上的主旨演讲报告指出："从 2004 年创办至今，孔子学院已经走过 9 个年头，目前已覆盖五大洲的 120 个国家和地区，孔子学院 440 所，孔子课堂 646 个，总数超过 1000 个。"[1] 2013 年，各国孔子学院和孔子课堂注册学员 85 万人。[2] 但是，在海外华侨华人社会中，由华侨华人开办的各种层次、各种类型、各种学制的华文学校或中文学校却已经达到 2 万所，[3] 在校学生保守估计至少数百万人。这些学生基本是华人华侨子弟，而且大都是从幼儿园到高中阶段的少年儿童。这种教育教学对象的特殊性对教师专业发展提出了特殊的要求，这是显而易见的。比如要求教师必须了解和掌握华裔少年儿童学习华语文的心理特征与学习行为特征，探索符合其心理特征与学习行为特征的华语文教学方式方法等。因此，世界华语文教师专业发展必须制定面向不同教学对象（如不同年龄阶段）的分类标准，如华文幼稚园教师标准、华文小学教师标准、华文中学教师标准及面向成年人教学的华语文教师标准等。

---

① 《刘延东在第十二届全球孔子学院大会上指出为构建人类命运共同体贡献力量》，《人民日报》2017 年 12 月 13 日。
② 许琳：《2013 年孔子学院总部工作汇报》，《孔子学院》2014 年第 1 期。
③ 裴援平：《现在海外华人华侨有 6000 多万，分布在 198 个国家和地区》，国际在线网站，http://news.cri.cn/gb/42071/2014/03/05/107s4450353.htm。

（二） 教育教学目标与内容的特殊性及其对教师专业发展标准的要求

海外华侨华人子弟学习华语文的目的性一般非常明确：一是掌握和传承本民族的语言，二是认同和传承本民族的文化。而且这两个目标是并重的，缺一不可。因此，"语言与文化并重"就成了海外华语文教育教学的基本原则和特征，即通过华语文教育教学，华侨华人学生在提高华语文能力的基础上，实现了认同和传承中华民族语言文化的目标，而不仅仅是为了掌握一种语言工具。这种目的性既是华侨华人自身生存发展的现实需要，也是海外华族社会传承本民族语言文化的一种本能需求，更是一种民族责任、民族义务和民族使命。显然，这与非华裔学生学习汉语的目的是大不相同的。非华裔学生学习汉语的主要目的是掌握一门语言工具，最多在学习语言的过程中了解和认识一些中华文化内容，他们学习汉语绝不是为了认同和传承中华民族的语言文化，因为他们没有传承中华民族语言文化的本能需求和义务，我们不应该这样去要求他们，更不能强加于人。对于海外华侨华人子弟来说，除了语言与文化的教育教学目标，更为重要的还包括对他们的道德教育（即"德育"）和审美教育（即"美育"），尤其是德育教育，这是海外华语文教育教学摆在首位的教学内容。① 正因为如此，这就对海外华语文教师提出了更高的要求，比如华语文教师不仅要具有丰富的中华文化知识和深厚的中华文化理论学养，而且还必须了解和掌握华侨华人社会文化与心理状况，在传授中华文化知识的过程中要特别重视增强对中华民族的民族自信力与认同度，树立对中华民族文化的自豪感与荣誉感，加深对中华文化精神实质的认识、理解与把握，提高传承中华民族语言文化的责任意识与使命意识，积极探索符合中华文化民族特色的文化教学模式与文化传播方式。

（三） 教育发展历史与现状的特殊性及其对教师专业发展标准的要求

海外华语文教育既有过历史的辉煌，也有过历史的重大不幸，从而造成了华语文教师专业发展严重的断代与断层，使传统的华侨教育、母语教育大都改变了性质，因此而造成的后遗症至今仍然积重难返。其一，部分

---

① 贾益民：《海外华文教学的若干问题》，《语言文字应用》2007 年第 3 期。

国家和地区（如东南亚各国）华语文教师年龄和知识都严重老化，他们大都处于教师专业发展的"退休时期"，造成教师队伍的青黄不接，而且教师数量有限，根本无法满足华语文教育发展对专业教师的需求。其二，青年教师队伍建设刚刚起步，他们大都是华语文教学的"新手"，处在教师专业发展的"初始阶段"，而且大部分专业学历偏低，有的尽管已经研究生毕业并获得博士、硕士学位，但所学并非华语文专业或相关专业，故专业水平整体不高，教学能力整体不强，尚处在"学习教学"的阶段，且很不稳定。其三，海外华语文教学由于历史的原因，目前仍然存在"三并存"教学现象，即简体字与繁（正）体字并存、拼音方案与注音符号并存、通用语（普通话）与方言并存。这种"三并存"的现状大大增加了华语文教育教学的难度，也对教师专业发展提出了更高的要求。其四，海外孔子学院和孔子课堂的迅猛发展，给华侨华人举办的华（中）文学校等华语文教育教学机构带来了巨大的竞争，比如教师的竞争、生源的竞争、社会资源的竞争等，从而使华（中）文学校的校长、教师面临巨大压力，这些压力有社会的，有经济的，有心理的。这些由华语文教育发展历史与现状造成的特殊性无疑对华语文教师专业发展造成很大影响。这就要求华语文教师必须增强抗压能力，在提高其自身核心竞争力上下功夫。

另外，海外华语文教育的类型复杂多样。[①] 在办学主体上，可以分为政府教育（或称主流教育）、民间教育（或称非主流教育）；在办学形式上，可以分为学校教育和家庭教育；在办学学制上，可以分为全日制教育、半日制教育、课后制教育及周末制教育；在教育学历上，可以分为学历教育和非学历教育；在教师身份上，可以分为职业教师（或称专职教师）、非职业教师（或称兼职教师）；等等。这些分类都对华语文教师的专业发展提出不同的要求和标准。因此在制定华语文教师专业发展标准时切忌"一刀切"，应该在明确其共性要求与标准的同时，明确其特殊要求与标准，如"职业（专职）教师标准""非职业（兼职）教师标准"等。

（四）语言教学性质的特殊性及其对教师专业发展标准的要求

海外华语文教学在本质上是本民族语言的教学，它不仅仅是一种二语

---

① 贾益民：《华文教育概论》，暨南大学出版社，2012。

教学和二语习得，更是一种民族母语教学和民族母语习得；其语言教学性质除了华语作为第二语言教学之外，还同时包含有第一语言教学（如马来西亚的华文独中和华文小学）和"双语"或"三语"教学（如印度尼西亚的"双语学校"和"三语学校"等），有的甚至分不清它究竟是"一语教学"还是"二语教学"，或者可以说它在语言教学性质上是一种介乎于"一语"和"二语"之间的语言教学。① 这是面向华侨华人学生的华语文教学与面向非华裔外国人的汉语教学的本质区别，后者仅仅是一种二语教学。华语文教学作为一语教学和母语教学，它不是在母语和目的语环境中的教学，而是在非母语和非目的语环境中的教学，因而有其特殊性，对教师专业发展的要求也不同。华语文教学作为一种二语教学，是在具有华侨华人社会（社区）文化背景或华裔家庭文化背景下进行的，大多数华侨华人学生或华裔学生在学习华语文之前和学习过程中，都会不同程度地受到华侨华人社会（社区）和华裔家庭文化背景的影响与熏陶，从而影响其华语文学习的兴趣、能力和效果。因此，华语文教师专业发展也要按不同语言教学性质要求进行分类，以确定其不同的专业发展标准，比如可以分为华语文作为母语文教育教师标准或第一语文教育教师标准、华语文作为第二语文教育教师标准等。

（五）教育作用的特殊性及其对教师专业发展标准的要求

实践早已证明，华语文教育有着特殊的桥梁与纽带作用，即一方面，通过华语文教学广泛联系华侨华人社会，促进华侨华人社会和谐发展与中华民族语言文化传承，促进广大华侨华人与祖（籍）国的联系与合作，为祖（籍）国经济社会发展做贡献；另一方面，华语文教育还具有积极的公共外交功能，通过华语文教育广泛联系所在国非华裔住民，促进所在国的民族团结和文化多元融合，积极发展相互友好力量，促进中外友好与世界和平发展。这就要求海外华语文教师必须要提高自身从事公共外交的自觉意识和实践能力，在华语文教学和中华文化传播过程中，积极而又稳妥地参与民间外交活动，宣传中国，树立民族形象，为提高中国国家软实力和中华民族文化软实力做贡献。要肩负起这一重要的历史使命，华语文教师

---

① 贾益民：《海外华文教学的若干问题》，《语言文字应用》2007 年第 3 期。

还必须要对海外华侨华人有深刻的认识和了解，包括认识和了解华侨华人的历史与现状，尤其是要认识华侨华人为开辟中华民族伟大复兴的光明前景作出了巨大贡献："近代以来，一代又一代华侨华人，秉承中华民族优秀传统，发扬爱国爱乡的赤子情怀，支持中国革命、建设和改革伟大事业，在中华民族史册上写下了光辉篇章。"他们"是中国革命事业的无私奉献者"，"是中国建设和改革事业的积极参与者"，"是中国和平统一大业的坚定支持者"。同时还应该认识到华侨华人中蕴藏着实现中华民族伟大复兴的强大力量："习近平总书记指出，实现中国梦必须走中国道路，弘扬中国精神，凝聚中国力量。遍布世界各地的数千万华侨华人，具有赤忱的爱国情怀、雄厚的经济实力、丰富的智力资源、深厚的人脉资源，是实现中华民族伟大复兴的一支重要力量。"他们"是走好中国道路的重要支撑"，"是弘扬中国民族精神的重要载体"，"是凝聚中国力量的重要源泉"。① 对此，海外华语文教师必须有积极、正确的认识。只有热爱华侨华人及其社会、热爱中华民族的语言与文化、热爱现实中国，才能具备做一名合格的华语文教师的基础，才有可能更好地为华侨华人社会服务。这对海外华语文教师来说，不仅是一种职业道德要求，而且也是一种专业化要求。

三 海外华语文教师专业发展的途径与方式

海外华语文教师专业发展的途径与方式是多种多样的，以下几个方面尤其值得重视。

（一）华语文教师个人要高度重视自身的专业发展，积极参加学习与培训

教师个人的主观能动性是教师专业发展的根本动力，而主观能动性则来源于自身对华语文教师这一职业的认同和认识。作为一名华语文专业教师，首先要有对自己所从事职业的荣誉感、自豪感；其次要有强烈的事业心和社会责任感；最后要知道自己专业上的优势和不足，明确今后专业上的努力方向，并将其作为终身学习的目标。这样才能够积极主动地、有计划、有目的、

---

① 裘援平：《华侨华人与中国梦》，《求是》2014 年第 6 期。

有针对性地去参加学习和培训，以提高专业发展水平。今后，海外华语文教师作为一种职业的竞争会越来越激烈，而要想在竞争中求得生存与发展，就必须坚持"终身学习"，不断地提升自己的专业能力与水平。在很多国家，政府主流教育体系中的汉语教师已经实行了资格准入制度，而且今后会有越来越多的国家和地区实行汉语教师资格准入制度。不仅如此，非政府主流教育体系中的华文学校也会逐渐推行华语文教师资格准入制度。这就对华语文教师的专业发展提出了更高的要求。因此，华语文教师个人要高度重视自身的专业发展，积极参加学习与培训，努力提高自己的核心竞争力。

（二）政府、社会要为海外华语文教师专业发展创造条件，提供支持和帮助

首先，华语文教育教学的所在国政府和社会应当首先承担起支持本国华侨华人社会即华族社会教授、传播和承传本民族语言文化的责任和义务。华族在任何一个国家都是这个国家众多民族成员之一，为所在国家经济社会发展作出了巨大贡献，其语言文化已经成为所在国多元民族文化的重要组成部分。他们在积极融入所在国语言文化的同时，有权利、有责任和义务传承本民族的语言和文化，并享有与其他民族同等的权利和责任。对此，《联合国宪章》有十分明确的法文规定。因此，所在国政府有责任、有义务支持华族开展华语文教育，传承华族的民族语言和文化，并享有本国其他民族同等的学习、传承本民族语言文化的权利和因此使用国家、社会各种相关教育及社会资源的权利。其次，华侨华人社会本身也应该组织起来，调动各方面的积极性，有钱的出钱，有力的出力，采取措施，大力推动华语文教师的专业发展，为华侨华人社会培养更多更好的华语文人才。最后，中国政府也应该在力所能及的范围，在国际关系法许可下，制定相关的政策，采取切实可行的举措，积极支持海外华侨华人社会发展华语文教育，提高华语文教师专业水平，促进华语文教育教学规模的扩大和质量的全面提高。比如实施华语文教师等级培训制度及等级证书制度，通过一定的形式认定华语文教师资格等。对此，笔者在2007—2008年就承担并完成了国务院侨务办公室的重要课题《海外华文教师等级证书实施方案研究》，提出了系统的方案与实施办法，后来又承担了这一课题的进一步深化研究任务。目前，这一方案研制工作都已完成，希望能早日实施。

（三）有规划、多形式、系统地培养本地化、学历化、现代化的海外华语文教师

海外华语文教师专业发展的本地化、学历化和现代化，是今后华语文教师专业发展的长期目标和任务。

1. 华语文教师专业发展的本地化

所谓教师专业发展的本地化，一是指培养本地化的教师，二是指教师培养的本地化。这两者是不同的，也是相辅相成的。首先，培养本地化教师应该成为华语文教师专业发展的重中之重，这是海外华语文教育可持续发展的重要保障。如果海外的华语文教育长期依靠中国输送教师志愿者终归是不能长久的，而且教育教学质量也难以保障和提高。其次，本地化教师的培养也应该立足于本地，而不能仅仅依靠选派人员到中国来培训。由于受经济、地域、时间等条件限制，能够到中国来培训的教师毕竟是极少数，很难满足海外华语文教师培训的迫切需求。只有在本地培训，受训的教师规模数才大，受益面才广。这是本地化教师培养的必由之路。

2. 华语文教师专业发展的学历化

学历化是华语文教师专业化的重要标志，对华语文教师专业发展意义重大。目前，海外华语文教师的学历化程度偏低，这是一个客观事实。所谓学历化，指的是华语文专业或华语文教育专业及相关专业的学历化，而不是指教师已经获得的非华语文专业或非华语文教育专业的学历学位。尽管在很多国家和地区的华文学校中任教的教师已经具有大学学士学位，或者硕士学位，乃至博士学位，但绝大多数的学位是非华语文专业、非华语文教育专业或非相关专业的学位。这部分教师综合素质高，所学专业水平高，但是在从事华语文教学时，由于没有接受过华语文以及华语文教育的专业知识与技能训练，所以教学质量难以保证和提高。长期来看，这种状况需要改变，应该确立华语文教育教学的专业地位与专业权威，必须改变那种认为"只要会说普通话，就能做华文教师"的错误观念。另外，即便已经具有华语文专业或华语文教育专业的学士学位，在教育教学实践中也有一个继续学习提高的问题，这是提高华语文教育水平的内在要求，而且很多国家已经对教师提出了更高学历或学位的要求，预示了教师专业发展的新方向。比如，近年来世界各国先后出现了中小学教师"硕士化"的趋

势：法国部长联席会议早在 2008 年 7 月 2 日就作出决定，于 2010 年 9 月 1 日起开始实施中小学教师培训与录用硕士化标准；芬兰教师通常也需要拥有硕士以上的学位；日本也把职前培训逐步提高到研究生教育水平。① 显然，海外华语文教育界教师专业发展水平离这一要求还相差甚远，所以，华语文教师专业发展的学历化是大势所趋。

3. 华语文教师专业发展的现代化

随着新工业革命的到来与发展，教育理念与教育技术的现代化日益凸显，相应的也就对教师提出了现代化的迫切要求。华语文教师专业发展的现代化应该包括两个方面的内容：一是教育理念的现代意识，包括现代教育人才观与终身学习观、现代教育伦理意识、全球意识、文化意识、科技意识、创新意识等，这在教师专业发展中是至关重要的，一定要高度重视。二是能够掌握和运用现代华语文教育技术进行教学。当前乃至未来，现代教育技术日新月异，使人们应接不暇，比如多媒体教育技术还没有来得及普及应用，网络教育技术就异军突起。云计算、云教育技术乃至大数据时代的到来又催生了一系列崭新的现代教育技术的出现及应用，如MOOC 课程、智慧教室、移动媒体教学、微信学习等，引导着教育技术手段的变革与发展。华语文教育的教学对象是中小学学生及大学生一族，他们恰恰正是最易于接受和掌握现代媒体技术的一个群体，如果教师不能够及时掌握并在华语文教学中应用这些新媒体技术，那么很快就会被淘汰出局。

（四）建立世界华语文教师专业发展学术组织，开展研究，联合攻关

建议海内外华语文教育机构联合起来，成立"世界华语文教师专业发展学会"（或"委员会"），统一组织研究制定《世界华语文教师专业发展规划》、《世界华语文教师专业发展标准》和《世界华语文教师专业发展培训纲要》等指导性文件，编写世界华语文教师专业发展系列教材，定期和不定期组织召开"世界华语文教师专业发展论坛"，大力促进海外华语文教师专业发展。在这方面，海峡两岸应该紧密合作，协同创新，携手推动海

---

① 顾明远：《关于提升我国中小学教师质量的思考基于世界各国的政策经验》，《比较教育研究》2014 年第 1 期。

外华语文教师队伍建设跨越式发展，创造世界华语文教育更加光辉灿烂的明天！

[本文发表于《世界汉语教学》2014 年第 3 期，本文曾在"华语文教学与研究国际学术研讨会"（2013 年 11 月 30 日，中国台北）上报告，作者贾益民。]

海外华文教学的若干问题

随着世界汉语教学的迅猛发展，海外华文教学的若干问题亦日益凸显，亟待研究解决。现将本人对其中若干问题的思考简述如下，以求方家指正。

一 "汉语热""华文热"及其存在问题

由于中国经济社会的发展，世界市场的开拓，国际地位的日益提升，世界上学习汉语的朋友越来越多，汉语国际教育也备受关注。这既是一种必然，也是一种机遇。

有资料显示，目前世界范围内学习汉语的各国朋友已接近3000万人，有100多个国家和地区的2300所大学教授中文，如美国就有2500多所中小学计划开中文课，所有这些当然令人兴奋。但是，我们也不能不承认这样一个现实：在这些汉语学习者中，华人华侨学生几乎占了绝大多数，约占总人数的70%多。而这些华人华侨学生又大多分布在华文学校或中文学校里。这些学校多为华人华侨社团或个人开办。其中一部分是历史上承传下来的老华校，这部分老华校有的已经政府化，即被政府接管，纳入政府教育体系，被政府认可，并由政府给予办学经费支持，但华文教学已经由原来的母语教学转变为第二语言教学，华文已经由教学语言变为一门第二语言或外语课程，如新加坡、菲律宾等国的老华校。当然到目前为止，有的老华校仍然顽强地坚持华文的母语文教学地位，即华文始终作为第一语文，并坚持将华语作为教学语言，如马来西亚董教总所管辖的1200多所华文小学和60所华文独立中学等；有的老华校历史较久，但由于众所周知的原因，历史上曾被迫中断过办学，现在的学校大多为20世纪90年代复办的。这些学校多为半日制或周末制或课后制学校，以教授华文为主，如柬埔寨、印度尼西亚、美国、加拿大等国的部分老华校。

除了上述各种各样的老华校之外，目前数量最多的还是华人华侨在 20 世纪 90 年代以来创办的各种各样的周末制或课后制华文学校，在一些国家又称中文学校。这些学校大多由新移民创办，如在美国，这类中文学校有 600 多所，在校学生约 15 万人，而在美国全日制公立学校学中文的学生只有 25000 名，其中多数还是华裔学生。除此之外，还有大量的华文补习班。这类补习班不可胜数，目前根本无法统计其数量，但就学生生源来说，绝大多数仍然是华人华侨学生。

由此可见，世界范围内的"汉语热"或"华文热"，主要热在海外的华人华侨社会。华人华侨是海外汉语国际教育事业发展的生力军、先锋队和重要推动力量。因此，我们必须高度重视海外华人华侨社会华文教育事业的发展，抓住当前大好机遇，增强使命感和责任感，进一步加大工作力度，积极推动海外华文教学的发展。

同时，我们也必须正视目前海外华文教学的确存在许多亟待解决的问题。这些问题主要表现在四个方面。

一是师资问题。首先是师资极度匮乏，现有师资数量远远不能满足华文教学的现实需要；其次是现有师资亟须需提高自身素质，以适应华文教学对教师知识结构和能力结构的要求。

二是教材问题。首先是现有华文教材数量不足，供不应求；其次是现有教材种类形式单一，质量有待提高，尤其是统筹规划编写的本地化教材极其短缺。教材呼唤高质量、多种类、本地化。

三是理论问题。多年来，海内外华文教育研究乏力，理论建树不多。1995 年笔者在北京怀柔召开的世界汉语教学学会的年会上就呼吁：把华文教育当作一个独立的学科来建设，加强理论研究。但是迄今为止，华文教育的学科建设尽管取得了很大的进步，比如学科地位已初步得到学界认可，大学已获准开设华文教育本科专业（暨南大学申报并首先开办），发表了一批研究成果等，但仍不理想。比如华文教学的性质仍不十分清楚、教学规划统筹不力、理论与实际脱节等，这些都亟须开展广泛而深入的研究。

四是教学问题。首先是华文教学经验总结不力，教学理论得不到升华，无法用以指导教学实践；其次是教学方法落后，尤其是不适应海外不同国家和地区实际的教学要求。

面对这些问题，我们必须知难而上，积极面对挑战，树立信心，做好各方面的准备，主动迎战，努力开拓海外华文教育的新局面。

二 华文教学的性质问题

什么是华文教学？对这一问题的回答，实际是要给华文教学下一个定义，即为华文教学定性。

我们还是从"华文"的概念谈起。"华文"一词最早源于《马氏文通》："夫华文之点画结构，视西学之切音虽难，而华文之字法句法，视西文之部分类别，且可以先后倒置以达其意度波澜者则易。""西文本难也而易学如彼，华文本易也而难学如此。""助字者，华文所独，所以济夫动字不变之穷。"在这里，"华文"是与"西文"相对而提出来的，其内在含义指的是汉语言文字。所以，就其语言学含义来说，"华文"这个词一开始指的就是汉语言文字。后来它被逐步运用于海外的华侨教育，又具有了"华语文"的含义，即指汉语言文化。当它被运用于侨校的课程体系，就已经具有语文课的教学性质了。语文教学实际上是一种语言、文化的综合教学。所以，"华文"一词不仅具有语言学含义，而且具有语文学的性质。华文教学作为一种语文教学，从多年来海外华文教学的实践上看，也充分证明了它的华语文性质。

海外的华文教学作为一种汉语言文化的教学，充分证明了它的语文教学特性。语文教学包含语言、文化的教学。就其语言教学来说，它既包括现代汉语的教学，又包括古代汉语（文言文）的教学。而在现代汉语的教学中，它同时又包括汉语普通话教学和汉语方言教学。有的只教授汉语普通话，有的则只教授汉语方言，如粤语（广州话、客家话、潮州话等）、闽南语、海南话等，有的则同时教授汉语普通话和汉语方言。在文字教学中简化汉字和繁体字同时并存，当然，有的教授简化汉字，有的教授繁体字，有的则同时教授简化汉字和繁体字。就其文化教学来说，华文教学既包括中国文化内容，又包括所在国文化内容，同时还包括其他世界文化内容；至于文化的具体内容，华文教学包括知识文化、思想文化和交际文化三个方面。由此而言，"华文"这一概念不仅具有语言学、语文学含义，而且具有深刻的文化含义。

"华文"的文化含义主要体现在三个方面。

第一，"华文"所代表的是一个海外的特殊群体——华人华侨，它反映了华人华侨社会的群体认同感。从这一意义出发，"华文"这一概念的使用不宜随便扩大。

第二，"华文"体现着海外华人华侨社会的族裔认同感，即他们都认同中华民族，都承认自己是中华儿女、龙的传人。

第三，"华文"体现着海外华人华侨社会的文化认同感，即他们都认同中华文化，把中华文化看作自己的生命之本、力量之源。

由此可见，华文教学就是指以海外华人华侨学生为主要教学对象的中国语言文化教学。它的确有自己的特殊性和独特价值，不能把它简单地与对外汉语教学等同起来。事实上，世界上现有的汉语教学有多种对象和形式，而教学对象不同，其语言教学性质也必然不同。从教学对象来看，我们可以区分四种不同的汉语教学：一是对国内母语者的汉语教学；二是对国内少数民族的汉语教学；三是对海外华人华侨的华文教学（属华文教育范畴）；四是对非华裔外国人的汉语教学（即对外汉语教学）。针对四种不同对象的汉语教学，我们还可以区分出七种不同语言教学性质的汉语教学，即在中国作为第一语言的母语文教学、在中国对少数民族作为第二语言的非母语汉语教学、在中国对外国人及华侨华人作为第二语言的汉语教学、在海外华人华侨作为第一语言的母语文教学、在海外华人华侨作为第二语言的母语文教学、在外国作为第二语言的非母语的汉语教学、在外国作为双语教学或多语教学中的汉语教学。

其中，华文教学的基本性质是十分清楚的。

第一，华文教学作为国内目的语环境中的第二语言教学，指的是海外华人华侨学生来中国学习汉语言文化。

第二，华文教学作为海外非母语环境中的母语教学，即非第一语言环境中的第一语言教学，指的是海外华人华侨在所在国将华文作为第一语文来学习，如马来西亚的华文小学、华文独中的华文教学。

第三，华文教学作为海外非母语环境中具有华裔语言文化背景的第二语言教学，指的是海外华人华侨在所在国将华文作为第二语文来学习，他们一般都具有华裔语言文化背景。

第四，华文教学作为海外双语或多语种之一的华文教学，指的是华语既不是第一语言，亦非第二语言的华文教学，或者说是介于第一语言和第二语言之间，处于双语或多语种语言教学环境中的华文教学，如印度尼西亚的三语学校中的华文教学等。

华文教学性质不同，必将规定着华文教学的规划及实施，规定着华文教学的策略及组织，规定着华文教学的内容与方法等。所以，搞清楚华文教学的性质是十分必要、十分重要的。

三　华文教学的教学目标问题

从海外华文教学的性质及其教学实际出发，应该如何确定海外华文教学的教学目标？过去一讲教学目标就是指语言知识目标和语言技能目标，这对国内的对外汉语教学来说是无可厚非的。但是，对海外华文教学来说就远远不够了。我认为，海外华文教学目标的确定至少应明确以下三条基本原则。

第一，"语""文"并重。以语言教学为基础，以文化教学为主导；重语言、文化的综合教学；重听、说、读、写综合技能的培养。

第二，"古""今"结合，传统与现代并举。突出优秀文化传统与遗产，坚持先进文化的发展方向，重文化传承与思想品德、人文精神的提升。

第三，排斥与吸纳相结合。淡化政治意识形态，拒绝宗教渗透等敏感话题，维护国家利益和民族形象。

以上述原则为指导，我们在确定华文教学目标时应该考虑以下四个方面。

一是语言教学目标。包括语言知识目标和语言能力目标。语言知识目标包括语音、汉字、词汇、语法、修辞、文言文等方面，但是具体目标的确定非常需要进行调查统计和分析，以根据不同教学对象和语文教学性质来确定具体的量化指标。对外汉语教学在语言知识目标的确定上已有几个教学大纲和HSK大纲相参照，但海外华文教学中这仍是一个空白。比如海外周末制华文学校小学1~6年级究竟学多少个常用汉字、多少个常用词、多少个基本句型才是科学、合理的？到目前为止，仍没有一个统一的、科学的、合理的量化标准可资借鉴、参考，这无疑给教学组织与实施及教材编写造成困难，从而影响了教学规范和教学质量的提高。就语言能力目标来说，过去多注重语言技能目标的培养，如语言的听知能力、说话能力、阅读能力、书写能力、写作能力等，而往往忽视语言智力目标的培养，如注意力、记忆力、观察力、想象力、思维能力等。这在海外华文教学目标的设定上也是不可缺少的。

二是德育教学目标。德育即道德教育。这是海外华文教学中文化教学摆在首位的教学内容，也是广大海外华人华侨让子女学习华文的一个重要目的，即希望子女通过学习华文传承中华民族优秀的道德传统。所以，德育教学目标的设定是十分重要的。德育目标的实现应该注重培养学生的思想品质（包括世界观、人生观、价值观、事业心、责任感、爱国情怀等）、道德品质（包括社会公德、职业道德、高尚情操等）和心理品质（如健康的情感、坚定顽强的意志、宽广包容的胸怀、积极乐观的性格等）。建立完善的德育教学目标体系势在必行。

三是文化知识目标。包括文化常识、文学艺术常识、历史地理知识、文体知识和自然科学技术知识等。文化知识浩如烟海，如何取舍，的确需要根据海外华文教学的特点和实际需要进行认真、深入的研究和探讨，从而设定一个科学、实效的文化知识教学目标体系。

四是美育目标。海外华文学习者多是华裔青少年，在他们学习华文的过程中培养他们的审美力也是一个不可忽视的重要问题。美育的主要任务在于培养华裔青少年的审美感受力、审美鉴赏力和审美创造力，而这一切都必须贯穿华文教学的全过程，其是与语言知识教学、语言技能训练和文化知识教学、德育培养紧密结合在一起的。

总之，海外华文教学目标具有多样性、丰富性、科学性的特点，确定科学的教学目标至关重要。但是，与此相联系的一个重要问题是：假如有了科学合理的教学目标，那么又如何保证这些教学目标的真正实现呢？这就需要在确定教学目标的同时，充分考虑建立科学、规范的教学评估体系，以保证教学目标的实现，提高教学质量。这样，海外华文教学才能够获得更大的发展，汉语国际教育事业才会有更加光辉灿烂的明天。

（本文发表于《语言文字应用》2007 年第 3 期，作者贾益民。）

中文多媒体教材研制策略

——《中文》多媒体光盘和《网上学中文》的设计、开发和应用研究

随着我国综合国力的提高，近年来华文教育正在全球范围内"升温"。为了满足海外华裔青少年对华文教育的迫切需求，我国华文教材的编写和发行工作也在不断加强。暨南大学华文学院受中华人民共和国国务院侨务办公室委托编写了适用于海外周末制中文学校和海外华侨、华人子弟学习的《中文》教材（全套48册）。① 目前，该套教材已在全世界40多个国家发行了450多万套，受到广泛欢迎和好评。

目前海外有华侨华人3000多万人，分布于130多个国家和地区，各国家和地区办有各类中文学校6000多所，华文教师多达数万名。华文教材的编写与发行不仅解决了海外华文教学缺乏教材的实际问题，而且对促进华文教育起到了很大的作用。② 为了充分利用信息技术成果，让《中文》教材在海外华文教学中发挥更大的作用，中华人民共和国国务院侨务办公室下达了研制中文多媒体教材的项目任务，包括《中文》多媒体光盘和《网上学中文》。《中文》教材的多媒体光盘共12册，包括《中文》主课本12册、家庭练习册24册和教师教学参考书12册的内容，光盘共18张（1—6册每册一张，7—12册每册两张）。《网上学中文》是在《中文》多媒体光盘的基础上研制的。全套12册已在中国侨网和暨南大学华文学院网站发布。

成熟的多媒体和网络技术对海外华文教育的影响是深刻的、多方面的。《中文》多媒体光盘和《网上学中文》的研制遵循以下一些策略。

---

① 贾益民主编，暨南大学华文学院编《中文》（包括主课本，A、B练习册及教师教学参考书各12册），暨南大学出版社，1997—1999。

② 贾益民：《华文教育学学科建设刍议——再论华文教育学是一门科学》，《暨南学报》（哲学社会科学版）1998年第4期。

（一）中文多媒体教材设计策略

1. 中文多媒体教材的设计符合学习者的心理因素

《中文》多媒体教材是为海外华人华侨儿童学习中文而研制的。学习者的年龄一般为6—13岁。按照皮亚杰的儿童认识发展理论，该年龄阶段的儿童已经跨越了前运算阶段和具体运算阶段，向形式运算阶段过渡。因此在设计《中文》多媒体教材时必须考虑到学生的年龄、知识背景和个性等特征。如界面形式活泼、色彩鲜明，易于引起儿童的注意力；人机交互控制方式不能太难；根据儿童特征，设计较易控制的按钮交互、应答交互和拖拉交互；对所有的交互按钮设计英文翻译，方便海外学习者使用等，从而更好地吸引并保持学生的注意力。

2. 中文多媒体教材的设计符合语言教学的需要

使用多媒体技术中的文本、图片、声音、动画、图像元素帮助呈现中文教学内容，对学习者的"耳""目"等给予多种感官刺激。实验心理学家赤瑞特拉（Treicher）所做的两个著名心理实验表明：人类获取的信息83%来自视觉，11%来自听觉；另外，人们一般能记住自己阅读内容的10%，自己听到内容的20%，自己看到内容的30%，自己听到和看到内容的50%，在交流过程中自己所说内容的70%。[1] 中文多媒体教材对学生的多种感官刺激，可以激发学生对学习汉语和中华文化的兴趣，调动学生学习中文的主动性和积极性，从而更好地培养学生的"听—说""读—写"的能力和言语交际能力，也有利于学生对所学语言知识的保持。《中文》多媒体教材设计是根据语言教学的需要进行的。

（1）听觉媒体的设计

"听—说"是重要的语言技能。"听"的训练是"说"的训练的前提和基础。[2] 我们知道，纸和印刷所承载的传统教材是不会"发音"的。《中文》多媒体教材充分发挥多媒体技术中的语音处理功能，对"课文""生字""词语""阅读"中的每一知识点均配有标准的汉语语音，每道练习题都设有正确答案的语音反馈。《中文》多媒体教材中的语音不仅仅依靠汉语

---

① 何克抗：《信息技术与课程整合目标与意义》，《教育研究》2002年第4期。
② 张普：《多媒体语言教学光盘与语感能力》，《世界汉语教学》1999年第2期。

拼音，还提供了标准的汉语语音"示范"，这对学习者汉语语音的规范化、标准化具有重要的意义，使学生可以在学习中文的过程中不断强化听说能力。

（2）视觉媒体的设计

语言情境对学习语言很重要。充分利用形象，创设具体生动的场景，可以激发学生的学习兴趣和学习热情，引导学生充分地理解和运用语言。创设情景是情景教学的基础和关键。《中文》多媒体教材的创设情景主要表现在"图""动画""视频"等视觉媒体功能上。视觉媒体可以为学生创造"在医院""在银行""包饺子"等语言情景，再现"中秋节""剪纸"等中国文化和民俗习惯。多媒体的这种"直观性"不仅表现在"情景"上，还表现在其他教学内容上。而且诸如汉字笔画的学习采用描红方法，以动画的形式按标准的笔顺一笔一画地把汉字描绘出来，为学生提供了"写"的示范，同时为该词所描述的实物提供真实的图片。这种"直观性"为学生的读写训练提供了帮助。

多媒体的设计是为更好地培养海外学生中文"听""说""读""写"能力服务的，我们在设计中一直坚持"有的放矢"的原则。诸如汉字教学，对同一个知识点，用"图""文""声""动画"多种媒体来表达汉字的"音""形""义"，让学习者接受不同层面上的感官刺激，更好地认读、书写汉字，记忆汉字和掌握汉字。

3. 充分运用超媒体技术，重视语言结构的科学性和系统性

多媒体系统的超媒体特性可实现对《中文》最有效的组织与管理。中文教材内容中的字、词、句、篇和呈现这些教学内容的文本、声音、动画等多种媒体形式形成纵横交错的超媒体体系，从而使多媒体教材具备文、图、声、像的表现能力。《中文》教材内容是按树状结构排列的。这种立体结构的教材在教学信息间设立若干结点，这些结点是教材中的字、词、句、篇，而表达这些结点的形式就是声音、图形、动画等。利用多媒体丰富的人机交互作用和优化的教学内容，学习者可以根据自己的具体情况来选择学习什么，从而发挥学习者的主动性和创造性。

《中文》教材同时考虑生词、语法点的数量及难度，全教材以单元的形式组织教学内容，每册分成 4 单元，每课以主课文教学为主，由课文、生字、词语、句子、阅读、练习 6 个模块构成。每单元后有 1 个单元练习。

（1）课文有标准的全文朗读和逐句跟读，学习者可以根据具体需要停止、播放读音。文中方便控制的标准语音，有利于给学习者做示范。

（2）生字包括汉字拼音、笔画、部首、组词。拼音采用字母逐渐呈现的方式，同时配以标准汉语拼音拼读的读音，学生可以通过跟读学习发音；汉字笔画采用描红方式，以动画形式按标准笔顺描绘，同时配以标准笔画名称的读音；点击汉字部首，可以发出部首名称的读音。组词设计用来扩展字的应用，以加深对所学汉字的认识、理解与记忆。学习者可以随意选择"拼音""笔画""部首""组词"等内容进行学习。

（3）词语模块包括词语拼音、词义英文翻译、词性、例句、词语读音、例句读音。

（4）句子以典型的句型学习为主，每课配1—2个句型。为了增加句型训练，界面配有句子扩展和替换的练习，有利于学生在家中自学和反复练习。

（5）翻译模块考虑到海外学生原有的知识背景，界面设有课文逐句英文翻译、全文英文翻译，同时加强逐句语音跟读。

（6）阅读包括朗读、跟读、生字词模块，对扩展词汇运用超链接方式呈现词汇的注音、英语注释、部件结构。在汉语学习中，阅读训练必须借助字典、注释和其他学习工具，并且要花费大量时间。《中文》多媒体教材中的阅读模块是以教学对象为核心，在出现生词的地方，都事先设置热键和链接，点到生词的内容即转到对生词的解释、读音等相关链接上。这样就会大大提高阅读质量和速度，提高学习者的阅读兴趣和阅读信心。

（7）练习是学习过程中的重要环节，是评价和反馈学习的重要手段。《中文》多媒体教材充分利用多媒体系统的超媒体特性，设计出了充分体现人机交互功能的各种形式的练习题。

《中文》多媒体教材中的"练习"包括家庭练习册24册的练习内容，每课设计了笔顺练习、听认、找部首、组词、连一连、选字填空、连词成句、连句成段和阅读训练等"游戏性"练习形式。通过热区、鼠标响应、键盘输入等人机交互方法，让学生在"做游戏"中进行语音、汉字、词语、句子、篇章等练习。无论是练习的内容还是练习的方式，都充分体现其科学性、多样化和趣味性。练习方式的多样化可以刺激学生的练习欲望，有趣的内容可以吸引学生，有益于减轻学生紧张、焦躁的学习心理。

界面对作答的每道题都设有正误反馈，让学生随时知道为什么错了，错在什么地方。在练习过程中，学生依据反馈来自我调整、自我修正。当学生答题正确时，系统提供语音的反馈，加强学生的语音输入，达到强化学生"听说"训练的目的。如"夜幕降临了，一轮明月升上了天空"。当选对"幕"字时，教材会反馈该句的读音。《中文》多媒体教材像一位孜孜不倦的老师，对学生的练习不断地进行判断，对错误进行纠正，较好地体现了以学生为主的教学思想。

在《中文》多媒体教材中，课文、生字、词语、句子、阅读、练习6个模块组成了一个有机的整体，利用超媒体方式组织的图、文、音、像并茂、丰富多彩的多媒体教材本身就是一个网状系统。每一课的不同模块之间和每课之间可以通过菜单导航进行自如跳转。这种非线性、网状方式的组织管理信息形式和印刷文本比较更符合学习者的思维特点和阅读习惯，更符合语言结构的科学性和系统性。

（二）中文多媒体教材制作策略

1. 确定理想的运行环境

在海外的中文学习者，计算机操作系统多数是非中文系统，中文代码有一个转换的问题。现在网上使用的中文代码并不统一，远距离传输会出现乱码现象。网上海外华文教学的对象是远距离的学习者，如果解决不了乱码问题则无法吸引他们利用先进信息技术学习中文。《中文》多媒体教材把教学内容中的汉字和拼音图形化，以图形承载中文文本信息，从根本上解决了中文代码乱码的问题。运行环境兼容性强，无须中文平台支持，能够更好地在海外推广应用。

2. 选择恰当的开发技术路线

（1）语音处理

《中文》多媒体教材是一种语言类教材，语音是教学内容的主要部分。虽然目前网络对语音的传输技术已有很大突破，但为了更好地实现对大量的"字""词""句""篇"的语音处理，做到语音内容与文字内容在光盘上存储和网上同步传输，我们采用的数字音频频率为16位，22千赫，声道数为双声道，并应用 Authorware 把声音压缩为 SWA 的格式。

（2）Flash 动画

汉字的正确书写是汉字教学中的难点。《中文》多媒体教材中所有生字的笔画顺序均用 Flash 技术制作，采用中国书法中的"描红"方法，每个汉字均按国家语言文字工作委员会《现代汉语通用字笔顺规范》标准制作汉字笔顺，并给每个笔画配上笔画名称的读音。

（3）静止图片

中文多媒体教材中的静态图像主要用于背景、按钮、插图、情景等的处理。背景、插图、按钮等用 Photoshop 工具对所使用的图像进行转换、压缩等处理。

3. 充分利用 Authorware 超媒体的合成技术

我们应用了 MACROMEDIA 公司的多媒体创作工具 Authorware 6.0 来帮助实现中文多媒体教材丰富的多媒体功能，并按教学设计的需要进行多媒体的集成，充分利用 Authorware 来实现中文多媒体教材中各模块的超媒体交互功能。设置清晰的导航，使学习者通过按钮容易实现在不同课、不同模块之间的跳转；每个按钮、每道练习题均有英文注释，方便海外学生使用。功能模块控制自如，如语音播放、停顿，汉字笔画的 Flash 播放等，通过鼠标、键盘实现人机交互，实现语音、汉字、词语、语法等方面的自主练习。

4. 充分运用大容量的存储技术和 Internet 技术

（1）运用大容量 CD—ROM 存储功能，全套《中文》教材48册（12册主课本、24册家庭练习册和12册教师教学参考书的内容），共开发了18张光盘。

（2）利用 Authorware 的 Shockwave 技术，通过 Web 页面的流媒体技术处理，在 Internet/Intranet 分发与播放 Authorware 多媒体信息，生成快速、多媒体、同步、交互性强的网上中文教材。

首先，使用 Authorware Web Packager 打包。[①] +Authorware Web Packager 可以用来压缩和分段 Authorware 多媒体教材，并产生两种类型的文件：一个或多个分段文件（扩展名为 AAS），每段包含一部分被压缩了的节目；一个映像（map）文件（扩展名为 AAM），它包含 Authorware 插件恢复每一段和恢复多媒体教材中用到的外部文件所需的信息。为了达到较好的网上运行效果，我们对"课文""生字""词语""句子""阅读""练习"6个部分模块分别编程、分别打包，并将片段 segment size 设为 56kbp Modem，方便

---

① 薛伟胜：《利用 Authorware 技术建立远程教学网站》，《电化教育研究》2001 年第 12 期。

海外学习者通过 56kbp Modem 或以上的上网设置在网上快速浏览。其次，应用网页制作工具 Dreamweaver，将 AAM 文件嵌入 HTML 文件，制作成网页文件在网上发布。最后，在网上浏览《网上学中文》内容时要求用户安装 Authorware Web Player。

（三）《中文》多媒体光盘和《网上学中文》的应用

中文多媒体教材采用以学生为中心的学习模式，学生可以根据自己对知识的掌握程度、时间安排等，不受时间、空间等因素影响进行个别的、自主的学习。中文多媒体教材既可以用于课堂教学，又可以用于学生在家学习，突破了传统的汉语课堂教学的局限性，从而大大提高了教学效果。

中文成为一种国际语言的进程明显加快，全世界开设中文课的学校越来越多。中文多媒体教材进一步促进了海外中文教学的发展。当然，多媒体计算机作为语言教学媒体并非万能。在应用成熟的信息技术的同时，根据语言教学规律，分析语言教学中存在的问题与实际需求，从而确定多媒体教材的选题、教学设计、媒体选择等，都是至关重要的。只有在多媒体制作及多媒体的合成方面都精益求精，才能研制出中文多媒体教材中的精品。

（本文发表于《暨南大学华文学院学报》2004 年第 2 期，作者贾益民、熊玉珍。）

现代教育技术应用与华文教育变革

华文教育是指以母语或第一语言为非汉语的海外华人、华侨为主要教学对象（也包括少数非华裔学生）开展的中国语言文化教育。华文教育是一门学科，它如同其他门类的教育一样，深受现代科学技术的影响。21世纪的华文教育在充满机遇的同时也面临挑战。华文教育的现状和发展形势对华文教育提出了更高的要求。综观世界教育的发展事实，以强调现代教育思想和理论指导、以现代教育媒体研究和应用为重心、以取得最优化的教与学的效果为目标的现代教育技术对教育思想、观念、内容、方法等方面产生全面且深刻的影响，应用现代教育技术是信息时代正在进行着的最为显著的教育变革。因此，有效地应用现代教育技术推进华文教育变革，成为华文教育发展过程中必须解决的重大课题。

一 21世纪：华文教育的现状与发展面临的机遇和挑战

（一）海外华文教育现状与需求

教育部于2007年8月16日在《中国语言生活状况报告（2006）》的新闻发布会上指出：海外的华文教育持续发展，汉语也在世界以前所未有的速度传播。进入21世纪以来，华文教育获得了更大的发展，其主要表现在世界范围内的"华文热"持续升温，学习华文的人数逐年增多。教育部最新一项统计资料显示，世界各国学习华语的总人数已超过4000万人。为适应世界各国人士学习华文的迫切需要，我国国家领导人和政府高度重视，通过设立专门机构、举办"寻根之旅"和各类冬夏令营等各种大型活动、出版发行教材、开展各类师资培训、外派教师等途径大力帮助和支持各国开展华文教育。世界各国政府也越来越重视和支持华文教育，如将华文教育纳入国民教育体系、开办多种形式的华文教学、举办汉语水平考试、建立"孔子学院"、接纳中国国际汉语教学志愿者等。海外华文学校及华文补习班的数量不断扩大,华文教育的层次与形式日益多样化。目前,大概有100个国家超过2500所大学在教授中文,全世界有1万多所华文学校,并且数目和规模都在不断发展。

在汉语走向世界的同时,华文教育的功能走向多元,华文教育除为华侨华人传承中华民族的语言文字和传统文化之外,还肩负着培养适应时代要求、服务当地社会的通用型汉语人才等的责任。我们可以看到,华文教育无论是在教育规模还是教育质量上都提出了更高的要求。随着中国经济快速发展和国际地位的日益提高,海外华文教育面临着前所未有的发展机遇,同时也面临着挑战。

(二)海外华文教育面临的挑战

就目前海外华文教育存在的主要问题来说,华文师资匮乏、多数教材不适用、教学方法陈旧等比较突出,且已严重制约着华文教育事业的发展。

1. 师资问题

承担华文教学的教师数量严重不足。目前的情形令人担忧,海外华文教师在数量上和质量上都严重落后于需求。据粗略统计,仅印度尼西亚地区就缺少华文教师3万—4万名。由此可见,全球华文教师缺口巨大。这是华文教育最现实、最紧迫的问题。在东南亚,受过华文专业系统教育的教师很少;在欧美,教师人数尽管多,但缺乏中文师范专业训练和实践。另外,还存在教师年龄严重断层的现象,不少年逾古稀的老师仍坚持在教学一线,而在为数不多的年轻教师中,大多数人的中文水平尤其是中文作为第二语文的教学能力亟待提高。加强教师队伍建设,培养合格的华文教师,采取科学的方式和方法实现华文师资超常规的培训迫在眉睫。

2. 教学资源问题

教材是华文教学的主要教学资源。但是,目前海外使用的华文教材在种类上屈指可数,系列化、多媒体化的华文教材更是寥寥无几。现有教材无法适应不同国家、不同地区、不同层次、不同年龄、不同学习需求、不同语言文化背景的华文学习者的实际需要。不仅如此,教学辅助读物等教学资源更是匮乏。

3. 教学方法问题

华文教学方法陈旧，大多数教学运用传统教育媒体，也就是"一本书"加"一支粉笔"，导致华文教学效果欠佳。陆俭明教授指出，要确立正确的汉语教学指导思想，即怎样让更多的从未学过汉语的学生在最短的时间内最快最好地学习、掌握汉语。在信息时代下，利用多媒体网络技术开展华文教学，特别是网上教学的实践与研究便显得极为重要。

如上所述，在汉语走向世界的今天，华文教育面临着一系列的问题。华文教育要满足世界对华文学习的需求，必须更新观念，寻求新的思路。

二 现代教育技术与华文教育

纵观世界教育的发展历史，强调现代教育思想、理论的指导，运用现代信息技术，优化教育教学，提高教育教学的质量和效率的现代教育技术，对教育思想、观念、内容、方法等方面产生了全面且深刻的影响。应用现代教育技术是信息时代正在进行着的最为显著的教育变革。20 世纪90 年代以来，我国开展了"电化教育促进中小学教育优化"课题实验、小学语文"四结合"教改实验、高等学校课程电化教育实验，电化教育促进中小学由"应试教育"转向素质教育的实验研究，基于现代信息技术环境下的学与教的理论与实践研究等，涉及领域广泛，影响较大。这些实验都是在现代教育思想和理论的指导下，通过现代媒体技术、现代传媒技术和教学系统设计技术来开发、利用教学资源和优化教学过程的，并在总结实践经验的基础上形成了现代教育技术的四种主要的基本理论，即现代教育技术媒体的理论和应用，现代媒体教学理论和方法，现代教学设计的原理和方法，现代信息技术环境下教育信息转换成知识、技能、智慧、思想品德的理论和方法。用这些理论和实践经验指导各类教育实践，促进了教育改革。华文教育作为一门新兴学科，如同艺术教育、体育教育、师范教育、外语教育、对外汉语教学等其他教育门类一样，受到现代教育技术的深刻影响，其教学理念、教学内容、教学方法等方面都将发生积极的变革。

辩证唯物主义的教育技术观认为：教育技术在教育实践领域的应用应遵循同"特定的教育技术环境"相适应的原则。华文教育也只有在进入特定的教育技术环境之后，才能将特定的现代教育技术融入华文教育中。华文教育作为一门学科，既要遵循教育的一般规律，又有其自身的特点。无论是从教育学的角度来说还是从目前海内外华文教育事业的发展现实来看，华文教育已经具备多形式、多层次的教育体制，既有非学历教育，又有大学专科、本科乃至研究生学历教育。在现代教育技术理论和方法作用于华文教育的过程中，我们要遵循华文教育的基本特性，如华文教育的对象是海外华人、华侨；教育的主要内容是汉语言和中国文化；其语言教学性质既是一种非母语教学或第二语言教学，也是一种外语教学；等等。这些特性都会体现在华文教学设计、媒体技术应用、教学资源建设等方面。

综观当今世界华文教育，由于观念、地域、经济条件等不同，其华文教学媒体应用的地区差异十分显著，如有些国家华文教育媒体的应用还停留在传统媒体上，如书本、粉笔和黑板；有些国家的华文教育则走向视听媒体的阶段，如应用投影、录音、电视技术等。当然，信息技术发达的国家和地区，特别是多媒体和网络技术广泛应用的国家和地区，则已经实现了以计算机为核心的多媒体网络教育系统的使用。因此，现代教育技术在华文教育中的应用必须因地制宜、合理地分配和使用所有可能得到的教学媒体。互联网进入华文教学后，不会取代其他媒体，印刷媒体和其他视听媒体依然会长期存在于华文教学之中，并随着社会的发展而发展。

从目前海内外华文教育的发展现实来看，华文教育一方面要扩大教育规模，另一方面要提高教育质量。现代教育技术在华文教育中的应用必须以实现教学最优化为终极目标，即用最少的时间，实现效益的最大化。

现代教育技术应用于华文教学过程必将引起华文教学的革命性变化。在华文教学过程中，现代教育技术可以提供直观、形象的多种符号信息，为学生创设更接近真实的语言情境，激活学生对事物、语言的原认知，提高学生学习华语的兴趣，使其形成主动参与语言实践的意识。应用现代教育技术可以使学生容易过渡到目的语的环境，有效地实现跨文化交际。多媒体和网络技术在华文教育中的应用，将成为学生学习或认知建构的工具。互联网集图、文、视频、音频于一体，大大提升了媒体的教育功能，拓宽了教育传播的广度，并使教学过程中各要素在时空上的组合关系发生改变。

尤其是运用现代教育技术实现远距离华文教育，为扩大华文教育规模提供了支撑条件。

三 现代教育技术对华文教育改革的推动

（一）华文教育观念的变革

华文教育观念的转变是华文教育改革的前提。就目前而言，华文教育观念的转变主要体现在以下四个方面。

1. 传统华文课堂教学观念的变革

所谓传统华文课堂教学观念的变革，就是要树立基于现代教育媒体应用的华文课堂教学观念。在传统华文课堂教学过程中，主要应用教科书、黑板、粉笔和挂图等传统教学媒体。这些传统教学媒体存在很大的局限性。树立现代华文课堂教学观念，也就是将现代教育媒体、现代传媒技术和教学设计技术合理地应用于华文课堂教学的全过程。

2. 传统华文教学方式的变革

所谓传统华文教学方式的变革，就是要改变以教师为中心的教学方式。现代华文教学方式是发挥教师为主导、学生为主体的"双主"作用。华文教学尤其是华文作为第二语言的教学，必须完成由向学生传授语言知识到培养学生的语言应用能力的转变。在这一过程中，现代教育技术将发挥巨大的推动作用。

3. 传统华文学习观念的变革

所谓传统华文学习观念的变革，即打破传统课堂学习中教师进行"满堂灌"、学生被动接受的学习方式，树立新的华文学习观念，激发学生主动学习的兴趣，掌握应用现代教育媒体进行学习的新方式。特别是善于应用多媒体和网络技术突破传统课堂在时间和空间上的限制，建立开放式与可持续性的学习模式。

4. 传统华文教材观念的变革

在传统的华文教育中，纸质印刷教材是主要的也是单一的教学材料。随着现代信息技术的广泛应用和华文教与学方式的改变，华文教材必须实现系列化、多媒体化和网络化。由贾益民教授主编的《中文》教材已在50

多个国家和地区发行了700多万册，是目前世界上发行量最大的中文教材。该套教材共有主教材12册，配有练习册和教师参考书，全套共48册，并设计和开发了与之配套的多媒体教材和网络教材，其中网络教材在中国侨网和暨南大学华文学院网站上发布。华文教材的媒介由纸张发展到多媒体是传统华文教材观念的一大跨越。多媒体教材无论是在容量还是在编写方式、表现方式的多样性方面都远远超过以纸张为媒体的教材。它可以实现基于计算机的交互式教学和学习及模拟真实的交际情境。基于网络的华文教材传播范围则更为广泛，给学习者带来更大自由，同时也给华文教学带来更为深刻的变革。

（二）华文教育资源建设

华文教育资源建设是华文教育变革的基础和核心。现代教育媒体技术的发展，特别是多媒体和网络技术的发展，为华文教育资源建设提供了足够的技术支撑，使课堂上"一张嘴、一支笔"干巴巴的教学变成具体、形象的语言情境，并经由多感官的形象刺激，让华文学习变得生动、有趣并充满魅力。多媒体和网络技术对教学的支持已经使教育媒体从单一的教学手段扩展为新的教育环境，并成为教学活动得以开展的新的基础和平台；教育媒体从单一的教学手段扩展为新的教育资源，成为支撑教学过程的重要物质基础。面对华文教育发展的现实需要，华文教育不仅要强调现代教育媒体的应用，还要加快现代华文教育资源的建设，特别是以多媒体和网络技术为核心的华文教育资源的建设。

1. 加快教与学现代华文教育资源的设计和开发

现代华文教育资源建设可以划分为"以教为主"和"以学为主"两大类型，"以教为主"的教育资源为一线的教师提供媒体素材、题库、试卷素材、网络课件、案例、文献资料等。"以学为主"的教育资源为学生设计语言习得情景、学习任务、学习资料、学习提示与反馈指导等。同时，根据华文教育的自身规律和特点，华文教育资源还可以细分，例如按教学程度可分为初级汉语教学资源、中级汉语教学资源和高级汉语教学资源；按汉语知识系可分为汉语语音教学资源、汉语词汇教学资源、汉语语法教学资源和汉字教学资源；按语言技能训练可分为说话教学资源、听力教学资源、阅读教学资源、写作教学资源等。资源传输要充分利用网络技术和先

进的移动存储工具，如 Internet、单机课件（CD-ROM）、DVD 光盘、VCD
光盘等不同载体来传输。

2. 探索建立全球华文教育资源服务共享机制

随着网络技术的普遍应用，各类汉语或华文（中文）服务网站数量快
速增多，这对华文教育发展起到了一定作用。但是还存在一些不容忽视的
问题，如网络华文教育服务之间的可重用性和可组合性差、功能比较单一，
各个网站提供的服务之间无法进行互操作等。这些问题造成网络资源的利
用率低下。因此，实现这些跨组织、异构、分布环境下的全球华文教育资
源的共享是华文教育资源建设必须攻关的一个重大课题。我们认为应该应
用网格技术，通过资源描述与检索，实现对已有资源的有效利用与共享，
应用资源订阅的方式，支持新建资源的有效利用与按需共享；同时在研究
全球环境中实现资源共享的基础上，对华文教育资源内容进行研究，开发
支持华文教育的服务网格平台，建立华文教育资源建设规范标准和互操作
规范指导，探索建构全球华文教育资源服务共享机制。

（三）华文教师的培养

现代教育技术在华文教育中的广泛应用对华文教师的培训提出了新的
要求。华文教师的培养除了涵盖对其进行传统的华语基本理论知识、汉语
作为第二语言的教学理论与教学方法的培训以外，还涵盖对其进行现代教
育技术的培训。一方面，华文教师必须树立现代教育技术观念，充分认识
现代教育技术在华文教育中的应用对华文教育变革及其发展的重要作用，
提高应用现代教育技术的自觉性和能动性；另一方面，华文教师必须学会
熟练地应用各种现代教育技术，以促进华文教学理念、教学内容及教学方
式的变革，提高华文教学的吸引力和教学效益。这是华文教育在现代信息
技术时代对华文教师提出的内在必然要求，是华文教师在华文教育新时代
面临的一个重要课题。因此，在华文教育飞速发展的今天，培养和建立一
支数量足够、质量合格、具有较强现代教育技术能力和较高信息技术素养
的华文教师队伍，是华文教育发展的重要前提和保证。

（四）加强应用研究，建立现代华文教学法体系及华文教育技术课程体系

华文教育资源必须从以文字内容为主转变为集图、文、视频、音频于一体的教学资源，教学信息应由单向交流方式转变为双向或多向交流方式。这些转变必将带来华文教学组织形式和教学方法的多样化。所以，在华文教学过程中，要善于应用华文教育资源来扩大语言输入、创造真实的语言环境、强化语言经验的积累。现代教育技术的应用要贯穿课前、课中和课后。课前，教师要根据教学需要，善于利用现代华文教育资源，为教学所用；课中，要恰当应用现代教育媒体，为学生营造学习目的语环境，让学生真正地"沉浸"在目的语的海洋之中，使学生容易实现跨文化的信息交流；课后，要鼓励学生应用媒体技术进行言语练习，有效地将言语训练从课堂延伸到课外。

现代教育技术是把现代教育理论应用于教育教学实践的手段和方法的体系，其中包括运用现代教育媒体进行教育教学的方法，即媒体教学法。媒体教学法在华文教育教学中的应用必须符合语言习得和语言、文化教学规律。这是由华文教育的性质和现代教育技术的性质所决定的。我们必须根据华文教学实践（如汉字教学、语音教学、词汇教学、语法教学、文化教学等）及言语技能训练（如听力技能训练、口语技能训练、阅读技能训练、写作技能训练等），建立一套华文教学方法和媒传教学方法相结合的现代华文教学方法体系，唯有如此才能体现现代教育技术在华文教育中应用的真正价值和意义。

同时，随着华文教育专业的开设，华文教育教学体系日益完善，应当在华文教育专业的本科生和研究生教育中开设华文教育技术专业课程。根据海外华文教师信息素养培养目标和要求，开设多媒体华文教学资源设计与开发、华文多媒体教学方法、华文多媒体教学设计等相关课程，加强华文教育技术课程体系的教材建设和教学实验，已是势在必行。

四　结语

总之，在汉语走向世界的同时，世界对华文教育提出了更高的要求。

华文教育要应用现代教育技术建立新的教育理念，探索新的教学思路，合理应用现代教育技术建设丰富的现代华文教育资源，建立基于现代教育媒体技术的华文学习的方法体系，加强华文师资跨越式培养，以实现华文教育最优化的终极目标，推动华文教育事业的大发展。

［本文发表于《中国电化教育》2008 年总第 252 期，系国务院侨务办公室人文社科研究项目"华文教育技术应用研究"（项目编号 GQB2004031）成果之一，作者贾益民、熊玉珍。］

5G 对华文教育的影响及应对策略

在全球抗击新冠疫情之时，中国华文教育基金会主办这次"第二届华文教育互联网教学研讨会"，非常必要，非常及时。下面，本文将就"5G 对华文教育的影响及应对策略"谈一些初步想法，请大家批评指正。

一 5G 技术的特点与优势

所谓 5G，即第五代移动通信技术（5th Generation Mobile Networks 或 5th Generation Wireless Systems）。每一代移动通信技术在大规模应用后，都极大地改变了人们的生活。"2019 世界 5G 大会"于 2019 年 11 月 20—23 日在北京举行。这次 5G 大会的主题就是"5G 改变世界，5G 创造未来"。显然，5G 对世界、对未来的影响巨大，且不可抗拒。这种影响不仅仅表现在互联网科技、通信技术方面，更重要的是表现在人类生活的方方面面。

为什么？因为 5G 和 4G 相比，具有"更快""更大""更新""更广""更高"的特点和优势。

1. 更快

5G 网络数据传输速率比 4G 更快，是 4G 的 100 倍，其超大宽带传输能力，即便是看 4K、8K 高清视频，360 度全景视频及 VR 虚拟现实体验等，都不会出现卡顿的情况。正因为如此，5G 具有低时延特征，它对于时延的最低要求是 1 毫秒，甚至更低。

2. 更大

在超大规模连接方面，5G 每平方公里的连接数有 100 万或以上，用户容量与 4G 相比大大增加，是 4G 的几十倍到上百倍，因而具有更大的吞吐量。

3. 更新

5G 技术的应用使实现更高的智能化成为可能，VR、AR 云技术将与生活无缝对接。未来的海量云数据在 5G 网络环境中，从云平台直接传输到需要到达的终端上，既大大节约了时间，也大大改善了 VR 的全景展示画面的清晰度，从而极大地增强了真实体验感。同时，人工智能也将成为我们生活中处处存在的全新场景。

4. 更广

5G 技术应用的地域更加广阔，领域更加广泛，即所谓"泛在网"。泛在网在广泛覆盖和纵深覆盖两个层面产生巨大影响力，尤其使万物互联成为现实。超大规模连接和大规模物联网的实现，满足人们对物品的识别及信息读取的需求，由此带来的系统管理和信息数据分析必将从根本上改变行业企业的运行模式及人们的生活模式，实现万物互联。

5. 更高

一是高可靠性，二是高效性。也就是说，5G 应用使互联网运营更安全、更高效。5G 的一个关键优势是将支持移动网络更高效地运营并降低数据传输成本，有潜力支持高可靠性、超低时延应用及构建广泛可用的高稳定性、高安全性网络，从而创造出巨大的高增长机会。

这里有很多专业技术性问题，限于时间和篇幅，恕不一一赘述。5G 技术的以上特点和优势决定了 5G 对世界、对未来的影响必然是巨大的、深远的。这种影响也就必然会对华文教育教学产生积极而重大的影响。这种影响是必然的，而且已经到来。

二 5G 对华文教育的重要影响

互联网技术的发展对华文教育已经产生了积极而深远的影响，而在 5G 技术环境下，这种影响将会更大更重要，其主要表现为以下"五大变革"。

1. 5G 引发华文教育理念大变革

华文教育理念的变革主要表现为由传统的华文教育理念向现代华文教育理念的转变，即由面向华侨华人的华文教育走向面向整个世界的华文教育。这就是"大华文教育"或称"国际中文教育"。一方面，这适应了"中国走向世界、世界走向中国"的不可阻挡的世界发展的历史潮流；另一方面，5G 技术的发展为面向世界的"大华文教育"的发展创造了条件和机遇。5G 在互联网通信技术上的"超高速率、超低时延、超大连接"，对华文教育的方方面面都将不可避免地产生重大影响，促使以往关于华文教育的所有观念和认识，比如华文学校的办学使命与宗旨、华文学校的办学形态与结构、华文教学的内容与形式、华文教师与学生、学校管理等观念，产生积极的变革。这就要求我们必须站在"大华文教育"即"世界华文教育"的立场上来思考华文教育发展的一系列理论、理念问题。

2. 5G 引发学校形态与教育结构大变革

世界各国华文学校的办学形态，也就是学校形态，目前仍然是传统的学校形态，即"有形的学校形态"，主要表现为学校有固定的校址或场所，有固定的学生班级，有统一的教学计划、教学内容和教学方式等；而 5G 技术环境下，这种单一的"有形的学校形态"将被逐步打破，从而走向"有形"与"无形"并存、结合的学校形态。所谓"无形的学校形态"，也就是学校并没有固定的校址或场所，没有固定的班级，没有统一的教学计划、教学内容和教学方式，一切教学活动都在 5G（未来可能是 6G、7G）互联网通信技术条件下进行，教师和学生一起在网上完成教学活动，一切教学计划（包括教学内容与教学方式）都因每一名学生的实际需要和特点而制定，真正体现以学习者为中心，以学习需求为核心，以引领学习、动态学习、翻转学习、项目学习为方式等。这种"无形的学校形态"的办学规模，如果办学得当，必将远远大于"有形的学校形态"的办学规模，因为它可以冲破年龄、族群、学校、地域乃至国别界限，广招学生。这样，也就必然引起学校教育结构的变化。一方面，传统的"有形的学校形态"将会持续存在并不断发展；另一方面，现代的"无形的学校形态"将会大量出现；而今后一个相当长的时期，将会是"有形的学校形态"与"无形的学校形态"并存与结合。即"有形的学校形态"一方面有条件时会同时发展"无形的学校形态"的办学模式，另一方面会吸收"无形的学校形态"的办学模式与方法，来丰富、发展"有形的学校形态"的办学与教学。这样，华文学校的教育结构，如学校的管理结构、教师结构、教学结构、学生结构、家长结构、设备结构、资金结构等，都不可避免地发生变革。同时，学校与社区、学校与社会的结构关系也将发生深刻变化。这是我们必须充分认识的，而且要给予高度重视，并积极实践。

3. 5G引发华文教育教学理论与教学模式大变革

由5G引发的学校形态以及教育结构的变革，也必然引起教学理论与教学模式的变革。传统的教学理论是适应着传统的学校汉语二语课堂教学而建立起来的，强调的是教师中心，一切教学活动以教学计划规定的教材内容严格执行，教学形式单一，学生只是被动地学。而在5G技术环境下，互联网应用于教学，由于网络传输速度大幅度提高，无论是传统的线下课堂教学，还是线上网课教学，都给互联网优质教学资源的广泛利用带来方便。比如5G可以促进教学用具、教学手段智能化程度的大幅度提高，无论是直播教学、录播教学、网上互动教学，还是视频教学资源的选用（如影视资源、微课视频、抖音视频）等视频化教学将进一步普及和提高。这样就大大丰富了教学资源和教学手段，使虚拟现实教学成为可能，教师教学和学生学习都将会更加灵活多样，教学形式趋向个性化发展。而在这一方面的教学理论与教学模式的研究是极其滞后的，应予大力加强。

4. 5G引发教育教学资源建设与利用大变革

5G云技术的应用可以使教育资源利用最大化，这对华文学校的办学是极其重要的。华文学校在办学过程中，常常苦于教育资源匮乏，比如学校的内部资源，包括生源、资金、教师、设备、场地等，还有众多的外部资源，如政府资源、社区资源、社会资源、家长资源等，都需要费尽周折，历经千难万苦。而5G环境下大数据云计算技术的应用、共享，使这些资源得来"全不费工夫"。因为这些资源在5G云端无处不在。另外，海量的云教学资源库也必将极大地丰富教学内容，如教材资源、课程资源、影视资源、语言资源、文化资源、微课视频、测试资源、研究资源等，应有尽有。所以，教育教学资源建设与利用必将发生重大变革。只要你想到，且有需要，就可以找到这些资源。当然，一方面取决于你是否积极参与了相关资源的建设，另一方面也取决于你怎样利用这些资源。

5. 5G引发教师与学生角色转变大变革

5G技术无论是应用在传统的教学课堂上，还是应用在"无形的学校形态"的教学中，教师与学生的角色都会发生很大的改变。过去，传统的教学过程中是以任课教师为中心，为主体；5G环境下的教学过程中是以学习者（学生）为中心，为主体。教师将由教学的主导者转变为学生学习的引导者、服务者；学生将由学习的被动者转变为学习的主动者、主导者、被服务者。老师和学生角色的转变在 5G 教育环境下将是非常深刻和重要的。无论是教师还是学习者，抑或学生家长，都必须逐步适应这种大变革。

三 5G 环境下华文教育的应对策略

基于上述"五大变革"，我们应该如何应对？现提出以下四个方面的应对策略，供参考。

1. 增强 5G 环境下人的主体意识

互联网技术的快速发展，尤其是 5G 技术的应用，使人们产生了一些误解甚至是错误的想法。比如，有的认为今后华文学校将不复存在了；有的认为今后华文学校的招生更加困难了；有的认为做华文教师更难了，甚至华文教师不久就要失业了；等等。我认为这些担心是可以理解的，但也是不必要的，因为这些情况今后基本上是不可能发生的。任何高新技术都是人研究创造出来的，是为人掌握为人服务的，所以"人"还是第一位的。因此，关键还是要增强我们的"人"的主体意识和主观能动性，正确认识和对待 5G 技术在华文教育教学中的应用及其产生的重大影响，积极转变观念，树立创新型的"世界华文教育"办学理念，制定科学的应对策略，借助于 5G 技术的推广与应用，加大助推华文教育发展的力度。我们应该充分认识到，在 5G 网络环境下，华文学校、华文教师必将大有作为。

2. 科学制定 5G 环境下华文学校及其教育教学发展的规划

要主动适应 5G 环境下的华文教育发展，就必须科学研究制定华文学校及其教育教学发展的规划。要发展，规划（计划）必先行。否则心中无数，进无方向，前无目标，做无举措，必行将不远。发展规划涉及学校办学的方方面面，比如学校定位、办学形态、培养目标、教学模式、师资队伍、学生结构与规模、网络环境建设、设备购置、资金来源、学校管理、校园文化等，都必须从本校特点以及区域、国别的实际情况出发，集思广益，认真研究，科学决策。一旦形成规划决议，就要严格执行。有了科学的规划，执行力就是决定成败的关键。

3. 加强 5G 环境下云教育教学资源库建设

5G 就像一条又宽又长的高速公路，关键是要有一个又大又好的车库，而且车库里要有很多好车。没有车库，没有几辆好车，再好的路也是没用。

这用来比喻华文教育资源建设是非常贴切的。现在有了5G这样好的路，可就是没有置于云端的教育教学资源库，现有少量资源也是零散的、不成系统不成体系的，且种类与形式都较为单一，质量总体上来说也不高。所以网上教育教学资源还是非常匮乏的。建议由中国华文教育基金会统一组织领导，做好规划，定好标准，提供工具，国内华文教育基地单位和各国华文学校及其他华文教育机构参与，共同建设，实现共建共享。资源库可以分类分批分期建设。就分类来说，教材库、课程库、微课库、工具库、语言知识库、文化知识库、影视库、微视频库、汉字库、语料库、测试库、学校库、教师库、学生库等，这些都是教育教学资源库不可缺少的。实际上，目前每一所华文学校及其课堂教学、课外教育教学活动，都是不可多得的宝贵的教育教学资源，关键是怎么样把这些现有资源成系统地收集整理出来，放进一个统一的云平台的资源库里。所以，必须先建库，然后才能往库里放东西。当然，建库的同时就应该有计划地启动各类资源的建设。

4. 致力于提高5G环境下的教育教学质量

5G环境提供的毕竟是技术条件和技术手段，其本身并不意味着就是高水平高质量的华文教育。当然，5G技术运用得好，必然会提高华文教育水平和教学质量，这是毋庸置疑的。所以，推广、深化5G技术应用，其根本目的还是在于提高教学水平和质量。这一主导思想是不能忽视的。如何提高5G环境下的教学水平和质量？

其一，要培训好老师，建设一支5G教育教学师资队伍。老师不仅要会使用5G技术开展教学，而且要成为5G华文教学的积极参与者、自觉行动者，同时也是华文教学资源的建设者、贡献者与共享者。

其二，学校要积极建设5G网络环境，配置必要的5G教学技术设备和技术系统，培训、配置5G教育技术专业人员。

其三，充分利用现有网上教育教学资源，尽可能地为教师提供更多网上教学资源，为学生提供更多网络学习资源，以丰富教师教学内容和学生学习内容。

其四，变革教师教学模式与学生学习方式，如充分利用5G教育技术手段，将视频教学、微课教学、翻转教学、项目教学、智慧教学等引进课堂，增强教与学的互动性，激发学生学习兴趣和学习主动性，提高实际学习效果。

5G 时代已经到来。我们必须紧抓机遇，借助于 5G 技术环境，大力推动新时代世界华文教育创新发展，这是新时代赋予华文教育新的重大的历史使命，我们必须不忘初心，勇担使命，奋勇向前，努力开创世界华文教育发展新时代。

（本文根据作者于 2020 年 6 月在中国华文教育基金会主办的第二届华文教育互联网教学研讨会上的演讲整理而成，作者贾益民。）

《华文教师证书》认证标准

第一章 总则

1. 华文教育是指对海外华人华侨子女进行的中华民族的语言文化教育。华文教育的教学、管理从业者为华文教师。

2. 海外华文教师证书评定委员会为适应海外华文教学的实际需要，根据海外华文教育的实际状况与特点，广泛征求海内外华文教育专家和广大华文教师的意见，参照相关标准，经多次论证，反复修订，特制定本教师标准。

3. 本标准由中国海外华文教师证书评定委员会制定，报中国国家海外华文教育联席会议批准。

4. 海外华文教师等级证书标准分为三等，分别为：初级证书标准、中级证书标准、高级证书标准。

5. 依据中国海外华文教师证书评定委员会制定的《海外华文教师等级证书实施办法》中关于证书考试科目的规定，本标准具体内容定为：

（1）初级证书标准：初级华文、华文教学基础技能、中国文化、教育学通论。

（2）中级证书标准：中级华文、华文教学提高技能、中国文化、教育学通论。

（3）高级证书标准：高级华文、华文教学高级技能、中国文化、教育学通论。

6. 海外华文教师证书申请者必须具备在所在国或所在地区从事华文教学的相应的外语能力。

第二章　初级证书标准

7. 初级华文

（1）掌握华文基本知识，包括华文语音基础知识，词汇、语法、汉字、篇章、标点符号等基本知识。

（2）具备汉语听、说、读、写的基本能力。

（3）具备汉语写作的基本能力。

（4）初步掌握汉语与所在国语言的不同特点及差异。

（5）汉语普通话水平达到三级甲等及以上。

8. 华文教学基础技能

（1）初步掌握海外华文教学及华文学习的一般理论、原则及基本概念，尤其是汉语作为外语教学与学习的一般理论、原则及概念。

（2）初步掌握海外华文教学尤其是汉语作为外语教学的一般方法和技巧（包括汉语语音、词汇、语法、汉字、篇章、标点符号及汉语听、说、读、写技能的教学方法与技巧），并能应用于教学实践。

（3）具备海外华文教学教案编写及多媒体教学课件、一般教学模具制作的基本能力，并能应用于教学实践。

（4）初步掌握海外华文课堂教学的基本特点与要求，具备课堂教学的基本能力。

（5）初步掌握海外华文教学测试与评估的基本知识、原则和方法，并能初步应用于教学测试与评估。

（6）初步掌握海外华文教材的基本特点、编写原则与基本要求，能对华文教材进行初步分析，并能应用于教学实践。

（7）初步了解海外华文教育的历史与现状，尤其是初步了解所在国华文教育的历史与现状。

9. 中国文化

（1）熟悉中国文化常识及特点。

（2）熟悉一般中国历史知识。

（3）了解中国文学与艺术基本知识。

（4）了解中国民俗文化基本知识。

（5）熟悉中国当代国情。

（6）熟悉跨文化交际理论。

10. 教育学通论

（1）了解教育学基础知识。

（2）掌握华文教师职业素质与心理。

（3）熟悉儿童学习心理。

（4）了解教育管理的一般规律及要求。

（5）熟悉华文教育的基本特点。

第三章　中级证书标准

11. 中级华文

（1）系统地掌握华文基础理论知识，包括汉语语音、词汇、语法、汉字、篇章、标点符号等的理论知识。

（2）具备较强的华文听、说、读、写能力。

（3）具有较好的汉语写作能力。

（4）了解古代汉语（文言文）的基本知识，具备初步的文言文阅读理解能力。

（5）基本掌握华文与所在国语言的不同特点及差异。

（6）汉语普通话水平达到二级乙等及以上。

12. 华文教学提高技能

（1）系统掌握海外华文教学及华文学习的基本理论和原则，尤其是汉语作为外语教学与学习的基本理论和原则，并具有一定的华文教学理论、华文学习理论及教学实践、学习实践的研究能力。

（2）较熟练地掌握海外华文教学尤其是汉语作为外语教学的基本方法和技巧（包括汉语语音、词汇、语法、汉字、篇章、标点符号及汉语听、说、读、写技能的教学方法与技巧），并能应用于教学实践。

（3）具有一定的海外华文教学教案编写及多媒体教学课件、教学模具制作能力，并能应用于教学实践。

（4）熟知海外华文课堂教学的特点与要求，具有较强的课堂教学能力和一定的课堂教学分析、研究能力，并能应用于课堂教学。

（5）掌握一定的海外华文教学测试与评估的基本理论、原则和方法，具有设计教学试卷的基本能力，并能应用于华文教学的测试与评估，测试与评估效果良好。

（6）较系统地了解海外华文教材编写的基本理论、原则与要求，具有分析、评价华文教材的基本能力，并能应用于教学实践。

13. 中国文化

（1）熟悉中国文化常识及特点。

（2）熟悉一般中国历史知识。

（3）了解中国文学与艺术基本知识。

（4）了解中国民俗文化基本知识。

（5）熟悉中国当代国情。

（6）熟悉跨文化交际理论。

14. 教育学通论

（1）了解教育学基础知识。

（2）掌握华文教师职业素质与心理。

（3）熟悉儿童学习心理。

（4）了解教育管理的一般规律及要求。

（5）掌握华文教育的基本特点。

（6）较系统地了解海外华文教育的历史与现状，尤其是所在国华文教育的历史与现状。

第四章　高级证书标准

15. 高级华文

（1）系统掌握华文研究的一般基础理论与方法，包括汉语语音、词汇、语法、汉字、篇章、标点符号等的基础研究理论和重要研究成果，具有一定的华文本体研究能力。

（2）具有很高的华文听、说、读、写能力。

（3）了解与掌握华文各语言要素基础研究的一般方法。

（4）具有一定的华文研究写作能力。

（5）掌握古代汉语（文言文）的基本知识，具有文言文阅读理解与分析能力。

（6）较为深入地掌握汉语与所在国语言的不同特点及差异。

（7）汉语普通话水平达到二级甲等及以上。

16. 华文教学高级技能

（1）系统地掌握海外华文教学及华文学习的理论和原则，具有较强的华文教学理论、华文学习理论及教学实践、学习实践的研究能力。

（2）熟练地掌握海外华文教学尤其是汉语作为外语教学的基本方法和技巧（包括汉语语音、词汇、语法、汉字、篇章、标点符号及汉语听、说、读、写技能的教学方法与技巧），并能应用于教学实践。

（3）能够编写规范的高水平华文教学教案，制作规范、实用的多媒体华文教学课件及多种类型的华文教学模具，并能应用于教学实践，教学效果优秀。

（4）熟知海外华文课堂教学的特点与要求，课堂教学能力强，具有较强的课堂教学分析、研究能力，并能应用于课堂教学。

（5）掌握海外华文教学测试与评估的理论、原则和方法，能进行教学试卷设计、分析与研究，并能应用于华文教学的测试与评估。

（6）掌握海外华文教材编写的理论、原则与要求，具有分析、评价和研究华文教材以及编写课堂教材和课外读物的能力，并能应用于教学实践。

17. 中国文化

（1）熟悉中国文化常识及特点。

（2）熟悉一般中国历史知识。

（3）了解中国文学与艺术基本知识。

（4）了解中国民俗文化基本知识。

（5）熟悉中国当代国情。

（6）熟悉跨文化交际理论。

18. 教育学通论

（1）了解教育学基础知识。

（2）掌握华文教师职业素质与心理。

（3）熟悉儿童学习心理。

（4）了解教育管理的一般规律及要求。

（5）掌握华文教育的基本特点。

（6）熟悉世界华文教育的历史与现状，具有较高的海外华文教育历史与现状研究能力。

第五章　其他

19. 本标准未尽事宜，由中国海外华文教师证书评定委员会负责补充，必要时可制定配套的实施细则或实施大纲，与本标准一并执行。

20. 本标准由中国海外华文教师证书评定委员会负责解释与修订。

《华文教师证书》认证实施办法

第一章　总则

1. 海外华文教育事业的发展，亟须提高华文教师教育素质及教学水平。实施海外华文教师等级证书制度，根据海外华文教育实际需要对华文教师进行等级培训，是当前及未来华文教育发展的现实需要。

2. 海外华文教师证书为华文教育专业的学科专业标准，是华文教学的从业技术标准。本办法依据汉语教学相关标准及海外华文教育的实际状况与特点而制定。

3. 凡在中国及中国以外的其他国家从事华文教学的教师均适用于本办法。

第二章　海外华文教师证书等级、名称及实施原则

4. 海外华文教师等级证书分为初级证书、中级证书、高级证书，其名称分别为华文教师证书（初级）、华文教师证书（中级）、华文教师证书（高级）。

5. 海外华文教师证书实施的基本原则：

（1）学历资格认定原则。凡申请海外华文教师证书者，必须符合等级证书相应的学历要求。

（2）汉语及普通话水平达标原则。凡申请海外华文教师证书者，必须符合等级证书相应的汉语及普通话水平达标要求。

（3）教学能力及教学资历认定原则。凡申请海外华文教师证书者，必须符合等级证书相应的教学能力要求及一定的教学资历要求，参加海外华

文教师证书考试成绩合格。符合免考规定条件者，经参加同级别培训后，可以申请免考。

第三章　组织机构及职责

6. 成立"中国海外华文教师证书评定工作委员会"，该委员会属"国家海外华文教育联席会议"下属机构，挂靠国务院侨务办公室。委员会成员由"国家海外华文教育联席会议"任命，以保证委员会的权威性。

7. 中国海外华文教师证书评定工作委员会的主要职责：

审定并通过本办法，制定等级证书标准，制定证书考试大纲及考试标准，制定等级证书培训方案，组织培训、考试及证书认定与证书颁发工作等。

第四章　证书申请者的基本要求

8. 职业道德要求：

（1）品行端正，为人师表。

（2）热爱中国文化。

（3）热爱华文教育，具有奉献精神。

（4）关爱华文学习者，具有良好的职业操守。

9. 学历要求：

（1）初级证书申请者须具有高中毕业或高中毕业以上证书，且参加过海外华文教师等级培训。

（2）中级证书申请者必须具有初级证书，或具有大学中文专业（含汉语言文学、汉语言、对外汉语、华文教育等专业），或幼师、中师及相近专业的专科毕业证书或同等学历证书及以上。

（3）高级证书申请者必须具有中级证书，或大学中文专业（含汉语言文学、汉语言、对外汉语、华文教育等专业）或相近专业的本科毕业证书或同等学历证书并获得学士学位及以上。

10. 华文能力要求：

海外华文教师证书申请者必须具备现代汉语语音、汉字、词汇、语法、篇章及写作基本知识，并掌握汉语听、说、读、写基本技能，参加海外华文教师证书《华文》（初级、中级、高级）科目考试，成绩合格。

11. 华文教学能力及教学资历要求：

海外华文教师证书申请者必须具备华文教学的基本能力，参加海外华文教师证书《华文教学》（基础技能、中级技能、高级技能）科目考试，成绩合格，其中中级及高级证书申请者须已实际从事过两年及以上华文教学工作。

12. 中国文化知识要求：

海外华文教师证书申请者必须具备中国文化基本知识，参加海外华文教师证书《中国文化》科目考试，成绩合格。

13. 教育学基础知识要求：

海外华文教师证书申请者必须具备教育学基础知识，参加海外华文教师证书《教育学通论》科目考试，成绩合格。

14. 语言能力要求：

（1）普通话要求

其汉语普通话应达到等级证书相应的要求：

1）初级证书：普通话水平三级甲等或以上。

2）中级证书：普通话水平二级乙等或以上。

3）高级证书：普通话水平二级甲等或以上。

（2）外语能力要求

海外华文教师证书申请者必须具备在所在国或所在地区从事华文教学的本国本地区语言要求。

第五章　证书的考试及认定

15. 海外华文教师证书申请者，除符合免试条件者外，均须参加由中国海外华文教师证书评定工作委员会组织的证书考试并考试成绩合格，方可获得相应的等级证书。

16. 海外华文教师证书考试科目：

统考科目：《中国文化》《教育学通论》

初级证书考试：《初级华文》《华文教学基础技能》。

中级证书考试：《中级华文》《华文教学提高技能》。

高级证书考试：《高级华文》《华文教学高级技能》。

17. 海外华文教师可报名参加申请等级证书相应科目的考试，成绩合格者由中国海外华文教师证书评定委员会发给相应科目的成绩证明书，统考科目成绩 5 年有效；其他科目该成绩 3 年内有效；成绩过期者必须重新参加考试。

18. 符合以下条件者可申请免考：

（1）符合以下规定的教学资历者可申请免考：

实际连续从事华文教学 5 年及以上者，经初级证书培训，可申请海外华文教师初级证书免考；

实际连续从事华文教学 10 年及以上者，经中级证书培训，可申请海外华文教师中级证书免考；

实际连续从事华文教学 15 年及以上者，经高级证书培训，可申请海外华文教师高级证书免考。

（2）符合以下规定的学历条件且汉语普通话水平达到规定要求者可申请免考：

具有大学中文专业（含汉语言文学、汉语言、对外汉语、华文教育等专业）或幼师、中师及相近专业的专科毕业证书或同等学历证书，且获得汉语普通话水平二级乙等证书或以上者，经初级证书培训，可申请免考初级证书；

具有大学中文专业（含汉语言文学、汉语言、对外汉语、华文教育等专业）或相近专业的本科毕业证书或同等学历证书并获得学士学位，且获得汉语普通话水平二级乙等证书或以上者，经中级证书培训，可申请免考中级证书；

具有大学对外汉语、华文教育或相近专业的硕士研究生毕业证书并获得硕士学位或同等学历证书及学位，且获得汉语普通话水平二级甲等证书或以上者，经高级证书培训，可申请免考高级证书。

19. 从事华文教育工作满 20 年且年满 60 周岁、对华文教育事业作出突出贡献者，经本人申请，海外华文教育机构及中国驻外使领馆推荐，中国海外华文教育证书评定委员会审定，给予颁发《华文教师资格荣誉证书》。

20. 海外华文教师证书考试时间及地点由中国海外华文教师证书评定委

员会确定并公布，原则上每年举办一次考试及评定。

21. 海外华文教师证书申请必备材料：

（1）护照或身份证复印件。

（2）学历及学位证书复印件。

（3）从事华文教学资历证明。

（4）海外华文教师证书考试成绩证书复印件（免考者可不提供）。

（5）汉语普通话水平考试成绩单复印件。

第六章　等级证书申请者的培训

22. 海外华文教师证书等级培训的组织由中国海外华文教师证书评定委员会负责，并委托具有培训资质的教育机构承办。有关教育机构可向中国海外华文教师证书评定委员会申请培训资质，在接受了培训资质认定后方可承办培训。培训资质条件由中国海外华文教师证书评定委员会另行制定。

23. 海外华文教师证书等级培训的主要内容：

初级证书培训：《初级华文》《华文教学基础技能》《中国文化》《教育学通论》。

中级证书培训：《中级华文》《华文教学提高技能》《中国文化》《教育学通论》。

高级证书培训：《高级华文》《华文教学高级技能》《中国文化》《教育学通论》。

以上具体培训内容由中国海外华文教师证书评定委员会依据本办法及海外华文教师等级证书标准另行拟定。

24. 海外华文教师经过培训后，成绩合格者可由培训承办单位发给相应培训科目的成绩证明书。

第七章　证书的监制、颁发与撤销

25. 海外华文教师证书由中国海外华文教师证书评定委员会负责设计、监制和颁布。

26. 海外华文教师证书须有中国海外华文教师证书评定委员会及该委员

会主席签章方为有效。

27. 凡发现下列情况之一者，由中国海外华文教师证书评定委员会宣布给予撤销证书，并以一定方式予以公布：

（1）违反海外华文教师思想品质要求者；

（2）申请海外华文教师证书弄虚作假者；

（3）触犯法律并被有关法律机关给予刑拘及判刑者。

第八章　其他

28. 本办法由中国海外华文教师证书评定委员会全体会议通过，并报"国家海外华文教育联席会议"批准后方为有效。

29. 本办法由中国海外华文教师证书评定委员会负责解释。

《华文教师证书》认证培训方案

第一章 总则

1. 为了进一步提高海外华文教师的专业素质和教学水平，规范海外华文教师等级培训，提高海外华文教师培训水平，满足海外华文教师申请海外华文教师等级证书及参加培训的实际需要，依据中国海外华文教师证书评定委员会制定的《海外华文教师等级证书标准》和《海外华文教师等级证书实施办法》，根据海外华文师资的实际状况与特点，中国海外华文教师证书评定委员会特制定《海外华文教师等级证书培训方案》（以下简称《培训方案》）。

2. 海外华文教师等级证书培训对象主要是境外从事华文教学的教师及有志从事华文教学的教师和管理人员；中国派出的华文教学志愿者；中国境内的华文教师和管理者。

3. 培训目的旨在系统地提高海外华文教师专业素质和水平，使其专业素质和水平符合申请海外华文教师等级证书的条件要求。

4. 《培训方案》的制定遵循针对性、科学性、实用性原则：

（1）针对性：《培训方案》专门针对海外的华文教师，针对海外华文教师培训的实际需要与特点，针对海外各级各类华文教学的实际与特点。

（2）科学性：《培训方案》以华文教育学基本理论为指导，以《海外华文教师等级证书标准》《海外华文教师等级证书实施办法》为依据，吸收和借鉴了以往海外华文教师培训及国际汉语教学师资培训的经验与成果，吸收和借鉴世界第二语言教学的最新研究成果，同时还参考了海内外汉语母语教学师资培训以及外语教学师资培训的经验，注重理论与实践相结合，反映海外华文教学的有效教学理念、教学模式、教学方法，科学性强。

（3）实用性：《培训方案》从指导与规范海外华文教师培训出发，对培训的实施、培训内容、培训方式、培训要求等，均作出了明确规定，以便于《培训方案》的实施具有可操作性；尤其对培训目标和培训内容进行了分级分类描述，使等级培训的各级目标和各类内容更加明确，便于海外华文教师根据自己的专业程度、水平与实际需要来确定参加培训的等级及课程内容，制定个性化学习、培训计划，具有普适性和实用性。

5. 《培训方案》由中国海外华文教师证书评定委员会负责组织实施，并委托具有培训资质的教育机构承办具体培训工作。有关教育机构可向中国海外华文教师证书评定委员会申请培训资质，在接受了培训资质认定后方可承办培训。

6. 培训承办单位必须具备以下基本资质条件之一：

（1）开展华文教学或对外汉语教学满 6 年及以上，具有较强的华文教师或对外汉语教师队伍，可申请承办初、中级海外华文教师培训。

（2）已开办华文教育、对外汉语、汉语言、汉语言文学本科专业满 4 年及以上，可申请承办初、中、高级海外华文教师培训。

（3）已开办汉语国际教育硕士专业学位研究生班两届及以上，可申请承办初、中、高级海外华文教师培训。

其他培训资质条件及资质条件细则可由中国海外华文教师证书评定委员会另行规定。

7. 海外华文教师经过等级培训后，成绩合格者由培训承办单位发给相应培训科目的成绩证书。等级培训科目成绩证书由中国海外华文教师证书评定委员会统一制作，由培训承办单位签发。

8. 培训方式以专家课堂教学为主，辅以教学观摩与实习。培训主要在有培训资质的中国的高等院校等相关教育机构中进行，也可以由培训承办单位在国外进行培训。

9. 培训要求一定要贯彻理论联系实际的教学原则，紧密结合海外华文教育教学及师资队伍的实际，按照培训目标和教学大纲的要求，认真组织教学活动，利用多种教学形式和现代教育技术手段，充分发挥培训教师与接受培训人员的积极性，致力于提高接受培训人员的专业素质和教学能力，确保培训质量。

第二章　培训总目标与内容设计

10. 培训总目标

海外华文教师等级证书培训的总目标是，使接受培训的海外华文教师通过培训在专业知识、教学能力和综合素质等方面，达到《华文教师证书等级标准》所提出的要求，并具有自主学习、自我提高的能力，成为一名能适合于一定层次、一定类型的华文教学的合格教师。

11. 培训内容设计

海外华文教师等级证书培训内容由四大类组成：

（1）华文类。培训内容分为三个等级：初级华文、中级华文、高级华文。每一级均由"华文知识"与"华文技能"两大部分组成。

（2）华文教学技能类。培训内容分为三个等级：华文教学基础技能、华文教学提高技能、华文教学高级技能。每一级均由"华文教学理论"与"华文教学技能训练"两大部分组成。

（3）中国文化类。培训内容不分等级，由"中国文化知识"、"跨文化交际"及"文化技能训练"三大部分组成，其中"中国文化知识"部分以"中国文化"为主体内容，"跨文化交际"以汉、外（学员所在国文化）对比为重点，"文化技能训练"部分安排与海外华文教学相关的内容，对学员进行针对性培训，如中国音乐、舞蹈、武术、美术、书法、手工制作、戏曲等。

（4）教育学知识类。培训内容不分等级，由"华文教师职业素质与心理""华文教师职业规划与自我发展""华文教师亲和力及沟通艺术""华文学校教育管理""海外华人华侨社会概况""中国侨务"等组成。

第三章　华文语言能力培训目标与内容

12. 初级华文

（1）培训目标

初步掌握华文基础知识，包括华文语音、词汇、语法、汉字、篇章、标点符号、文体、写作等的基础知识；具备华文听、说、读、写的能力；

初步了解汉语与所在国语言的不同特点并能进行对比；汉语普通话水平达三级甲等以上。

（2）培训内容

华文基础知识：①语音基础知识；②汉字基础知识；③词汇基础知识；④语法基础知识；⑤语篇基础知识；⑥标点符号及其运用；⑦文体基础知识。

华文基本技能：①初级听力；②初级口语；③初级阅读；④汉字书写；⑤初级写作。

13. 中级华文

（1）培训目标

较系统地掌握华文基础性的理论知识，包括华文语音、词汇、语法、汉字、篇章、文体的理论知识，具备较强的华文听、说、读、写能力；初步了解古代汉语（文言文）的知识，具备阅读文言文的初步能力；能比较深入地了解华文所在国语言及文化的不同特点及差异；汉语普通话水平达二级乙等以上。

（2）培训内容

华文系统知识：①语音学基础理论；②汉字学基础理论；③词汇学基础理论；④语法学基础理论；⑤语篇学基础理论；⑥文言文基础知识；⑦语用学常识。

华文提高技能：①中级听力；②中级口语；③中级阅读；④中级写作。

14. 高级华文

（1）培训目标

系统地掌握汉语理论知识，包括汉语语音、词汇、语法、汉字、篇章、文体等理论知识内容及其体系，具有一定的华文本体研究能力；

具有较高水平的华文听、说、读、写能力；系统地掌握古代汉语（文言文）的基本知识，具有较强的文言文阅读理解与分析能力；深入地了解和掌握华文与所在国语言及文化的特点及差异，并能适当地运用于华文教学中；汉语普通话水平达二级甲等以上。

（2）培训内容

华文研究概论：①语音学研究；②汉字学研究；③词汇学研究；④语法学研究；⑤语篇研究；⑥汉外对比研究；⑦文言文提高知识。

华文研究基础技能：①归纳法；②演绎法；③语言调查；④统计方法；⑤研究成果写作规范。

第四章　华文教学能力的培训目标与内容

15. 华文教学基础技能

（1）培训目标

初步掌握海外华文教学及华文学习的一般理论、原则及基本概念，尤其是华文作为外语教学与学习的一般理论、原则及概念；初步掌握海外华文教学尤其是汉语作为外语教学的一般方法和技巧（包括汉语语音、词汇、语法、汉字、篇章、标点符号及汉语听、说、读、写技能的教学方法与技巧），并能应用于教学实践；具备海外华文教学教案编写及多媒体教学课件、一般教学模具制作的基本能力，并能应用于教学实践；初步了解和掌握海外华文课堂教学的基本特点与要求，具备课堂教学的基本能力；初步了解和掌握海外华文教学测试与评估的基本知识、原则和方法，并能初步应用于教学测试与评估；初步了解和掌握海外华文教材的基本特点、编写原则与基本要求，能对华文教材进行初步分析，并能应用于教学实践；初步了解海外华文教育的历史与现状，尤其是初步了解所在国华文教育的历史与现状。

（2）培训内容

华文教学理论：①华文教育基本原理；②国际汉语教学概说；③第二语言教学概说；④第二语言习得概说；⑤初级华语教学法。

华文教学技能：①教案编写及备课艺术；②课堂教学技巧与艺术；③初级华文教学测试与评估；④初级现代教育技术及应用；⑤初级教具制作及应用；⑥华文课堂案例分析。

16. 华文教学提高技能

（1）培训目标

较系统地理解和掌握海外华文教学及华文学习的基本理论和原则，尤其是汉语作为外语教学与学习的基本理论和原则，培养具有一定的华文教学理论、华文学习理论及教学实践、学习实践的研究能力；较熟练地掌握海外华文教学尤其是汉语作为外语教学的基本方法和技巧（包括汉语语音、词汇、语法、汉字、篇章、标点符号及汉语听、说、读、写技能的教学方法与技巧），并能应用于教学实践，同时培养具有华文教学法研究的初步能力；具有较强的海外华文教学教案编写及多媒体教学课件、教学模具制作能力，并能应用于教学实践；较系统地了解和掌握海外华文课堂教学的特点与要求，具有较强的课堂教学能力和一定的课堂教学分析、研究能力，并能应用于课堂教学；较系统地了解和掌握海外华文教学测试与评估的基本理论、原则和方法，具有设计教学试卷的基本能力，并能应用于华文教学的测试与评估；较系统地了解和掌握海外华文教材编写的基本理论、原则与要求，具有分析、评价华文教材的基本能力，并能应用于教学实践；较系统地了解海外华文教育的历史与现状，尤其是较系统地了解所在国华文教育的历史与现状，具有海外华文教育历史与现状研究尤其是所在国华文教育历史与现状研究的基本能力。

（2）培训内容

华文教学理论：①华文教学概论；②国际汉语教学概论；③第二语言教学概论；④第二语言习得概论；⑤中级汉语教学法。

华文教学技能：①华文综合课课堂教学的理论与实践；②华文教材分析与编写；③中级华文教学测试与评估；④中级现代教育技术及应用；⑤中级教具制作及应用；⑥常用华文纠错技巧；⑦华文中级教学课堂案例分析。

17. 华文教学高级技能

（1）培训目标

系统地理解和掌握海外华文教学及华文学习的理论和原则，尤其是汉语作为外语教学与学习的理论和原则，具有较强的华文教学理论、华文学习理论及教学实践、学习实践的研究能力；熟练地掌握海外华文教学尤其是汉语作为外语教学的基本方法和技巧（包括汉语语音、词汇、语法、汉字、篇章、标点符号及汉语听、说、读、写技能的教学方法与技巧），并能应用于教学实践，进行针对性教学，同时具有较强的华文教学法研究能力；能够编写高水平的海外华文教学教案，制作高水平的多媒体华文教学课件及多种类型的华文教学模具，并能应用于教学实践；系统了解和掌握海外华文课堂教学的特点与要求，具有较强的课堂教学能力和课堂教学分析、研究能力，并能应用于课堂教学；系统了解和掌握海外华文教学测试与评估的理论、原则和方法，能进行教学试卷设计、分析与研究，并能应用于华文教学的测试与评估；系统了解和掌握海外华文教材编写的理论、原则与要求，具有分析、评价和研究华文教材以及编写课堂教材和课外读物的能力，并能应用于教学实践；系统、深入地了解世界华文教育的历史与现状，尤其是系统、深入地了解所在国华文教育的历史与现状，具有较强的海外华文教育历史与现状研究尤其是所在国华文教育历史与现状研究的能力。

（2）培训内容

华文教学理论：①华文教学专题研究；②国际汉语教学专题研究；③第二语言教学研究；④第二语言习得研究；⑤高级汉语教学法。

华文教学技能：①华文课堂教学讲评；②华文教材及课外读物编写；③高级华文教学测试与评估；④高级现代教育技术及应用；⑤高级教具制作及应用；⑥高级华文课堂教学案例分析。

第五章　中国文化培训目标与内容

（1）培训目标

了解或掌握中国文化、中国历史、中国文学与艺术、中国民俗、中国地理、中华民族的基本知识以及中国当代社会基本概况，并了解与华文教学相关的世界政治、经济、社会、历史、地理、文化、自然科学技术等常识，熟悉中外文化的不同特点及跨文化交际的基本内容，掌握部分能用于教学实践的中国文化技能。

（2）培训内容

文化知识：①文化学基础知识；②中国文化常识；③中国历史常识；④中国文学艺术常识；⑤中国民俗常识；⑥中国国情基本知识；⑦世界文化基本常识。

跨文化交际知识：①中外文化比较概说；②跨文化交际的理论与实践。

文化技能训练（可选择）：①中国舞蹈；②中国音乐；③中国武术；④中国美术；⑤中国书法；⑥中国手工；⑦中国戏曲。

第六章 教育学基础知识培训目标与内容

（1）培训目标

经过培训，使海外华文教师了解教育学的基本理论，具备良好的职业道德素养和心理素质，热爱海外华人华侨社会，增强社会适应力和参与社会的能力，具有团结协作精神、沟通协调能力以及职业规划及自我发展能力，更好地为海外华文教育事业及华人华侨社会做贡献。

（2）培训内容

1）教育学基础知识；

2）华文教育专题；

3）儿童语言教育心理学；

4）华文教师职业素质与心理；

5）华文教师职业规划与自我发展；

6）华文学校教育管理；

7）海外华人华侨社会概况；

8）中国侨务。

第七章 测试与评估

18. 测试

每门培训课程结束时，由培训承办单位自行组织对接受培训人员进行测试，成绩合格者，发给课程成绩证书。测试可以采取闭卷、开卷、面试、写课程作业或论文等多种形式。测试要贯彻严格、公正、公平的原则，使培训测试有较高的信度和效度，确保测试质量。

19. 评估

培训开展一个时期后，由中国海外华文教师证书评定委员会组成专家组对培训承办单位已经完成或正在进行的培训进行质量评估。评估办法及时间由中国海外华文教师证书评定委员会确定。评定等级分为优秀、合格、不合格三级。评定成绩为优秀者，由中国海外华文教师证书评定委员会给予表彰和奖励，并优先安排有关培训任务；评定成绩不合格者，即取消其承办培训资质，并限制三年后方可另行申请培训资质。

第八章　其他事项

20. 本方案提出的培训内容只是一个纲要，其具体内容另由中国海外华文教师证书评定委员会据此组织编写课程大纲及配套教材，供培训承办单位参考、选用。

21. 本方案在实施过程中还需要不断修订、充实和完善，其修订工作由中国海外华文教师证书评定委员会负责组织。

22. 本方案由中国海外华文教师证书评定委员会负责解释。

世界华文教育形势与未来发展

——第五届国际华文教育研讨会综述

2007年11月4—6日，由国务院侨务办公室、中国海外交流协会主办，山东省人民政府、青岛市人民政府承办的第五届国际华文教育研讨会在山东省青岛市隆重召开。中共中央委员、国务院侨务办公室主任、中国海外交流协会常务副会长、国家汉语国际推广领导小组副组长李海峰，国务院侨务办公室副主任、中国海外交流协会副会长赵阳，山东省人民政府副省长才利民，青岛市人民政府市长夏耕，国家汉语国际推广领导小组办公室副主任马箭飞等领导出席了此届研讨会的开幕式。国务院侨务办公室主任、中国海外交流协会常务副会长李海峰在开幕式上作了题为《大力拓展华文教育，促进华社和谐发展》的主题报告。

李海峰在报告中指出，优秀的中华文化是中华民族几千年历经磨难而奋斗不息、备尝艰辛而顽强不屈的强大精神动力，是维系华侨华人与祖（籍）国联系的桥梁和纽带。发展华文教育，是广大华侨华人传承弘扬中华优秀文化、保持民族特性的有效手段，是凝聚侨心、汇聚侨力、促进华社和谐发展的内在动力。自2004年第四届国际华文教育研讨会召开以来，海外华文教育形势发生了很大变化：一是华侨华人社会较以往任何时期更加关心、关注和支持华文教育的发展；二是华文教育的地域分布更加广泛；三是华文教育越来越多地得到华侨华人住在国政府和主流教育部门的理解、宽容和政策支持；四是华文教育的对象正在发生着重大的变化，被领养中国儿童和非华裔子弟在华校中就读的人数越来越多。目前被领养中国儿童的华文教育问题已得到中国政府的高度重视。

面对这些新变化，李海峰表示，国务院侨务办公室和中国海外交流协会联合国内各相关部门，不断整合资源，发挥优势，积极拓展工作渠道，丰富工作手段，围绕教材建设、教师培训、华裔青少年工作等开展了一系列卓有成效的工作，并强调，因应海外华文教育形势的发展及海外华校的实际需要，国务院侨务办公室和中国海外交流协会将在原有工作手段和方式的基础上，不断加强与国内各职能部门的合作，继续加强与华侨华人住在国政府和主流教育部门的沟通与合作，取得他们的支持与理解，为广大华侨华人创办一切合法的教育形式创造良好的政策环境和发展空间，进一步整合资源，发挥优势，开拓创新，努力推进海外华文教育工作迈上新台阶。

大会为期四天，共有来自 32 个国家近 400 位华文教育界人士出席。他们中既有热心华教事业的侨界领袖，也有办学经验丰富的华文学校校长、理事，又有奋战在华文教育工作第一线的华文教师。中国各省市侨务办公室及华文教育基地等相关单位的代表也应邀参加了大会。大会围绕着"大力拓展华文教育，促进华社和谐发展"的主题，从"海外华文教育现状"、"华文教育师资建设"、"华文教材建设"以及"海外华文教育机构与中国华教机构的交流、互动与合作"等四个主要议题分八个小组进行了广泛而深入的讨论，并在讨论后分议题进行了大会总结。大会代表及时交流沟通了华教信息、研究分析了新时期华教面临的新问题，共谋华文教育发展的大计。现将研讨会会议内容综述如下。

（一）海外华文教育的现状

近年来，世界范围内的"汉语热""华文热"持续升温。在中国国务院侨务办公室和国家汉语国际推广领导小组办公室的大力支持下，在广大海外华人华侨的努力下，华文教育事业蓬勃发展，取得了长足进步，呈现出良好的发展势头。各国华文学校获得了前所未有的大发展，并积累了丰富的办学经验，但同时也存在许多问题。现今华文学校或中文学校的生存环境喜忧参半。与会代表们立足现实，放眼未来，从不同角度阐述了华文教育的最新成果，指出了亟待解决的问题，为华文教育的发展提供了新思路。

1. 当前华文教育的发展机遇

（1）新时期中国经济社会的快速发展，为海外华文教育发展提供了新契机，使得华语文的文化、经济价值和国际地位日益提升，全球已经掀起学习华语文的热潮。

（2）华文教育的发展受到所在国政策的影响，在全球发展趋势的带动下，一些国家开始转变华文教育政策。较为宽松的政治环境为海外华文教育事业的发展提供了新的契机和更为有利的条件。

（3）社会各界对华文教学的关注为华文教育的发展提供了更为广阔的空间。中国政府的支持是华教发展的坚实后盾。侨社侨贤、华人社团群策群力是华教发展的强大动力。

2. 海外华文教育事业出现了新变化，表现出新特点

（1）华校规模逐年扩大，学生人数逐年增多，非华人就读华校的人数也呈上升趋势，生源民族构成多元化，开设的课程越来越丰富。

（2）多数国家的华文教学从过去的母语教学发展成为第二语言教学。不仅华人华侨子弟学习华文者越来越多，而且很多非华人子弟也争相学习华文。

（3）普通话与广州话、潮州话、闽南话、客家话等方言教学并存，简体字与繁体字教学并存。但是，普通话与简体字在华文教学中所占的比例越来越高，且已成为华文教育的主流。

（4）各国政府对华文教育的关注程度不同，但总体而言是越来越重视，华文教育逐渐融入当地主流社会。华文教育因地而异，各国都在积极探索适合本国实际情况的华文教育模式。

（5）部分学校的办学理念也发生了变化，以培养"具有中华文化气质的公民"、传承中华文化、增强民族自信心为宗旨，同时淡化政治色彩。

3. 当前海外华文教育面临的挑战

21世纪以来，各国的华教事业都取得了不同程度的发展，总体形势比较乐观，但也面临着困难和严峻的挑战。当前海外华文教育存在的主要问题如下。

（1）华人华侨子女对学习中华语言文化热情不高。

（2）生源不稳定，语言文化断层凸显。

（3）办学资金不足，办学条件艰苦。

（4）华教师资紧缺且流动性大。

（5）教材的针对性和适用性有待增强。

（6）海内外华教机构的合作层次有待提高。

此次会议就其中有关问题进行了专门讨论。

（二）华文教师师资队伍建设

1. 师资队伍建设现状

各国华文教师热爱华文教育事业，工作勤奋努力，敬业精神和奉献精神堪为楷模。他们是各国华文教育得以发展的中坚力量，是中华语言文化的积极传播者和倡导者，是世界华文教育发展的希望。但是，目前海外华文教育仍普遍存在师资力量不足、专业教师少、教师流动性大的问题。这些问题也是亟须解决的关键问题，它直接影响到办学质量，以及海外华文教育的长远发展。

各国华文教师主要由本地教师和培训后回国的学生构成，有个别国家聘请获得 HSK 证书的人员任教。这些教师大体可以分为两类：一类是汉语水平较高，华文教学资历较深，教学经验较丰富，但大部分无专业学历且教学方法陈旧的中老年教师（当然，其中也不乏教学优秀者）；另一类是高等学府本科毕业、教学方法新，但自身汉语水平有限且教学经验欠缺的年轻教师。这两类教师都不同程度地存在专业水平不够、知识结构不完善等问题。中国外派的志愿者教师受到了各国华文教育界的好评，但志愿者教师也普遍存在经验不足、对当地情况不够了解的问题，且教师数量和工作年限都还不能满足华教工作的需要。此外，华教工作者的薪水普遍较低，难以调动教师的积极性。而在师资培训方面，由于各国教学都有自己的特点，国内教师团不了解情况，培训难以达到理想效果。

2. 师资队伍建设经验交流

面对长期存在的师资问题，不少国家和地区华教工作者采取了不少措施加以解决。代表们在相互交流中分享了办学过程中的宝贵经验。其一，学校设立督导制度，聘请资深兼职华文教师培训校内兼职教师。其二，将师资培训分为两个阶段，第一阶段为"纯语言阶段"，培训马上适应教学的人才；第二阶段为"幼儿教师培训"，即融入教学技巧、文化内涵等内容的综合性培训。

国内外高校代表对海外华校的发展作出了热烈回应，代表们纷纷表示将加强与华校的合作和交流，协助海外华校的师资培训。厦门大学海外教育学院带来了自主研发的"网络华文教育服务平台"，希望各地华校能够通过远程教育手段共享教育资源。暨南大学华文学院介绍暨南大学除了设立中国第一个华文教育本科专业专门为海外培养华文教育师资外，还和新加坡、印度尼西亚、美国、马来西亚、泰国等国家的相关机构合作设立了华文师资本科学历班、硕士学位研究生班及短期华文师资培训班，探索出一条高层次华文师资培养的新路子。

3. 建议和对策

针对师资培训中的问题，代表们提出了不少建议和对策。具体如下。

第一，完善教师的培养和培训机制。一方面，在中国设立专门的培训基地，让海外的校长及教师到中国进行系统培训，让更多海外教师有机会接受正规的华文教学训练；另一方面，组织国内各院校与邻近国家加强交流合作，派国内教师团到海外进行师资培训。此外，华校也要利用一切资源和手段在当地开展师资培训。

第二，实现教师本科专业化，"长短结合"，在保留短期培训的基础上，在当地建立师范学院，专司培训华文教师。尝试由过去零散、短暂的教育培训模式向系统、长期的学历教师培训转变。各国要立足本地，增强华教自身的"造血功能"。

第三，完善教师评估体系，制定教师资格认证标准，建立国内外统一、公认的权威性标准，出台《华文教师标准》《华文教师等级培训大纲》等指导性文件。近期，中国国家汉语国际推广领导小组办公室设立了汉语国际教育硕士学位，为高层次华文教育教师资格的规范化开辟了新思路。

第四，希望中国能够提供渠道，方便各国从中国引进优秀的华文教师。中国要多派出一些志愿者教师和经验丰富的中、小、幼语文教师，延长志愿者教师及其他外派教师在海外的工作年限，并适当增加外派教师的津贴，提高薪酬。

第五，加强各地华文教师的交流。建立统一的网络交流平台，方便教师们共享资源信息，借鉴彼此经验，相互学习，共同进步。

（三）华文教材的建设

华文教材问题一直是华文教育工作中的重点和难点，也是华教事业发展的瓶颈之一。虽然海内外相关教育机构在华文教材的研发中作出了不懈的努力和探索，也取得了可喜的成绩，但要满足不同地域、不同背景、不同层次的学习者的需求，开发出本土化、系统化、标准化、网络化的经典教材，还有很长的路要走。

1. 华文教材的使用现状

中国国务院侨务办公室多年来致力于华文教材的开发，取得了可喜的成绩，为海外华文教育作出了积极贡献。目前，大部分海外华校使用的暨南大学编写的《中文》和北京华文学院编写的《汉语》，就是国务院侨务办公室委托编写并发行的。此外，国务院侨务办公室还组织编写了"三常"教材——《中国文化常识》《中国历史常识》《中国地理常识》，深受海外欢迎与好评。最近，国务院侨务办公室又组织编写了海外华文幼儿教材，以满足海外幼儿学习华文的需要。其中，由暨南大学贾益民教授主编的《中文》修订版经广泛征求意见后，内容和形式作了大幅调整，现已出版发行，并得到了广泛的赞誉。部分历史较为悠久、教学积淀比较深厚的华校也在尝试自编或合作编写教材，并且不乏成功案例。比如柬埔寨柬华理事总会文教部与暨南大学合作编写的《华文》（贾益民主编）等系列教材已经过多次修订再版，迄今已使用十余年；又如美国的华文教师王双双、马丽萍、陈健等分别编写的教材，都具有一定的特色和影响。

2. 问题和建议

（1）本土化：加大政府支持力度，促进多部门协作，联合海内外力量共同开发

教材的"本土化"主要是指教材内容贴近学习者的生活现实，符合其心理特征和思维习惯，并兼顾当地的文化背景和传统习俗。这就要求编写者在筹备教材之前对不同地域的需求进行详尽的调查和分析，这是一项需要多个部门协同完成的工作，需要大量的人力、物力，离不开政府的扶持。

此外，从目前的华文教材供需形势和其他语种教材的成功经验来看，联合海内外力量，实现"点对点"开发是教材走向本土化的最佳途径。这就需要加强海内外相关组织机构的联系和互动，建立"对口"的友好协作关系。

（2）系统化：实现程度分层、内容配套、形式相辅

教材的"系统化"主要包括以下三个方面。

程度分层，即根据学习者的年龄、语言基础和教学情况细分教材层次。根据年龄可分为幼儿、少儿、青少年、成人等类别；根据语言基础可分为入门、初级、中级、高级等类别；根据教学情况可分为全日制、非全日制

和短期集中强化等类别。另外，有代表建议可将学习者分为华人家庭学生、非华人家庭学生和成人学生三个类别，有针对性地开发不同的教材。还有代表呼吁师资培训类教材的编写应尽快提上日程。

内容配套，即教学专题配套（如听、说、读、写、译）、师生用书配套（学生用书和教师用书）、语言教材与文化读本配套、常规课本与教辅材料配套、一般用书与工具类、考试类参考书配套等。

形式相辅，即开发纸质文本的多种衍生产品，以辅助完成教学任务。如课本活页或卡片，与课本相配套的多媒体教学软件、光盘和游戏等。

（3）标准化：制定教学大纲，量化教学评估和测试

要实现教材品种的多样性和教学宗旨的统一性是很困难的，所以制定科学明晰的教学大纲作为编写教材的标准，并以此来评测教材质量和教学成果就显得尤为重要。

（4）网络化：充分利用远程教学模式，建设共享教学资源库

通过互联网共享教育资源是华教事业谋求更长远发展的必由之路，应充分利用远程模式，建设区域间、学校间的交流互助平台，建立网络教材资源库和试题资源库。这样，一方面可以避免重复劳动，提高资源利用率；另一方面可以提供表达空间，使能者皆出一份力，将华文教材的建设变成"大家"的事业。

（5）重视教师对教材的二次开发

教材与教师的关系就好像宝剑和英雄的关系一样，剑好不好，虽然可以从质地、工艺来判断，但能否发挥其效用、发挥到何种程度，则要看用剑者的水平。教师如何恰当地选用教材，对教材进行合理、适度的二次开发，基本上决定了教材的生命力和教学的成败。所以不仅要重视教师手册（或参考书）的指导性作用，更要重视教师分析、评价及运用教材的能力培养。

由此可见，针对性和实用性是目前华文教材亟须解决的两大难题，也是与会代表普遍关注的问题。代表们提出，多年来的教学实践表明：难易得当，实用有趣，能够激发学生兴趣，树立学生学习信心的教材，才会受到广泛和长久的欢迎。

（四）海外华文教育机构与中国华教机构的交流、互动与合作

海外华社与国内政府部门和各教育机构如何加强交流、合作，共同促进华文教育事业的发展，是本次研讨会的重要议题之一。海内外与会代表热烈讨论，提出今后应在以下几个方面加强交流与合作。

1. 加强政府间的合作

国务院侨务办公室主任李海峰在大会开幕式的主题报告中提出，今后将不断加强与国内各职能部门的合作，继续加强与华侨华人住在国政府和主流教育部门的沟通与合作，取得他们的支持与理解，为广大华侨华人创办一切合法的教育形式，创造良好的政策环境和发展空间。回顾海外华文教育发展的历史，我们不难发现海外华文教育的发展受到所在国政策的影响较大。较为宽松的政治环境，可以为华文教育的发展提供更多的机遇。华人华侨住在国政府的支持，是华文教育事业发展的政治保障和前提条件。令人欣喜的是，最近几年来，中国政府部门，如国务院侨务办公室、国家汉语国际推广领导小组办公室等加强了与华人华侨住在国政府的交流与合作，华文（中文）教育得到当地政府的支持，发展势头良好。

2. 海外华社应加强与当地主流社会的交流与合作

随着中国综合国力的不断增强，学习汉语的人不再仅仅是华人华侨和华裔子弟，越来越多的非华裔人士加入汉语学习的大潮中。海外华社应该抓住这一历史机遇，加强与当地主流社会的交流与合作。一方面，华社的中文学校要注意吸引非华裔学生前来就读，形成"学汉语，到中文学校去"的品牌效应。这既可以扩大学校声源，帮助更多人学习汉语，也是华社间增强凝聚力，发挥华社社区功能，融入主流社会的有效手段。当然这必须以提高中文学校的教学质量为前提。另一方面，华社可以寻求与当地主流教育机构联合办学的道路，条件成熟的国家和地区，应该努力推动政府将华文教育推入当地国民教育体系。当然，这需要与当地主流社会建立良好的关系。对于如何加强与主流社会的交流和合作，美国的代表提出："领养孩子"（即美国人领养的中国孩子）家庭是推动华文教育的一个强有力群体，是中文学校融入主流社会的一个突破口。

3. 海外华社需要进一步加强与中国政府部门和教育机构的交流与合作

国务院侨务办公室副主任赵阳在大会闭幕式上指出，要进一步发挥国

务院侨务办公室华文教育基地院校的作用，加强海内外协调与合作，建立有效的协调互动机制与工作渠道，使有着丰富教育资源和专业优势的基地院校为海外华文教育的发展提供切实有效的支持。在师资培训、教材编纂、各种冬、夏令营活动等方面，中国政府部门和教育机构与海外华社都可以有良好的合作前景。另外，在本次大会上开通的"中国华文教育网"也将会为海内外的交流发挥积极作用。

4. 海外华社之间也要加强交流与合作

海外华社只有团结一致，加强自身的交流与合作才能更好地开展工作，发挥社区功能，赢得当地政府的重视。同时，目前各国的发展水平不平衡，地区差异较大，如果能建立有效的协调沟通机制，将促进发达国家和地区对不发达国家和地区的支持，促进世界华文教育事业协调、持续、又好又快发展。

通过此次国际华文教育研讨会，与会代表回顾了华文教育发展的历史，分析了华文教育面临的机遇与挑战，展望了华文教育事业发展的光明前景，加深了对不同国家地区之间华文教育事业发展情况的了解，增进了各国各地区热心华文教育事业人士的交流与团结，为各国各地华文教育事业的发展提供了一个广阔的交流平台。本次会议为世界华文教育事业的进一步发展奠定了坚实的基础，迈出了成功的一步。国务院侨务办公室副主任赵阳在大会闭幕式上提出，今后要将每三年一届的"国际华文教育研讨会"改为每三年举办一次"世界华文教育大会"，得到了各国与会代表的一致肯定和赞成。

（本文发表于《暨南大学华文学院学报》2008年第1期，作者贾益民、戴玉洁、王晓静、池琳瑛、徐静、黄向荣。）

世界华文教学研究的新开端

——"第一届世界华文教学研究生论坛"纪要

　　2008 年 1 月 17—18 日，由暨南大学与世界华语文教育学会主办，暨南大学华文学院承办，中原大学应用华语文学系、高雄师范大学华语文教学研究所、新加坡南洋理工大学、香港教育学院等单位协办的"第一届世界华文教学研究生论坛"在暨南大学顺利举行。此次论坛召集人为世界华语文教育学会秘书长董鹏程教授与中国国务院学位委员会汉语国际教育硕士专业学位教学指导委员会委员、暨南大学副校长贾益民教授，论坛以"汉语走向国际背景下的世界华文教学"为主题，旨在为从事华文教学的研究生搭建一个学术交流平台，探讨世界华文教学发展问题，交流华文教学高层次人才培养经验。

　　论坛邀请了海内外 21 所著名高等学府的优秀博士、硕士研究生代表共 57 人出席会议，其中承办单位暨南大学华文学院全体研究生导师及研究生列席了此次论坛。此外，论坛还邀请了 38 位专家、教授作为特邀嘉宾出席，如"中央研究院"院士暨语言学研究所特聘研究员、台湾联合大学系统校长曾志朗教授，新加坡南洋理工大学孔子学院董事会理事长周清海教授，中原大学应用华语文学系主任赖明德教授，台湾师范大学陈纯音教授，高雄师范大学华语文教学研究所所长王荑芳教授，文化大学黄沛荣教授，世界汉语教学学会会长、北京大学中文系陆俭明教授，上海师范大学范开泰教授，香港岭南大学中国语文教学与测试中心主任田小琳教授，香港中文大学邓慧兰、蒋平教授等。

　　大会伊始，首先由 7 位特邀嘉宾做了学术演讲，为论坛提供研究思路，启发研究生的学术思维。陆俭明教授以《华语教学的新变化、新问题、新任务、新意识》为题，针对新形势下的华语教学作了高屋建瓴的演讲。他概括了当前华语教学的几个"新"，指出世界出现"汉语热"的新形势，带来了新变化，也出现了一些新问题，提出了新要求，使对外汉语教学机遇与挑战并存。因此，提出我们需要树立新意识：第一，要认识到汉语教师队伍的特殊性，其与一般教师队伍或科研单位研究队伍有很大的不同；第二，要认识汉语作为第二语言教学的学科性质，其是以汉语言文字教学为基础的关涉应用语言学、教育学、心理学等许多其他学科的交叉性学科；第三，要树立"汉语教学本体研究"的概念和观念，使汉语教学本体研究立足于教学，服务于教学；第四，要树立注重"汉语书面语教学"的意识，让汉语走向世界；第五，要树立"自尊自爱"的意识，做汉语教师不容易，教学者不只是个教书匠，也可以成为大家。

周清海教授以《语言研究和语言教学》为题，特别强调汉语本身存在的复杂性和差异性，汉语所具有的古今杂糅、南北混合的特点，汉字的特殊性，汉语在语用上的微妙变化，汉语本身的模糊性等，都对汉语教师提出了很高的要求，教师必须充分了解自己的语言，语言教学要结合语言研究的成果。

范开泰教授的演讲题目是《关于华文教学学科建设的若干理论思考》，他针对华文学科建设问题与大家分享了自己的研究成果，明确而透彻地阐述了华文教学的性质和任务、华文教学发展的方针和策略：第一，华文教学具有母语教学和外语教学的双重性质，其作为第一语言教学和作为第二语言教学的因素处于现实的消长变化之中；第二，从华文教育作为母语教学的角度来看，华文教育尤其是少年儿童阶段的华文教育，应该尽量发挥汉语作为母语来习得的特点，争取在家庭、亲友、儿童社团、学前教育等语言习得环境中提升习得汉语的氛围；第三，从华文教学作为第二语言教学的角度来看，第二语言的获得机制是从有意识的学习走向下意识的习得，要注意提高学习者的积极性，并做好各方面的宣传、协调工作，形成一个家庭、社会、学校合力办好华文班、华文学院的环境；第四，华文教育的发展，首先是世界性的大发展，其次是海外华文教育的当地化，最后是国内华文教育的基地化。

陈纯音教授作了题为《第二语言习得中普遍语法的角色问题》报告，她介绍了第二语言习得中普遍语法的存取问题上学术界存在的"直接存取""间接存取""无存取"三种说法，提出自己通过分析外籍学生对主题显著性（topic-prominence）、关系子句（relative clauses）及反身代名词（reflexives）

等三个语法结构的掌握情况发现，三个语法结构皆存在母语转移现象，三个实验的结果较支持普遍语法在第二语言习得中扮演"间接存取"角色的说法。

王萸芳教授以《以英语为母语的华语学习者与华语为母语者之不同意表达研究》为题，指出中文会话中表达不同意反应时常常带有犹豫的意味，出现明显的停顿、自我修补或是"嗯"之类的词，还常常含有说话人对不同意论点所提出的理由或理解等。通过自己的研究，她介绍了第二语言习得理论中的语际语用学（interlanguage pragmatics），指出语际语用学的目的是要对学生使用语际语言进行理解和表达时所出现的种种现象和特征作出语用学的阐释。

周小兵教授以《中介语与其他语言的对比》为题，指出应将具有可塑性、扩散性、系统性的中介语与其他相关语言系统进行对比，包括当代标准目的语、学习者第一语言、目标语幼儿习得的语言系统、历史发展中的目的语、目标语方言、目标语国家其他民族语言、学习者第一外语等，通过多角度的语际对比促进语言学和应用语言学研究。

贾益民教授的演讲题目是《华语研究与华语教学中的几个问题》。他介绍了当前多样化的华语概念，并提出了华语的历史文化含义，指出"华语"反映着海外华人华侨社会的群体认同感和社会认同感、族裔认同感以及语言文化认同感。在谈到华语教学与华语的关系时，他认为：其一，海外华语要以汉语普通话为主体，正确处理普通话与方言的关系；其二，汉字教学应提倡教简识繁或教繁识简；其三，海外华语中的大量特有词语应该吸收到华语教学中，这是华语教学当地化的重要标志；其四，海外华语与普通话名同实异或名异实同的词语，应加强对比教学；其五，受各种方言、外来语翻译影响较大的词语，应区别对待，分类教学。谈到华语教学的规范问题，他指出目前海外华语教学存在一些不规范现象，缺乏统一的华语教学大纲和教学目标，海外华语教学的基本原则也不够明确，因此海外华语教学的发展呼唤规范化，亟须建立包括海外华语教学等级标准、教学等级测试标准、教师培训等级标准在内的海外华语教学规范。

7 位特邀专家的发言展现了长期从事语言和教学研究的学者们的学术风范，令与会研究生受益匪浅。此后论坛的参与主体转向研究生，15 位在本届论坛论文预审阶段中获奖的博士、硕士研究生携各自的论文作了大会报告，此外共有 37 篇论文参与了小组讨论。

15 篇获奖论文中，有两篇是语言本体研究论文：一篇是清华大学（台湾）语言所的博士研究生张群的《论元体现面面观：华语及物动词与隐形论元的理解与限制》，该论文结合格式语法、词汇语义学和认知框架的分析模式理论，对书面语料进行分析指出隐形宾语主要分布在泛指句式、说话者的态度和情感体现、格式塑造效益和结构排挤效益四种情况中，并解释了隐形论元遵守的原则；另一篇为上海师范大学沈君莉的《论"心上"和"心里"中方位词的选择制约》，论文通过对实际语料的考察，从句法分布、语义、语用和语篇等各个层面对"上"和"里"的选择制约进行分析和倾向性归纳。

其余 13 篇获奖论文都是研究华文教学问题的，大家分别从不同的角度对华文教学进行了多样而深入的研究。高雄师范大学陈雅琳从语用分析入手，通过对语用性助词"这样子"进行概念（ideational）、篇章（textual）、互动（interactional）三个层面的分析，探讨如何提升学生篇章连贯的技巧、语用表达的准确性和沟通策略的建立；高雄师范大学廖婉如和曾逸群从认知角度入手，分别写了"从汉字思维与认知分析谈对外汉语汉字教学"和"拼音文字为背景的外籍学生对汉字形音认知的倾向调查"，二者皆采用实验手段，分别探讨"多元智能"与学习者"母语语言特征"对汉字认知与输出的影响；高雄师范大学邱美雅从本体研究入手，以语料库为本探究了华语"风"的词类演变，并由此为教学提供启示；中山大学的几位研究生采用偏误分析法，对留学生习得汉语的偏误进行了分析，如禤文辉对中级留学生错别字的偏误分析，华瑞杰对母语为英语的学生对汉语介词"向"的偏误分析，林辉对留学生使用"这么""那么"过程中的偏误分析等；复旦大学的刘芳研究了比较句的教学；暨南大学的张秀琴也从语法项目教学入手对疑问句教学进行了研究；华东师范大学高杰从具体教学模式的运用入手，对中国英语教学和对外汉语教学中任务型教学模式进行了对比分析；暨南大学李海霞通过汉语教学标准的分析，对《汉语水平词汇与汉字等级大纲》中甲级词的修订阐述了自己的意见。有的对华语教学进行国别研究，如暨南大学的孙爱玲对印度尼西亚华文教育史的回顾和研究；还有对当前香港语文教学新趋势的研究，如香港教育学院的赖英伦对香港小学图画书教学进行的个案研究等。这些论文与大会报告显示了研究生对华文教学研究的关注及追求，其成果具有积极的学术价值，因而获得了与会代表及专家的好评。

此外，其他来自海峡两岸暨香港、澳门的37篇论文的作者参加了小组报告与讨论。这些论文的研究视角延伸到了本体与教学研究的方方面面。由于研讨会主题为世界华文教学，单纯的本体研究较少，主要有华东师范大学张皎雯对现代汉语副词"都"进行的深入分析，暨南大学张喜芹从修辞学角度对同义形式进行的考察；教材研究方面，有暨南大学龚婷针对华裔儿童的汉语教材编写进行的研究；教学法方面，有暨南大学的贺俊岚对成语教学进行的探讨，李晟爱对教学法进行的浅谈，华东师范大学张琳对初级汉语听力课教学进行的研究等；华文教育方面，更是显示出了百花齐放的研究盛况，例如辅仁大学的詹千慧探讨了多元化的古典诗歌教学，暨南大学籍欢欢提出了语体意识的培养建议，马煜逵从"学习""习得"角度对华文教育作了探讨，华相调查了网络汉语教学情况，张璇等数位同学对华文教育中的文化教学进行了多角度探讨，香港大学马秀丽对香港国际学校中小学汉语教学进行了调查，华东师范大学张颖，开南大学詹诗频、段佩芬，暨南大学赵永桂、薛珊等分别对马来西亚、菲律宾、印度尼西亚等国家华文教育中的某些方面进行了研究。此外，来自中山大学的10多位硕士研究生们出色的偏误分析涉及动词、量词、副词、介词、特殊句式、语序、近义词组等汉语各方面要素的习得研究，引起了与会代表的注意。

在获奖论文的大会报告及其他与会论文的小组讨论阶段中，与会研究生们展示了多角度的研究视角、严谨的学术态度和优秀的论文成果。同学们积极参与讨论、相互学习，专家们则对后辈学人关爱有加，进行了认真细致的点评。

在论坛闭幕式上，董鹏程教授、贾益民教授等嘉宾为15篇优秀论文作者颁奖。高雄师范大学陈雅林、香港大学教育学院马秀丽、暨南大学李海霞代表与会研究生发表感言，她们纷纷表示参加此次研究生论坛受益匪浅，论坛为大家提供了一个互相学习与交流的平台，为世界华文教学研究学术新生代创造了新契机，增进了各地区研究生的互动了解和友谊。随后，赖明德教授、周清海教授、范开泰教授、王萁芳教授等相继发表感言。赖明德教授表示此次论坛"意义重大深远""内容精辟丰富"，并以工整、文雅的对联发表了参加这次论坛的感言——"字，写字，写正字；缘，结缘，结善缘。"周清海教授特别指出中华文化的历史悠久，强调要处理好语言教学与文化教学的关系。范开泰教授用生动、形象的语言指出要成立一个华文教学研究的交响乐队，并提出建设包括海峡两岸暨香港、澳门子库的核心语料库，举办多层面的华文教学研究论坛等建议。董鹏程教授的致辞介绍了组织此次论坛的背景，肯定了研究生的精彩表现，指出"展望中华文化的传承之路是美好的"。最后，贾益民教授表示此次论坛交流了学术、增进了友谊、鼓舞了干劲、展示了华文教学的美好前景，标志着世界华文教学研究又一个新的开端，希望年轻学子们能为华文教学及研究作出自己的贡献，并祝愿世界华文教育事业蒸蒸日上。

（本文发表于《暨南大学华文学院学报》2008 年第 3 期，作者贾益民、池琳瑛。）

面向世界的华语文教学

——第二届世界华语文教学研究生论坛综述

一

2008 年 10 月 3—5 日，由世界华语文教育学会、高雄师范大学华语文教学研究所和暨南大学华文学院联合主办，台湾高雄师范大学承办的第二届世界华语文教学研究生论坛于高雄顺利举行。本次论坛以"面向世界的华语文教学"为主题，对当前世界华语文教学研究的各个方面进行交流和探讨，并为华语文教学领域的研究生搭建学术交流平台，加强专家学者与研究生之间的对话，促进华语文教育、教学研究。

本次论坛除了东道主世界华语文教育学会董鹏程秘书长、高雄师范大学校长戴嘉南教授、高雄师范大学华语所王荪芳所长等专家到场外，还特邀暨南大学副校长贾益民教授，暨南大学华文学院院长郭熙教授，美国佛罗里达大学屈承熹教授，上海师范大学范开泰教授，台湾清华大学连金发教授、曹逢甫教授等众多知名学者参与论坛，并安排专家学者进行专题演讲，为华语文教学领域的研究生们提供治学作文的范本。

本次论坛邀请了北京大学、北京语言大学、中山大学、暨南大学、上海师范大学、台湾师范大学、台湾清华大学、美国旧金山州立大学、新加坡国立教育学院等 10 多所高等学府的优秀博士、硕士研究生 50 多人与会，提交论文 70 多篇，后经专家学者匿名审查，录取优秀论文 22 篇于大会发表，36 篇在分组讨论中进行报告交流。专家学者对研究生们在本次论坛上发表的论文进行了认真点评，提出了切实中肯的意见，使与会研究生获益良多。

二

在大会开幕式上，高雄师范大学校长戴嘉南教授、暨南大学副校长贾益民教授作了演讲。戴校长对各地研究生的到来表示热烈欢迎，并预祝研讨会取得圆满成功。贾益民教授回顾了首届华语文教学研究生论坛在暨南大学召开的情景，对青年学子们在本次研讨会上的表现寄予厚望，并发表了题为《世界华文教学的文化立场》的演讲。在大会上，屈承熹、曹逢甫、连金发、范开泰、郭熙等5位教授从不同角度做了精彩的主题演讲。

屈承熹采用对比研究的方法，对"啊/呀""吧""呢""嘛"几个句末虚词的"核心性能"（core property）进行了探讨，指出："啊/呀"表"亲身关注"（personal concern）情态，具有关联功能；"吧"表"迟疑"（speaker's uncertainty）情态，具有话语功能；"呢"表"与上文对比"及"要求继续对话"的语篇功能；"嘛"表"显而易见"及"伴随停顿"的情态，具有语篇功能。文章将以上虚词的各种意义、解释和用法归纳在一个有条不紊的系统之中。

曹逢甫在题为《双宾句式的分类与"给"字的隐现——兼谈动词在汉语、日语和英语的转类问题》的演讲中对"给"字句进行了深入研究，其广泛援引汉语、日语和英语中的例句进行对比分析，论述了双宾句式的分类与"给"字的隐现规律，并深入探讨了动词在汉语、日语和英语中的转类问题。

连金发针对华语中的构式和词汇属性的互动问题作了专题报告，他从实词和虚词、词汇和语法、主格语言和作格语言等多个角度进行研究，指出日常语言都遵循一定的规则，语词的固有属性和构式间存在互动关系，语词的形态变化则与语序有关：屈折变化的语言语序较自由，没有屈折变化的语言语序表现出不同的语法关系。

范开泰对目前语言学界存在的"应用研究是'低级'的，描写研究'过时'了，只有解释研究才高级"的言论发表了自己的看法。他指出这是误解，并分别以"汉语焦点的类别和等级""信息处理用的汉语框架语义分析系统"为描写研究和应用研究的例子，指出描写研究是解释研究的基础，应用研究涉及我们研究语言的终极目的，强调汉语语法的描写性研究和解释性研究都很重要。

郭熙以《华语的向心化和当地化》为题做了专题演讲，他从华语在全球的多变体谈起，分析了华语的层级性、多名性及差异感，并从语言传播的角度出发，探讨华语"向心化"与"当地化"的特征、成因及其发展趋势，指出语言传播是双向的，华语的"向心化"和"当地化"将长期共存。

三

参会的研究生论文共分为两大类：第一类为语言本体研究，其中汉字、词汇和语法研究 23 篇，语用研究 4 篇，方言研究 2 篇，语言对比研究 3 篇；第二类为语言教学研究，其中教学法研究 18 篇，教材研究 2 篇，习得研究 5 篇，语言测试研究 1 篇。

本体研究中语法研究论文最多，共有 13 篇，包括词的小类的语法特性研究、句法结构研究和句型研究等。上海师范大学胡楠和周隽对词的小类的语法特性问题进行了研究，前者运用题元角色理论和句式平行变化原则分析了商品买卖类动词"主—谓—宾"基本句式与"把"字句、"被"字句、重动句及宾语前置句之间的变化规律，构建了商品买卖类动词动结式句法实现的格式；后者讨论了"制作类"指宾状位形容词与指宾状语句的双向语义制约关系及指宾状语句的语用表达，建立了不同句法位置义的预期度等级序列，确定了指宾形容词在该序列中所表现的偏离度强弱等级，探讨了指宾状位形容词"语言主观性""时间顺序原则""距离相似原则""移情"等移位条件。台湾"清华大学"的萧佩宜和赵静雅也对词类问题进行了研究。萧佩宜讨论了趋向动词"上"和"下"的语法化过程及语义演变路径，提出了"下"的两种路径结构："下+目标"和"下+来源"；而"上"的路径结构则为"下+目标"，并提出"上"与"下"的结构不对称性与社会文化经验有关。赵静雅则尝试用"事件语义学"的相关理论分析汉语动源名词，考察了 20 多个汉语动源名词的字形结构，对其特点进行了系统描述，就事件和物体的共通性进行了讨论。

句法结构研究方面有 5 篇角度各异的论文，论文作者分别为高雄师范大学的江盈陵以及上海师范大学的吴怀成、朱青、方洁和赵可红。江盈陵针对介词词组"在+处所"在句中可以出现的三个位置，提出"在+处所"并未直接参与句子的构成，只能作为表述成分而非话题成分，并以原型概念和有界、无界理论进行解释。吴怀成以《"V+VN"动结式初探》为题，指出"V+VN"这类动结式是在普通动结式的类推作用下产生的，其句法核心是前面的动词，语义核心是后面的补语。朱青则对"这样 X 来"进行了全面分析和考察，分析了"这样"的连接功能及作为话题继承和转换标记、焦点标记和总结标记等功能，"X 来"对构式整体的主观性和述评性有重要作用。方洁讨论了"V 着 A"格式的句法结构特点和语义结构特点，认为"V 着 A"格式在结构关系上与表情态的述补结构一致，并根据格式中形容词部分语义指向的不同，将其分为指向句中动词、指向句首受事名词、指向施事三类。赵可红则考察分析了现代汉语中的"'这么'+动词"和"'这么一'+动词"格式。

句式研究方面有 4 篇论文。中山大学蔡建丰描写了现有对外汉语教学语法疑问句系统的面貌，并与对本族人教学的疑问句系统进行比较，提出对外汉语教学语法疑问句系统新的分类法，即分为疑问词疑问句、"吗"疑问句、X 不 X 疑问句、附加疑问句、"还是"疑问句和"呢"疑问句六类。上海师范大学王强考察了差比句"X 没有 Y 那么 N"，上海师范大学王敏杰发现音节词在泛化时只是"临时活用"，但单音节词却常常被看作名形兼类词。台湾"清华大学"杨中玉则从句法—语用的界面探讨了"干涉效应"在大句子（CP）层次上的应用。

本次论坛针对具体词语的研究论文也较多，共有 8 篇。上海师范大学沈君莉以"按照"和"根据"为研究对象，提出在句法成分方面，二者主要充当句首修饰语、句首状语和句中状语，在句首的主要功能是做句首修饰语，且"根据"的比例要高于"按照"；而语体方面，"根据"更多用于正式文体的句首，"按照"则更倾向于在非正式文体中作句中状语；语义上的不同之处在于"按照"强调同一性，而"根据"强调创新性。钱彬对"欢乐"与"快乐"两个形似义近形容词进行了句法分布、语义、形容词量性特征等角度的分析和比较，指出"快乐"更接近不定量形容词，"欢乐"则更接近定量形容词。台湾"清华大学"蔡慧瑾主要探讨平比句中"一样"与"相同"在运用上的差异，即"一样"可以与形容词连用，但"相同"则不能；"一样"可出现在"看起来……"句式中，"相同"不能；若比较项并非同质性，仅"一样"能当谓语，"相同"不能，并探讨了其原因。此外，暨南大学张璇从"种""类""样"三个量词的字源、搭配、语法特点等方面，分析了三者在使用上的异同，指出其根本差别来自"所指事物是否能从内部切分"这一标准。北京语言大学李桂梅运用认知语言学的意象图式理论，推断"向"形成的是目标指向图式，"往"形成的是空间定位图式。台湾"清华大学"胡佳音从 Larson 的"动词组外罩理论"（VP-shell analysis）出发，发现"胜""败"分属对格动词与非对格动词。上海师范大学朱攀从句法分布和语法功能、语义特征以及与后续句的语义制约关系等多方面考察"以来"和"以后"的差异。上海师范大学许歆媛讨论了网络时尚用语"X 客"词族，探索其词汇化和语法化之间的关系。

本体研究中汉字研究较少，只有 2 篇。台湾师范大学李菁菁采用实证研究的方法，择取大陆常用简体字设计问卷，对台湾写用繁体字者进行了简体字辨读测试，依据辨读率级别建立难度等级，并建立"繁简字对应字关系数据库"，为繁简字训练及教材编写提供参考。东吴大学王世豪从汉字教学入手，做了大量汉字构形的分析工作，找到了一个有助于理解汉字构形与检索文字的方法。

修辞语用研究有 4 篇论文，涵盖日常言语行为、文学作品、影视媒体等语言研究材料。北京外国语大学李怡以现代汉语口语为考察对象，对称赞语应答言语行为进行语用考察，归纳了多样化称赞语应答模式。暨南大学杨小英分析了语用预设在《红楼梦》中的文学功用，探讨了《红楼梦》中语用预设的共知性、合适性、单向性、主观性和隐蔽性。暨南大学田茹对中文电影片名运用的修辞方法进行了分析和归纳，提出片名修辞可以引起观众的注意力及兴趣，传达作品的形象和情感。台湾"清华大学"蔡子钧选取华语和闽南语媒体中有老人角色参与的言谈语料，探讨了华语及闽南语媒体中的老人角色。

方言研究论文有 2 篇，一篇是北京师范大学郝静芳的《山东青州方言的程度副词研究》，另一篇是暨南大学覃晓荷的《怀集下坊话疑问语气助词比较研究》。前者考察了以山东省青州市谭坊镇为主要语言点的青州方言，分析了在程度深浅上不同副词明显的等级性及其组合能力的区别；后者从疑问句的类型入手，分析了怀集下坊话 11 个疑问语气助词的表意功能和用法，指出了其用法所体现出的方言特色。

语言对比研究论文有 3 篇。暨南大学池琳瑛的《语言接触与词义演变》

从共时和历时两个角度，从"青鸟"一词的古今词义和中英互译出发，指出中外文化交流导致了"青鸟"一词的古今词义变化，小中见大，以翔实丰富的例证分析了语言接触是怎样导致词义演变的。台湾"清华大学"苏政杰探讨了华语"难道"与台湾闽南语"敢"之间的异同，指出"难道"是一个表达反诘但不表达怀疑的副词，"敢"则是一个既可表达反诘又可表达怀疑的副词。台湾"清华大学"余信贤观察了汉语（Mandarin Chinese）与汶水泰雅语（Mayrinax Atayal）中全句副词（sentential adverbs）的语义体现情况，指出汉语是通过不同的句法分布来诠释不同的语义的，而泰雅方言则以构词方式来体现。

四

语言教学的相关研究是本次研讨会的一大热点，其中教学法研究共有18篇。语言教学研究角度多样，既有宏观研究又有微观研究，既有教学法研究又有教材研究，既有字、词、句、段各要素教学研究又有听、说、读、写各技能教学研究，其中不乏佳作。

北京语言大学张海威以《字词之争为哪般》为题，从汉字在教学中的地位，字、词、文的顺序，语和文的教学关系等角度对汉语教学和汉语本体"字本位"思想进行了梳理。中原大学罗得荣从个人初级华语的教学实践出发，对听说教学法和沟通式教学法进行了对比，指出教学法无优劣之分，要因材施教灵活应用。暨南大学苏琪对泰国国立中学汉语教学情况和教师课堂技巧进行了分析和探讨，提出泰国汉语教学面临的问题及对策。暨南大学周文文对"华语"这一概念及该词出现的成因、意义，华语教学的原则等进行了综述。

高雄师范大学蔡淑玮、廖晓筠等以圣经故事为设计基础，利用圣经故事来解释汉语的"形"和"义"，借此与传统的笔画教学进行成果对比实验研究，实验结果显示二者效果并无明显区别。武汉大学熊莉则以《共性和个性视野下的对日词汇教学》为题，从学生词汇运用的偏误出发，结合词汇教学的共性与对日词汇教学的个性，提出对日词汇教学的对策。华东师范大学张皎雯在前人研究的基础上提出虚词教学情景化主张，并以情景教学法设计了虚词教学的样课和实例。

对听力教学进行研究的有中山大学的洪炜和王皓舒，前者对"增加输入"和"输入—输出"相结合两种教学模式进行实证研究和对比，得出"输入 2 次+输出 1 次+输入 1 次"是最佳听力训练模式的结论；后者以记忆理论为基础，通过受控的听力测试，分析了长段听力材料中的资讯分布对中级汉语听力理解的影响。阅读教学研究方面，新加坡国立教育学院车畅展示了在新加坡真实的教学环境中进行的试验，即通过激发阅读兴趣和动机、制订阅读计划、提高阅读能力和技巧、鼓励阅读四个步骤来培养学生阅读习惯的实战策略。写作教学研究方面，北京大学章欣分析了华语语篇衔接手段类型，并对学习者语篇衔接手段进行分析，提出在初级阶段，应强调指示指称的使用，并进行词汇衔接手段教学，中高级阶段的教学重点则是丰富词汇衔接手段，训练学生如何使用连接、省略、替代等衔接手段。上海师范大学马鲁探讨了初级尤其是零起点学习者的写作教学，对教材选择、教学方法、教学目的等进行了分析。

此外，本次论坛还有一些从其他角度研究对外汉语教学的论文。台湾政治大学中国文学研究所、台北市立教育大学中国语文学研究所的李长兴、吴晓琪从古文字的字形演变与古汉语的历史音变、语义变化、语法更替等方面谈及现今中学华文课本中的注释讹误，由此分析古文字和古汉语对华语文教学的重要性。暨南大学尧春荣对汉语晋语进行了研究，并提出了关于晋语教学的态度和处理方法。台湾铭传大学许怡贞以美国外语课程标准（5C 原则）为基础进行实践与应用研究，对多媒体在对外华语文教学中的应用及其积极意义进行了探讨。香港教育学院何彦辉以小学中文科单元教学为例，对学生习作进行文本分析，调研了香港中小学对于"死亡"这一概念进行教育的成果。开南大学徐东玲以近来流行的"超"为例，探讨语言变异与对外华语教学的关系。

教材研究方面，暨南大学陈明芳以中国大陆、香港、台湾和马来西亚等四地教材为对象，对不同文化背景下的初中华文教材进行了研究，探讨了世界各地华文教材民族化、地域化和科学化现象。上海师范大学秦蕊则对《汉语》和《中文》两套教材中的练习进行对比，发现其中的一些问题，并借助任务型教学法来设计课堂练习，提出任务型教学法课堂练习对教师的要求。

研究语言测试的论文只有 1 篇，为北京大学对外汉语教育学院王芳的

《特殊目的语言测试研究述评》。作者结合国外的一些研究成果，分析特殊目的语言测试的特点以及评估标准，概括了历年来学术界对特殊目的语和一般目的语的争议，指出二者的区别只是教学上的不同，制定特殊目的语言测试规范的关键问题在于确定考试的内容和任务。

语言习得研究方面的论文有 6 篇。广州中山大学邓小宁考察了学习者对重动句和前受事句两种状态补语句的习得情况，通过留学生中介语语料库进行语法测试，考察不同母语者学习（日、韩学生）重动句（A 式）和前受事句（B 式）的学习规律和制约因素。暨南大学华相分析了韩国留学生使用汉语介词"给"时出现的误用、误加、错序、杂糅等偏误现象，分析其成因，并提出了相应的教学对策。旧金山州立大学杨惠媚、王书元探讨了对外汉语教学中低级程度学生汉字书写的偏误类别。广州中山大学张舸通过语料库考察了"越……越……"的基本偏误类型和习得顺序。开南大学段佩芬从比较句式和比较结果两方面进行了日汉比较句研究。高雄师范大学孙婉翚借助中介语语料库，对汉语学习者"了"的泛用成因进行了分析。

本次论坛较第一届准备更充分，论文水平高、质量好、范围广，出现了许多观点创新、角度独特、扎实而优秀的研究成果。首先，选题范围广泛，从语言本体到语言对比，从教学法到教材研究和语言测试，还包括语言接触、文化融合等问题，反映出年轻一代研究者视野非常开阔；其次，在研究方法上，不少论文引入了世界先进的理论来解释华语中的种种现象和问题，不再局限于套用几个熟悉的老方法来解决新问题。海峡两岸暨香港、澳门的研究生都努力在华文研究领域寻求新理论、新观点、新方法，不断推陈出新，向世界昭示全球化背景下年轻一代华语文研究学人的成长。

老一辈专家学者对年轻人充满期许，除了赞扬与鼓励外，也指出了年轻一代存在的问题：在选题方面，虽然推陈出新，但创新度仍显不足，并强调越是创新，越需要谨慎论证，同学们在研究的扎实度和分析的细致度方面还有待加强；在研究理论的运用上，要注意汉语词汇与西方理论接榫时概念的对应，避免界定的模糊；在语料来源、参考文献的中英文对照方面也需细致认真地对待；要避免将一些简单的问题纳入过于复杂的框架中，化简为繁实无必要，应当凸显其根本性质、功能。专家们中肯的建议给学子们指明了研究方向，鞭策着年轻一代学人在华语文教学研究之路上更加坚定地前进。

（本文发表于《暨南大学华文学院学报》2009 年第 1 期，作者贾益民、池琳瑛、张璇、苏琪、田茹。）

面向世界的华文研究与华文教学

——"第三届世界华语文教学研究生论坛"纪要

2009 年 11 月 28—29 日,"第三届世界华语文教学研究生论坛"在上海师范大学成功举办。此次论坛以"面向世界的华文研究与华文教学"为主题,探讨了当前世界华语文教学研究的现状。与会研究生就本体、教学、技术及师资培训等方面交流了研究成果。会议加强了不同国家、地区间研究生的学术交流,促进了华语文教学与研究的发展,为华文教育事业作出了贡献。

(一) 会议概况

2009 年 11 月 28—29 日,由上海师范大学对外汉语学院主办,暨南大学华文学院、台湾高雄师范大学华语文教学研究所、台湾中原大学应用华语文学系、世界华语文教育学会联合协办的"第三届世界华语文教学研究生论坛"在上海成功举办。此次论坛以"面向世界的华文研究与华文教学"为主题,就当前世界华语文教学研究的现状进行了探讨,李宇明、董鹏程、贾益民、范开泰、赖明德、陈亮光等来自海峡两岸的语言学及华文教育学界专家、学者出席了会议。

论坛共收到来自中国、马来西亚和印度尼西亚等地的硕士、博士生来稿 100 余份,经专家匿名评审,选出优秀论文 17 篇于大会发表,其余 54 篇入选论文分组座谈,所有入选论文均得到了相关领域专家学者严谨细致的点评。此次论坛的成功举办进一步加强了不同国家、地区间研究生的学术交流,促进了华语文教学与研究的发展,为华文教育事业作出了贡献。

上海师范大学校长李进教授、上海师范大学对外汉语学院院长齐沪扬教授、世界华语文教育学会董鹏程秘书长在大会开幕典礼上分别致辞。李校长热烈欢迎各位嘉宾以及研究生代表的到来,对高校之间共建平台、共享平台，举办论坛，"以文会友，以观点会友"的做法表示赞赏；齐院长感谢各位与会嘉宾的到来，并祝贺各位论文入选的研究生代表；董鹏程秘书长对青年学子寄予厚望，鼓励各位研究生努力钻研，把华文教育事业发扬光大。

在论坛闭幕式上，董鹏程秘书长作了总结发言，对此次论坛的圆满举办表示祝贺。下一届论坛主办单位台湾中原大学应用华语文学系赖明德教授发表了讲话。

（二）专题演讲

大会期间，教育部语言文字信息管理司司长李宇明教授、暨南大学副校长贾益民教授、上海师范大学范开泰教授、台湾中原大学应用华语文学系赖明德教授、台湾高雄师范大学华语文教学研究所陈亮光教授分别从不同的角度给与会研究生带来了精彩的专题演讲，开阔了研究生的研究思路，让与会研究生享受了一顿与众不同的"学术"大餐。

李宇明教授的专题演讲题为《华语教学的若干思考》，以纵向传承和横向传播两条主线把汉语教学划分为"作为第一语言的母语教学"、"重建性母语教学"、"少数民族国家通用语言教学"、"东亚型第二语言教学"和"其他外国人汉语教学"五种类型，详细阐述了这几种类型汉语教学的异同及各自的重要性，从汉语学习需求和语言纵横传播重要性的角度对五种汉语教学类型作出了分级，并在定位汉语教学的基础上提出了华文教育进一步发展的若干构想：第一，针对各华人社区的华语研究，制定华语对照手册，建设统一的华语语料库；第二，展开学习者华语发育状况的调查；第三，联合制定"国际汉语"标准；第四，各华语机构联合起来编写教材、研究教法、协调考法；第五，李司长就繁简字问题呼吁"让语言文字问题回归语言文字问题"。

陈亮光教授就华文教育网站建设作了专题报告，主要介绍了全球华文网的建设情况、科研应用及成效。网站主要由"网络学校"、"教学资源"、"教师部落格"、"华文精品"和"华文论坛"等几部分组成。"网络学校"下设 Moodle 教学平台，为汉语学习者提供了丰富的学习资源；"教学资源"专门分析教材、共享优秀教案和教学资料；"教师部落格"为汉语教师提供了一个互动平台，方便全球汉语教师跨地域交流华文教学心得、切磋教学；

"华文精品"汇集了华文教育的相关链接与服务，进一步充实了华文教学资源；"华文论坛"则构建了一个华文教育工作者交流的大平台。全球华文网还具有科研应用价值，作为一个全球化的沟通平台，为汉语教学研究中的问卷调查、线上访谈、教学技能和学习策略探究提供了技术上的方便和第一手的资料。

范开泰教授以《华语教学法的实践探索引起的理论思考》为题，从华语教学实践出发，对华语教学法提出了自己的理论思考：一是视听课保证汉语的"可懂输入"是提高学生听说能力的重要途径，即视听课教材难度一定要与学生的汉语水平呈"i+1"梯度。这在实践上就要求视听课题材尽量贴近生活，语速由偏慢到正常速度。二是针对东方人学习语言依赖文字的心理特点，实行读写领先、听说跟上的教学方法。先让学生写稿，再改稿、背稿，最后说稿，逐渐由自觉思考的"写"过渡到直接思维的"说"，把理性的语言规则知识内化为自然而然的语言习惯。三是改革中文阅读教学，培养学生上中文网的习惯，以母语新闻阅读促进中文新闻的"读"和"听"，沿着知识、技能、习惯、能力的主线逐步培养学生的语言能力。各国语言报道同一热点新闻的现象提供了语义相同、语言形式不同的范例，既可以激发学生兴趣又降低了难度，解决了阅读课"新闻不新""难度太大"的难题。

贾益民教授的演讲题目是《对海外华语教学若干问题的再思考》，他把"华语"界定为"海外华人华侨社会以现代汉语普通话为标准和主体，同时又具有鲜明特色的民族共同语"。把华语研究的领域概括为华语史研究、各国华语研究、华语比较研究、华语应用研究、华语教学研究、华语规范研究、华语测试研究和华语传播研究。他在对华语和华语研究再认识的基础上指出：总结、研究海外华语特点，用以补充、丰富华语教学，对于增强华语教学的针对性、实用性，促进华语教学的本地化，具有十分重要的意义。在华语及华语教学规范问题上，贾教授呼吁建立海外华语和华语教学规范，并在海外华语及华语教学现状分析的基础上提出了建立华语及华语教学规范的主要举措：①建立以中国为主体、海外参与的世界华语及华语教学规范工作联合委员会统筹协调各种规范的制定；②世界华语及华语教学规范工作联合委员会可下设"世界华语规范工作分委员会""世界华语教学规范工作分委员会""世界华文教材工作分委员会"等；③组织制定世界华语及华语教学规范工作总体规划与专题规划，开展专题调查研究，为各种规范的制定奠定坚实、深厚的理论基础；④定期或不定期举办相关学术会议，交流研究心得与成果。

赖明德教授就台湾华文教育的现状做了题为《台湾华语文师资培育的策略与措施》的专题报告，详细介绍了台湾华文教育在办学规模、人才培养和师资培训方面的现状，报告指出，要根据台湾华文教育的师资特点，依据科学的培训原则，建立相应的培训模式，进一步探索有的放矢的师资培训模式，提高师资培训质量；要整合两岸语音、词汇及文字的差异，编写有针对性、国别化、在地化的教材。此外，赖教授还提出了华文研究的几个方向：① HSK 和华文师资能力认证办法和试题的比较；②两岸教材和教法比较研究；③中华文化教材的比较研究。

（三）研究生论文

参加此次论坛的研究生论文主要包括：面向华语文教学的本体研究（28 篇）、华语文教学研究（33 篇）、华语文教学技术研究（4 篇）、华文师资培训问题研究及其他（6 篇）。

1. 面向华语文教学的本体研究

本次论坛本体研究以语法研究为主，主要包括若干语法结构和句式的考察、虚词研究（尤其是副词语法意义的探讨）、语言对比研究等。

研究某一语法结构或句式时，多以构式语法和传统的结构主义为依托，进行结构上的描写和分类、功能上的解释和分析，然后概括出结构的独立意义及使用上的强制性和选择性。例如，上海师范大学的李凰从构式的角度考察"再 X 也 Y"，发现这一构式具有自己独立的意义——表假设让步，假设 X 的性状、行为的程度即使加深到顶点，也不能改变后面的结果 Y，从而产生强调结果不容更改的意味。高雄师范大学的李容容运用语义特征分析法和变换分析法，对现代汉语重动句使用的强制性和选择性作了较为全面和深入的探讨，认为动词语义特征和补语的语义指向是是否选择该句式的关键因素，其功能是突出强调事物和动作行为的超常方面。

在副词研究方面，与会研究生把目光投向了对外汉语教学中的难点、重点——语法意义复杂的副词。研究中既有对相近副词意义演变的语法化考察；也有相近副词的语法意义辨析，主要偏重副词的语义分析，从语义的演变、不同副词语义差异的角度分析其在语言形式上的表现，把形式和意义紧密结合起来，考察这些副词的功能及使用条件，进而为副词教学提出以本体研究为基础的参考意见。例如，高雄师范大学的万丹华研究发现"再"与"还"均带有表示动作重复发生或继续的意义，但语义侧重点不同，"再"的基本语义侧重于"重复"，多用于即将发生的事；"还"的基本语义侧重于"延续"，强调从过去的某时到现在，并在此基础上提出了教学建议。

语言对比研究的论文则通过大量文学作品原著与译文的对比，从语法、语用等角度比较了两种语言在同一个语言范畴上的表达差异，并从各自的语言特点出发找出了差异的根源。

这次会议词汇研究的重点是特定语义场词汇的类聚研究和新词新语研究。语义场研究以北京大学的李兰霞为代表，从交互义场词族的语素特点出发，讨论了构词模式的问题。新词新语研究则主要从词义的引申和演变角度归纳了流行语的语义内涵、句法功能和词义演变的动因。

2. 基于本体研究的华语文教学研究

此次论坛数量最多的是华语文教学研究方面的论文，题材广泛，视野开阔，囊括了偏误分析、习得顺序研究、教学法研究、语言测试等各个领域。

中介语理论是近年来二语教学研究中的热点，中国学者运用中介语理论解释对外汉语教学中的中介语现象取得了良好的效果。国内的中介语研究主要包括偏误分析和习得顺序研究。此次论坛的华文教学研究也主要集中在偏误分析和习得顺序研究。偏误分析研究均以中介语语料库或者学生作业为语料来源，结合本体研究的成果，探讨某一个或一组词的偏误、语法结构的偏误及篇章连接的偏误，采用鲁健骥等学者对偏误的分类标准，对偏误语料进行了细致的观察，逐类分析其产生原因，并结合教学实际，提出避免偏误的策略。此方面的研究以华东师范大学袁丽的论文为典型，她借鉴韩礼德的分类方法，将连接分为"详述"（elaboration）、"延伸"（extension）和"增强"（enhancement）三大类，并分别进行了考察，同时发现母语为英语的留学生省略偏误占很大比例，作者推断是"语言的运作和使用要遵循经济原则"在起作用。又如，台湾中原大学的陈亭均探讨了印度尼西亚华裔学生使用能愿动词"能""会""可以"的偏误形式，通过汉印能愿动词对比分析，归纳了偏误现象及产生原因，并提出了教学策略。习得顺序研究则主要集中于虚词习得顺序研究，相关研究者从本体研究出发，分别从语言结构的复杂程度、语言对比的异同、语法化演变顺序等角度探讨了"了"句式、动态助词"过"结构、多功能副词"都"等语言点的习得顺序和教学顺序。例如，中原大学陈盈桦的论文以中介语语料库为基础，将汉语"跟"和英语"and"进行对比分析，厘清了两者间的差异，并归纳出了相关规则与特性，提出了"阶段性""情境式"等教学建议。探讨教学法的论文多集中于国外二语教学理论与华语文教学相结合的研究，引入语言输入理论、语块教学法、语域理论等，提出了汉语词汇教学、听力训练及教材编写方面可资借鉴的方法。南京师范大学寇维娜从汉语教材编写的角度，探讨了语域理论在汉语教学中的应用。中山大学的劳哲运用"可理解的语言输入"理论，结合课堂具体案例分析了听力课教学中教师输入类型及其对"可理解的语言输入"的辅助作用。此外，南开大学宋燕基于统计分析的实证研究讨论了高级汉语考试题型适合度问题，对高级汉语水平测试提出了建议。

3. 服务于华语文研究和教学的技术研究

网络多媒体技术的教学应用研究是此次论坛的一大亮点。这一主题的论文多从网络技术与华文教学的具体实例出发，结合语言教学理论，提出网络远程教学和多媒体教学方面的设想。论文探讨了数字化图像教学、互动式远程教育、网络课程的构架及汉语教学网站的建构模式等问题。中原大学的陈婉依以台湾教育主管部门2009年"华语文教学人员数位教学能力培训计划"之子课程"数位化华语文教材之改编与制作"为实例，探讨了数位化图像教学法在对外华语文教学上的应用。暨南大学的何海洋通过对当前最具代表性的对外汉语教学网站的考察，分析了这些网站在设计理念、教学资源、导航系统上的不足，提出理想的对外汉语教学网站应具备用户信息验证模块、简洁高效的导航模块等六大模块。本专题的论文为汉语教学辅助手段优化、教学模式创新、教学资源共享、目的语学习环境改善等提供了技术参考。

4. 面向海外的华文师资培训问题

本次论坛也有多篇论文就海外华文教学师资培训问题进行了探讨。中原大学的姚淑婷以印度尼西亚雅加达和棉兰两地的华文教师为例，探讨了印度尼西亚华文教师的地域性差异。笔者指出，海外师资培训，应针对区域差异规划培训课程，从而实现教学资源的优化配置。香港中文大学的寇志晖在分析总结香港汉语教师师资状况的基础上，从汉语教师专业素质的培养、师资队伍的建设和培训模式等方面，探讨了香港汉语国际教育硕士课程的组织与设计。除此之外，还有部分论文讨论了语言短期班的课程设置及其他相关问题。

（四）结语

本届论坛充分体现了华文本体研究与教学研究密切结合的大趋势，关注了新的研究课题：教学技术和师资培训问题。与前两届相比，本届论坛研究生论文选题更加广泛，除了汉语本体和教学研究之外，还有语言测试研究、教学技术研究以及华文师资培训研究和关于短期汉语培训的探讨；理论视野更加宽阔，涉及了结构主义、认知语言学、语法化理论、配价语法理论、中介语理论、语言输入理论等，充分体现了青年学子广阔的研究视野和扎实的理论功底；研究方法也更加多样化，采用了语言对比分析、语言调查、结构分析、语义分析、教学实验及统计分析等，各有所长，互相补充。

（本文发表于《暨南大学华文学院学报》2009 年第 4 期，作者贾益民、蒋颖、朱金平、许琨。）

全球化时代的世界华语文教学与中华文化传播

——"第五届世界华语文教学研究生论坛"纪要

　　2013 年 1 月 18—22 日,"第五届世界华语文教学研究生论坛"在厦门华侨大学成功举办,本次论坛围绕"全球化时代的世界华语文教学与中华文化传播"展开了专题演讲、优秀论文发表、小组座谈讨论,从华语本体与华语文教学、"三教"问题、现代教育技术、中华文化传播及华文教育发展现状等多方面,交流、分享了研究理论和成果,促进了华文教育学术水平的提高,推动了华文教育事业的发展。

　　1. 论坛概况

　　2013 年 1 月 18—22 日,由华侨大学和世界华语文教育学会共同主办,海外华文教育与中华文化传播协同创新中心、华侨大学华文学院、华侨大学华文教育研究院协力承办的"第五届世界华语文教学研究生论坛"在华侨大学厦门校区成功举办。目前,海内外华文教育蓬勃发展,全球学习汉语的人数与日俱增,本次论坛以"全球化时代的世界华语文教学与中华文化传播"为主题,旨在提供世界各地华文教学领域研究生发表、讨论与交换研究成果的平台,提升华文教育学术发展。与会者共同交流和探讨了全球背景下的华语文教学与中华文化传播等各方面问题。论坛邀请到了中国海外交流协会副会长、华侨大学第六届董事会副董事长马儒沛先生,以及赵阳、任弘、曾志朗、董鹏程、张新仁、汤翠英、李宇明、李晓琪、郭熙等 30 几位华文教育及相关领域的专家和学者。

　　在开幕式上,华侨大学校长贾益民教授、台湾世界华语文教育学会理事长程万里先生、台湾"中央研究院"院士暨台湾联合大学系统校长曾志朗先生、台湾海华基金会副董事长任弘先生先后为大会致辞。贾校长对参加本次论坛的领导、嘉宾、老师和同学们表示热烈的欢迎,回顾了召开世界华语文教学研究生论坛的初衷,表示在当前华文教育欣欣向荣发展的局面下，希望在座的博士、硕士研究生能够肩负起向世界传播中华文化的崇高使命。程万里先生非常感谢几届论坛所提供的良好切磋平台，他在其中收获了友情。曾志朗院士说论坛最主要的还是培养新的人才，希望华文教育在新的一年里有更新的突破，努力提升华语文的整个教学研究工作。任弘先生在致辞中论及两岸"求同存异"时讲道，两岸本身就同大于异，所以需要努力的方向应该是化解两岸之间存在的小小的"异"，这才是两岸交流最重要的精神。中华文化的传播不是什么"主义"，重点应在"意义"，结合华语文的研究，让中华文化在全世界发挥重要意义。

此次论坛共有来自中国、日本、韩国等地的 33 所高校的 110 多位博士和硕士研究生参加。大会共提交论文 94 篇，经专家学者评审，遴选出 20 篇优秀论文在大会上发表，其余 74 篇论文分为九组，以小组为单位进行交流和讨论。专家学者们对参会论文进行了细致、严谨、恳切的点评，并提出了进一步完善论文的见解和看法，实现了师生间的双向互动。

在论坛召开期间，也顺利举行了第二届两岸华文教育协同创新研讨会，来自海峡两岸 40 所高校和相关领域的高端专家和学者参会，与会的两岸华文教育专家就"两岸华文教育的国际视野与多元创新""两岸华文教育协同创新的资源共享""华文教育：我们做了什么？能做什么？"等议题畅所欲言，为当前华文教育事业的发展建言献策。

在闭幕式上，由董鹏程秘书长主持，贾校长作了总结性发言，提出了华文教育的"三教"问题：教师、教材和教法。作为下一届论坛举办者台中教育大学校长杨思伟先生也发表了讲话，欢迎更多的人士能够参与进来。

2. 专题演讲

在为期两天的大会上，曾志朗院士、李宇明教授、张新仁校长、李晓琪教授、沙平教授、舒兆民助理教授分别作了专题演讲，为在座研究生展现了华语文教学研究的新思路、新视野和新方法。

幽默风趣的曾志朗院士以"蜕变中求胜：挑战未来，云中现端倪"为主题，用神经语言学来研究人类的语言，利用现代发达的高科技来观察我们在语言交流时的脑部神经反应，以此探求语言的形成。人生活在不同的群体里，分布在世界各地，而这个分布其实就是基因的分布，基因的分布同语言的分布一样，是人类走动的方向。人类的迁徙导致了语言的迁徙，使语言发生着变化。为调查出人脑的工作机制，其建立了很多不同设施来配合研究。其中发现，以往所认为命名的"约定俗成"是不够科学的，通过实验和调查，命名有一定的生物基础，语言的发生有非常奇怪的物理现场。曾院士提到"镜像神经元"，比如写字，当我们看别人写字时，脑神经所被激发、动用的部分与写字的人一模一样，也就是说，虽然你没有写，但是你的脑神经已经在模仿对方的写字动作，所以在脑里面会有某种计算，计算不同的频率，以及频率间的关系，然后，就可以创造出一些语法、语义等各方面的东西。当今，高铁几乎就要贯通中国和整个东南亚地区，网络技术日新月异，需要我们通过开放式教学展示给我们的华文学生，使华文世界和谐共生。

李宇明教授就"汉语的层级变化"谈论了现代汉语层级系统及其演变情况。根据语言的使用范围和地位，可把语言分为不同的层级，语言层级随着时代的发展产生变化。先秦"雅言"形成之后，汉语大致就有了共同语和方言两个大的语言层级；随着时代的发展，方言层级减少，逐渐由多层级向着三层或两层的方向发展；土语受到大方言和共同语的双重影响，很多人正在放弃土语，但土语是根需要保护和保存；共同语在牺牲了很多方言、土语的基础上发展为优势层级，并在全民族大力推行。现在在共同语层面上又出现了新情况，一个是"地方普通话"，它是方言向共同语的过渡，属于中介语性质，真正的"标准共同语"是我们都达不到的那个最优秀的标准语水平。李宇明教授将不同民族甚至不同国家的人学习汉语普通话形成的中介语也看作"地方普通话"。另外一个新情况即"大华语"——全世界华人的共同语，是共同语在各华人社区发生的变异，其发展可能会走向统一，也可能进一步分化为不同的华语。大华语是华语走向世界的基础，需要我们认真地关注它、尊重它、发展它。

鉴于华语文教学已经建立并逐步成熟起来，那么如何科学地考核华语文教师的能力并努力提高其专业与教学水平就成了我们华语文教学中比较关心的课题，所以张新仁校长就以专业发展为题，以如何提高华语文教学为主轴，和大家进行了分析交流。传统以来，台湾教师专业的发展注重于所谓的学分学位再次进修或者是校内外的研习，1950年，制定了教师绩效考核办法，如平时奖惩、年终考核、晋级奖金等。但具体落实情况如何，我们无法科学评判，于是2006年，开展形成性评鉴的方法，即教师专业发展评鉴，促使教师专业性发展，同时建立起所谓的配套设施辅助其发展。

2007 年开始，全部整合了台湾与老师相关的平台，使其作为教师评鉴或专业成长的一个重要资源。针对新进或者有需要的老师，可以提供教学辅导老师来给予协助，而教学辅导老师的选拔也有非常详细、严格的规划和制度，以保证我们的教辅活动质量。对于教学活动整体来说，学校也要提供包括如何通过社群协助来提升整个学校的专业成长，形成"教师专业学习群体"，以学校为本位，采取教师合作方式，促进专业成长。在 2007—2010 年，教师专业发展支持平台的构建，敦促教师能够专注于自身专业。作为华语文教师，要将教学与专业两者结合起来，才可能真正地胜任华语文教学工作。数位平台把交叉的专业紧密结合起来，汇集了不同层级、不同结构大量而丰沛的教学信息。华文教育的品质在良师，其关键是高品质的专业发展。

李晓琪教授针对当前新的发展形势，发表了关于"汉语国际教育研究生应具有的素质"的报告。现在世界范围内蓬勃发展的汉语教学对我们的学科建设提出了新的挑战，同时给我们研究生的培养带来了新的问题。李教授讲到了三个问题：一是研究生的自我定位；二是研究生的知识结构；三是研究生的综合素质。早期，北京语言大学对外汉语研究中心确立了学科方向，即本体论、认识论、方法论和工具论。但是，随着社会和学科的新发展，我们不能只盯着汉语教学，应该放宽我们的视野，例如可以借鉴英语第二语言教学的相关研究和成果，启发我们的对外汉语教学。我们的研究生按类型来看大概分为学术型、专业型和博士研究生三类。由于我们培养的研究生大都是当华语文教师，所以按教师类型来分可以分为教学型、研究型、教学加研究型和教学研究加管理型四类。教学型教师最能调动课堂气氛，但是在研究方面不一定有优势，然而就华语文发展趋势来看，教学型教师应该对我们学科上的挑战有一定认识，加强学科研究能力。面对新的学科发展形势和机遇，需要我们帮助培养研究生以确立其自我定位方向。

沙平教授就语料库的问题，同大家分享了"关于汉语作为第二语言教学研究中语料库利用的两个问题"。语料库是进行语言研究的一种普遍资源，随着网络技术的发展，可以把不断发展的因特网作为虚拟语料库。中国大陆语料库的建设始于 80 年代初期，发展迅速，实现了定性研究与定量分析的结合，从而使得出的研究结论具有较强的客观性、普遍性和科学性，为汉语教学与习得研究的模式提供丰富材料，极大提高汉语作为第二语言教学研究的水平。语料库以其语料的充分性、客观性、可验证性、使用的便捷性，正在使语言学的研究与应用产生量与质的飞跃。所以，基于语料库的研究方法，已经成为汉语作为第二语言教学研究的主流方法。但是，关于语料库的利用需要注意两个问题：一是要注意语言研究对象的"同质"性，严格区分语言/言语、历时/共时、能指/所指、组合关系/聚合关系等一系列一分为二的语言学概念；二是要注意对语料库定量分析结果的"解释"，研究语言和语言教学问题的目的不仅在于了解问题，更重要的是解决问题，这就需要解释，对客观描写（统计）所揭示的语言事实和语言习得现象作出科学合理的解释，亦是语言教学研究和硕博士学位论文撰写中所谓的定量与定性研究相结合的原则。"同质"是追求语料库利用的科学性，"解释"是期冀创新语料库语言学的研究，也希望我们的研究生成为科学和创新兼备的研究者。

最后，舒兆民博士以"台湾华语文数位化教学现况与发展"为主题，让大家对于新时代新科技发展影响下的华语文教学有了全新的认识和展望。高端科技水平的发展实现了教材的多元化，使华语文教学不仅仅局限于书籍课本，丰富的教具、可视化的 CD 与影片、多媒体教材（Web）、行动学习课件（iPad/手机等）等，有利于建立教学资源库与开放素材编制培育。课堂内，多媒体的融入，运用电脑辅助教学，如电子白板教学使教学手段多样化；课堂外，利用网络资源，实现远距离同步群播教学、混成式教学（同步+异步）、平台与同步互动工具相结合（LMS、LCMS、SCORM 等）等推动多元化教学发展，将华语文教学平台与行动学习有机结合。此外，舒博士又详细讲到了资讯融入华语文教学、教材与课程之教学设计、软体工具与华语文教学资源、数位华语文教学现况与发展等内容，为我们描绘了一幅生动、形象、综合性与充满趣味性的华语文教学图景，对华文教师的培训也有重要影响。

3. 论文情况

参加本次论坛的研究生论文相比往年，数量更多，涉及领域范围也更广，这不仅体现了华文教育领域的逐步拓展，也表现出我们研究生视野的开阔性、角度的创新性。概括而言，主要分为五大类：①关于华语与华语文教学相关的论文一共有 54 篇，这也是本次提交论文的主体；②探讨华文教育中的"三教"问题的论文共计有 17 篇，主要涉及教材、教师和教法等方面的研究；③就现代教育技术在华语文教学中的应用这一论题的论文计 9 篇，将日新月异的科技手段与华语文教学相结合，增强教学多样性、趣味性与综合性；④与华文教育中的中华文化传播相关的论文共 8 篇，从多角度探讨华语文教学过程中的文化传播问题；⑤研究华文教育现状及其他的论文有 6 篇，体现了华文教育领域的逐步拓展。

在华语与华语文教学相关的论文中，其中本体研究中关于华语语法、词汇以及汉字的有 24 篇。来自复旦大学的吴金萍对"VP/AP＋透＋（O）了"这一较常见的口语句式作了意义、构成成分、句法功能、语用特点等方面的考察，发现"透"有着词汇化趋势。而在词汇方面，华侨大学的王孔莉具体分析了转折义虚词"却""但是""倒"三者在语义、语篇连接和语用功能等方面的差异。台湾大学的刘芸菁从语法化的角度重探"起来"，"起来"从主要动词转化为补语，由于作为动词的"起来"本身带有方向性，弱化后即成为"趋向补语"，作者厘清了前人对"起来"弱化为补语后的观点，还借以区分"起来"作为起始貌标记时和"了 2"的差异："了 2"表变化，"起来"也可表达相近意思；但是"起来"的原始义限制了作为起始貌的用法，因此用法比"了 2"更有限。在汉字方面，主要集中于古文字的研究。华东师范大学的安雪娇分析"扁"、"徧"和"遍"的字形演变，首先提到了"重文"，亦"异体字"，异体字的界定从本质上看有两种类型：①异体字是同词异形现象，即异体字是记录同一个词的不同的书写方式；②异体字是同字异体现象，即异体字是为语言中同一个词而造的不同形体及其书写变异。从《说文解字》只收录"徧"字及其释义情况来看，可推测：①西汉初期之前，周遍义的 biàn 由"扁"字字形承担；西汉初至东汉，为与题署义区别，演变出了"徧"字字形；②从"徧"到"遍"经历了异写和异构两个步骤。草书楷化为从"徧"到"遍"的意符选取提供了可能性；随着"徧"字动词词性逐步削弱，动量词词性逐渐兴起，对度量动作的要求为从"徧"到"遍"的转变提供了必要性。

华语文教学研究方面的论文有 30 篇，数量多，角度广，取材新颖，观点独到。其中包括了：华语文教学中的语言测试研究，语法研究与华语文教学实践，华语文技能教学研究，华语文学习者习得与偏误分析，教学活动及其管理等多个方面的内容与问题。

语言能力问题是语言测试研究的基本问题，来自北京语言大学的黄敬运用结构方程模型（SEM）来分析、探讨高级水平的汉语学习者语言理解能力的结构，最终得出结论：①听力理解能力和阅读理解能力的结构是相似的，二者都包含两个或三个子技能；②第二语言理解能力的可分性会受到被试语言和测验任务特征的影响；③对于高级汉语学习者而言，听懂口头语言材料比看懂书面语言材料更具有难度和挑战性。论文对语言理解能力结构实现了系统全面了解，既为现行的 HSK 的效度提供经验证据，也为 HSK 实体编制与测试手段提供新的启示，还为汉语语言教师的教学及教学大纲的制定提供理论和实践基础。近年来认知语言学在中国发展飞速，与会研究生也有很多人将认知语言学内容融合到华语文教学实践中。暨南大学的黄良程，根据戴浩一提出的"时间顺序原则"（PTS），分析了 PTS 对汉语语序偏误的解释能力、预测能力、近义异序的解释能力及汉语语序教学对策四个方面的问题，考察了 PTS 在华文教学中的价值。参会论文中关于汉语技能教学的研究涵盖了阅读教学、写作教学、试听课教学、语音教学、口述能力研究等。韩国延世大学的邵磊在华语文语音教学实践中发现，无论是中国大陆的汉语拼音还是台湾常用的注音符号，抑或罗马字拼写的汉语拼音都容易引起学习者的拼读混乱、记忆负担等困扰。作者针对韩国学生，利用韩国语言文字的特征以及韩国人的惯有思维，制作了一套华语语音学习的简易注音方法"训民正音注音法"，这是一种便于入门的注音体系，是借用韩文前身的训民正音，而制作出的一套便于韩国人识音、记音的表记工具。偏误分析一直都是二语习得研究中的重要理论和方法，台湾中原大学的林怡嘉，在论文研究中，首先通过教学前测，使用翻译法来测试印度尼西亚学生在使用汉语"被字句"时是否受到母语的负迁移，然后利用偏误分析法进行语料分析，其偏误分为两类，一类是语法结构的偏误，另一类是语用的偏误，在偏误分析的基础上，设计出适合被试学习者的"被字句"教案，教学后进行后测，可以使许多学习者摆脱母语负迁移影响，更好地学习、使用汉语的"被字句"。

华文教育中的"三教"问题，是其不断发展过程中日益凸显的三个问题，值得我们认真对待和研究。教材方面的论文共 10 篇，包括教材设计、教材间的比较研究、教材与教学及其他有关教材问题的研究。其中，台北教育大学的赖姿颖以台湾发行的《侨教双周刊》为例，探讨了如何将其中的诗歌教材，搭配教学法中的"任务型教学法"，使以华语为第二外语的学习者体会诗歌的意境、辞藻之美，并习得诗歌中的中华文化意涵。上海外国语大学的周妍从对外汉语教材使用者的角度出发，探求教材中英语译释的满意度情况，通过问卷和访谈，利用 IPA（Importance-performance Analysis）模型工具分析调查数据发现，学生的国籍与英语水平是他们需求背后的真正原因，所以，在教材生词的译释中需要增加文化特色词的译释及增加其他语种的译释。教法作为"三教"问题之一，越来越受到专家学者们的重视，与会研究生们也提出了自己的看法。华中师范大学钱颖的论文在 Willis 的理论指导下，采用目标任务型教学法进行远程汉语教学，然后通过调查问卷和观察量表的形式来对目标型教学法应用于远程华语文教学的效果进行评估，又采用统计学的"配对样本 T 检验"等统计方法来进一步寻求目标任务型教学法和远程华语教学的最佳结合方式。"教师"也是"三教"问题中不可或缺的一部分。来自台湾中正大学的陈莉君与台湾联合大学的张雅馨二人将企业管理中的质量技能展开（Quality Function Deployment，QFD）理念应用于华语实习教师的评鉴中，从学生需要角度来制定华语教学实习评鉴指标，以提升教学质量，达成教学目标。

现代科学技术飞速发展，传统的华语文教学模式也需要改变，现代教育技术在华语文教学中的运用不仅可以增强课堂教学的趣味性、知识性，而且这种综合性、立体式教学手段还能够很好地提高教学效果，有力地推动华语文教学的发展。台北教育大学白芸慈将数字化结合华语文教学，在进行分析与评估后，将纸本教材扩展为数字教材，并建置 Moodle 数字教学平台，提供多元化的多媒体教材，以达到"教"与"学"的双赢。暨南大学杨军平阐述了如何利用资讯网络科技通过唱歌学华语，将资讯科技融入华语教与学，努力为世界华语学习者开启数位时代之门。

中华文化传播是此次论坛主题的一部分内容，中华文化是华文教育的重要组成部分。在华语文教学中如何体现、展示华语的文化因素，如何将文化教学融合到语言教学当中去，研究生们也有自己独到的见解。如台湾大学的黄斐瑶认识到文化教学的多重困境及其对语言理解和学习的障碍，提出引入一套文化价值体系的整合性框架作为文化教学的辅助，并且把黄光国的儒家关系主义作为文化价值体系的框架，选取其理论中能够适用于文化教学的部分，在教学实践中，依照概念的范围与难度分级，设计兼具文化呈现、比较、反省等内涵的讨论活动，整合华语学习者零碎的文化知识，搭配同等级语言教学内容，使学习者对于语言知识的理解有更全面的掌握。

对于华文教育现状、与华文教育相关的产业发展、不同地区华文教育情况等领域的研究，体现了与会研究生思维和视野的开阔。台东大学的郭宗翰、黄雅涵针对台湾华语文教育产业的发展现状进行调查，并由现状发展来窥探未来可能的趋势走向。两位作者运用了文献分析法，同时对学界和业界人士进行深度访谈，了解台湾在海外推动华语文产业的优势、面临的困难及未来发展走向，并将研究成果提供给从事华语文产业经营者，希望能够对华语文教育产业的发展有所帮助。

4. 结语

此次论坛极大体现了华语文的专业性，不论是与会嘉宾、专家学者还是研究生，都从理论和实践两个方面论证了作为一门学科的华文教育仍然有许多问题需要我们去研究和探讨。

相较于前几届，本届研究生论文无论是从数量还是质量上来讲，都有了很大提高：研究领域更为广泛，角度多样；理论构架更加严谨丰富，专业基础扎实；研究方法各异，借鉴了许多其他专业领域的统计、分析法等；开拓创新性表现得尤为明显，特别是现代教育技术在华语文教学中的应用问题，以及对网络资源的利用，充分体现了新一批研究者们的活跃思维与建构。当然，囿于知识水平的限制，有些论文在写作方法、理论应用、资料分析等方面还略有欠缺，不够成熟，讲评专家对每一位研究生提交的论文都给出了自己的见解和意见，期望研究生在已有的专业素质的基础上，逐步、扎实地提高，在我们的共同努力下，使华文教育事业"百花齐放，百家争鸣"。

（本文发表于《华文教学与研究》2013 年第 1 期，作者贾益民、王英华。）

砥砺奋进共谋华文教育新发展

——访华侨大学贾益民教授

在华文教育砥砺前行之路中，有这样一位学者，他在时代风云变幻之际积极主动地思考华文教育发展的新方向、新思路，他以一片赤诚之心坚定不移地为华文教育的顶层设计与具体实践作出重大贡献，他就是著名的华文教育专家、华侨大学前校长、博士生导师贾益民教授。近期，本刊有幸采访了这位华文教育界的大功臣。

贾益民教授 1956 年 10 月出生于山东省惠民县，汉族，暨南大学中文系毕业，获文学学士、硕士学位及泰国吞武里大学荣誉博士学位，曾任暨南大学华文学院院长、华文教育研究所所长、暨南大学副校长兼珠海学院院长等职，于 2011 年 6 月始任华侨大学第七任校长，并兼任华文教育研究院院长、海上丝绸之路研究院院长、侨务公共外交研究所所长等职，享受国务院政府特殊津贴，荣获泰王国国王颁授"一等泰皇冠勋章"，2017 年 9 月由于年龄原因卸任校长职位，现任海外华文教育与中华文化传播协同创新中心主任、华侨大学华文教育研究院名誉院长、海上丝绸之路研究院名誉院长。在采访过程中，贾益民教授回顾了与华文教育的不解情缘，畅谈当今世界形势下华文教育发展的新挑战和新局面，并对海峡两岸华文教育的交流与合作提出期许。

一 始于机缘，坚定执着为华教

《华文世界》：我们都知道贾教授是华文教育方面的专家，但又听说您并不是华文教育专业出身的，很好奇您原来的专业是什么呢？您是什么时候开始从事华文教育工作的？又是什么样的因素触动您选择将华文教育作为毕生事业并一直坚持到现在的呢？

贾益民：开始从事华文教育工作应该说是一种缘分吧。20世纪90年代初并没有华文教育这个专业，与其相关的对外汉语专业也是属于中国语言文学的下属子专业，而我本科是汉语言文学专业的，硕士是文艺学专业，都是属于中国语言文学一级学科之下的专业，这么说来，后面从事华文教育工作就专业来看倒也不算跨得太大。硕士毕业后我就留在暨南大学中文系任教了，到1993年底，暨南大学安排我主持华文学院的全面工作，自此，正式踏上了华文教育工作之路，开始了我的华文教育生涯。

慢慢了解华文教育这一领域之后，我就逐步热爱上了这项事业，并一直坚持到现在，算来已经整整24年了。这份坚持其实源于一份感动，即世界范围内华侨华人社会对传承中华语言文化的决心与信念。

华文教育在世界范围内，特别是华侨华人社会内有极大的影响力和生命力。华文教育可以说是伴随着整个华人移民史而产生发展的，从历史来看，自从有了中国人移居海外，华文教育就产生了。虽然历经二次世界大战、部分国家排华事件的艰苦磨难，但是华文教育的希望之火从未泯灭，多少华教斗士团结带领华侨华人社会奋起抗争，坚守华教，创造了多少可歌可泣的不朽业绩，谱写了多少令人荡气回肠的华教赞歌！

中国改革开放之后，直到90年代中期，海外华文教育需求不断扩大，但海外华文教育办学条件仍然十分艰苦，缺乏师资，缺乏教材，缺乏最基本的办学设施，即便如此，广大海外华教人士还是千方百计地满足华侨华人子弟学习华文的迫切需求，大力复办或新创办华文学校（有的命名为"中文学校"），开创了华文教育新局面，自此世界范围内的华文教育迎来了一个新的春天。在海外，无论是老移民（老侨）还是新移民（新侨），都对华文教育有十分强烈的追求，这种执着追求既是因为华文教育是他们在海外赖以生存和发展的支撑力量，更是源于他们对中华语言文化的热爱，对中华文化的"根"与"魂"的坚守。

正是华侨华人对中华文化的执着追求深深地震撼着我，让我深刻认识到这项事业的伟大和神圣，促使我以此作为自己的终生事业，坚定不移地砥砺奋进。

《华文世界》：那么这24年来，您在华文教育工作的岗位上，有哪些重要的工作成果？特别是您在华侨大学任校长期间，在推动华文教育发展方面采取了哪些重要的举措呢？

贾益民：其实这些工作都只是在履行我的职责，是我应当去做去完成的。在这 24 年里，我的工作主要是围绕以下这些方面开展的。

第一，将华文教育作为一个独立学科来建设，积极进行理论探索与建构，并在实践上大力推动。

1995 年，我在北京召开的世界汉语教学学会的年会上就率先提出要把华文教育当作一个独立学科来建设，目的就在于推动华文教育本身的学科建设、学术研究和理论建构。此观点一直为我后来所从事的华文教育工作提供理论支撑，之后的工作也都是围绕这个观点及华文教育学科体系的构想展开的。迄今为止，华文教育的学科建设取得了很大的进步，比如学科地位已得到学界认可，也已经取得了比较丰富的学科研究成果；华文教育作为一门独立学科在 2005 年被纳入国家大学本科教育专业目录中，并且在一些大学已经招收、培养了相当数量的华文教育本科毕业生，为海外本土华文教育师资的培养作出了重要贡献；在一些大学还招收、培养华文教育的硕士、博士研究生，打造出华文教育从非学历教育培训到学历教育"专—本—硕—博"完整的人才培养体系。实践证明，提出华文教育作为一门独立学科建设是很有前瞻性的，也是站得住脚的，更是非常必要的。

第二，组织规划建设暨南大学华文学院，做好顶层设计，构建学院完整的华文教育教学体系，并发挥示范作用。

为了实现华文教育作为一门独立学科的这一理论构想，华文教育必须在实践上有所支撑，有所建树。因此我在暨南大学工作期间，组织规划了华文学院的建设。暨南大学华文学院是中国高等教育史上的第一个以"华文学院"命名的专门从事华文教育的教育实体机构，当时并无先例可以借鉴，只能自行探索。整个华文学院的建设工作，包括办学宗旨与发展规划的提出、内部教学机构的设立、教学专业的设置及课程体系的构建、学生生源及质量保障、学生管理服务及校园文化建设、学科发展与学术研究、办学条件的建设与保障、师资队伍的建立，以及校园基本建设的规划与实施、财务经费的来源与保障等，都进行了详细规划、论证，并大力组织推进实施。24 年来暨南大学华文学院的发展实践证明，当时的规划建设思路是正确的、科学的，是好的、可行的，为后来的长远发展奠定了坚实的基础，并且对其他兄弟院校华文教育办学的发展起到了重要的示范作用。

同时，在暨南大学我还主持创办了《华文教学与研究》学术刊物，该刊物后来还成为 CSSCI（中文社会科学引文索引）来源期刊，成为华文教学与研究成果发表的重要平台；我还主持创办了华文教育系，开办华文教育本科专业、华文教育硕士研究生专业，并最早开始招收华文教育硕士生，为华文教育师资培养作出努力；还牵头创办了一系列有关华文教育研究的会议、论坛等等，这些都成为促进华文教育发展的重要平台和载体，为华文教育走向正规化、专业化作出了积极贡献。

第三，主编《华文》《中文》两套华文教材，使其成为华文教育教材的标志性成果。

1995 年，受国务院侨务办公室和柬埔寨柬华理事总会的委托，我主持编写了柬埔寨《华文》教材共 36 册，于 1996 年作为柬埔寨全国华校唯一统一使用的华文教材，这对促进柬埔寨的华文教育发展发挥了历史性重大作用。第一，填补了柬埔寨华文教材的空白，结束了柬埔寨一直没有自己的华文教材的历史；第二，因为使用统一的华文教材，也就统一规范了柬埔寨全国 70 余所华文学校的学制、教学、测试、管理等，促进了教育教学质量的提升；第三，规范了华文教师的培训，促进了教师素质的提高。总之，这套教材在柬埔寨华文教育发展史上作出了重大贡献，是柬埔寨新时期华文教育创新发展的一个具有里程碑意义的重要标志。

1996 年，受国务院侨务办公室委托，我主编了另一套华文教材《中文》，这是一套面向全球华文学校、中文学校的通用教材，使用对象主要是周末制 1—6 年级小学生，共 48 册。该教材自 1997 年发行使用至今，累计发行量已高达 4000 多万册，目前每年仍保持 300 多万册的年发行量，成为海外使用最为广泛、年发行量最大的华文教育教材。并且这 20 年来，为适应海外不同国家、不同民族、不同社区的需要，我们也在不断改进、完善、创新《中文》教材，在推出简体字版纸质教材之后，又先后分别推出了《中文》的繁体字版、计算机光盘版、互联网网络版等，推动《中文》教材走向系列化、立体化、专业化、现代化，构建了一套完整的华文教材体系。可以说，这套教材的出版发行不仅填补了海外华文教育历史上周末制小学阶段系列教材的空白，而且满足了海外华文学校教学的多样化现实需求，对海外华文教育的影响和贡献无疑是巨大的，其推动作用可以说是不可估量的。

第四，提出海外华文教师等级证书实施方案及华文教师培训计划。

2008 年，我向国家有关部门提出海外华文教师等级证书实施方案及华文教师培训计划，并被采纳。接着又由我继续主持研究制定具体方案，后经国家有关部门组成专家委员会审核通过并付诸实施。实施"证书方案"和"培训计划"可以促使华文教育师资培训向专业化、标准化、规范化发展，促进华文教育师资水平的提高，使海外华文教师队伍质量得到有效的保障。这一研究成果的实施与推进，对华文师资培养具有理论和实际应用价值，对加强海外华文师资队伍建设，推进海外华文教育的深入发展，具有重要的现实意义。

第五，提出构建华文教育质量保障体系。

2014 年 4 月，在北京的一次高层座谈会上，基于当前华文教育发展形势的现实需要，我提出要构建"华文教育质量保障体系"，包括"华文教育教学标准体系""华文教育教学评估体系""华文水平测试体系""华文教育教材教法体系""华文教育学科理论体系""华文教师专业发展体系"。这6 个分体系构成了完整、系统的"华文教育质量保障体系"。这一体系的建立与实施能够有效保障华文教育质量的不断提升，因此这一体系的提出也得到了国家相关部门和华文教育界的认可，成为推动华文教育发展的重要工作内容，并为之不懈努力。

第六，提出"大华文教育"理念，推动"大华文教育"实践。

华文教育不仅指华语教学，还指广义的华文教育。即"大华文教育"，指面向华侨华人社会培养既具有深厚的中华语言文化素养，又有高水平专业能力的各类优秀人才。因此，华侨大学不仅在华文学院、华文教育研究院开展华文教育，其他与华文教育相关的人文及社会科学的学院，如文学院、音乐舞蹈学院、美术学院、体育学院、哲学与社会发展学院、法学院、国际关系学院、经济与金融学院、工商管理学院、旅游学院等，以及相关的理工科学院，如数学科学学院、计算机科学与技术学院等，都积极参与到华文教育的各项工作中来，以培养各种海外所需要的语言人才、文化艺术人才、教育教学人才、工商管理及经济金融人才、科技专业人才等，使华文教育人才培养的范围由单纯的语言人才培养拓展到文化、艺术、体育、教育、科技、经济等领域。

"大华文教育"理念还不仅于此，我认为，华文教育不仅是面向海外华侨华人子弟的中华语言文化教育，同时也是面向全球所有中华语言文化学习者（包括非华侨华人）的教育。也就是说，华文教育并不仅是华文教育

界的事，更是国家和民族面向世界、面向未来的共同的伟大事业，这是
"大华文教育"更高层次的内涵。例如，过去的华文教育太偏重语言教学，
而现在的华文教育是基于语言教学来传播中华文化，强调语言与文化并重，
同时更加凸显文化传承的教育活动。现在的华文教育也不再局限于课堂教
学活动，它也包括社区文化活动，可以这样说，只要是传播中华文化的活
动，都属于华文教育活动范畴。从这个层面来说，华文教育就不仅是华文
教育部门的责任，还需要社会各界各部门各领域各行业的支持和参与。

第七，探索"互联网+"时代的华文教育发展，推动华文教育技术现
代化。

我在华侨大学非常重视现代教育技术在华文教育领域的推广和应用。
从2013年开始，基于"云、移、大、物、联"时代的到来及我本人对"大
数据与世界华文教育发展"的思考，我们就和北京唐风汉语教育科技有限
公司讨论建立云教育技术平台，并率先建立华文"智慧教室"，探索基于云
教育技术平台下的智慧教学模式，开发相关教学资源。同时，我们还先后
与泰国、马来西亚等国家和地区开展合作，在当地推动"互联网+"远程教
学，在10多所华校开展云教育技术应用，可以说从理论到实践，都在积极
推动华文教育的专业化、信息化、现代化。到目前为止，基于云教育技术
平台的"智慧教学"已在很多大学和海外华文教育机构发展起来，并呈现
出良好的发展态势与广阔的发展前景。

第八，积极促进华文教育进入外国主流社会，大力开展外国政府官员
中文培训，不断拓展华文教育海外办学。

促进华文教育进入主流社会尤其是进入主流社会高端人士，这是华文
教育发展面临的重要任务。自2012年开始，我在华侨大学大力推动"外国
政府官员中文学习班"的办学，5年来先后有9个国家和地区的600多位政
府、军方的国家精英人才在华侨大学参加中文培训，尤以泰王国政府、议
会及军方官员最多。这一项目为促进学员所在国家与中国在政治、经贸、
文化、教育等各领域的交流合作发挥着桥梁纽带作用，已经成为在海内外
具有重要影响的华文教育知名品牌，被这些国家的主流社会广泛认可，我
本人也因此被泰王国国王授予"一等泰皇冠勋章"，以表彰我本人及华侨大
学为泰王国培养政府高层中文人才所作出的贡献。此外，我还积极推动开
办了"安哥拉政府青年科技人才培训班"，为安哥拉战后恢复重建培养青年

科技及中文人才。我还策划推动开办了"海丝沿线国家高端人才培训班"，以服务于"一带一路"国家对中文人才的现实需求。

同时，坚持"请进来""走出去"并举，在不断扩大校内华文教育办学规模、提升教育教学质量的前提下，积极拓展华文教育海外办学。我早在暨南大学工作期间，就率先组织策划并实施了分别在印度尼西亚、泰国的华文教育本科班教学，在新加坡开办了华文师资硕士研究生班。我到华侨大学工作后，又策划、推动华侨大学先后在日本、菲律宾、新加坡、印度尼西亚、泰国等国家开办华文教育硕士研究生班或本科生班，以培养所在国本土化华文教师；主持创办了新加坡华侨大学南洋学院（Huada Nanyang College）、意大利华侨大学威尼斯学院、泰国普吉泰华国际学校等海外办学机构，为所在国华侨华人子女学习华文"送教上门"。还在云南昆明华侨学校开办了面向缅甸、越南、老挝、泰国的华文教师本科生班和硕士研究生班。这些办学大大促进了华文教育办学模式及体制机制改革，开辟了华文教育办学新途径。

第九，积极推动两岸华文教育界的交流与合作。

华文教育是两岸人民共同的事业。两岸华文教育界加强交流与合作，是华文教育发展的现实需要和必由之路。为此，我积极推动暨南大学、华侨大学等大陆华文教育机构与台湾世界华语文教育学会紧密合作，共同发起创办了"世界华语文教育研究生论坛""两岸华语文教师论坛""两岸华文教育高峰论坛"等交流与合作平台，通过分享教学经验，探讨教学问题，交流学术研究成果，加强两岸华文教育界的学术联系，共同提升华文教学品质，推动海外华文教育发展。到 2017 年底，"世界华语文教育研究生论坛"已经成功举办了十届，"两岸华语文教师论坛"已经成功举办了七届，"两岸华文教育高峰论坛"也已经成功举办了五届，均收到良好效果，产生了积极影响。此外，我还发起两岸合作成功举办了"华文教育协同创新论坛""世界华文教育发展专题研讨会"等一系列重要学术活动，为促进两岸华文教育交流与合作作出了积极贡献。

第十，创办"华文教育研究院"暨"海外华文教育与中华文化传播协同创新中心"，努力打造华文教育高端智库。

2012 年 2 月，在我亲自倡议及组织策划下，华侨大学华文教育研究院成立。这是全国乃至全世界成立最早的（第一个）华文教育研究院，并由我担任院长，主持开展研究院的顶层设计和发展规划。研究院是直接隶属于大学领导的独立的专门研究机构，具有独立编制和专项经费保障，下设"华文教育理论研究中心""华文教育调查研究中心""华文教育资源建设中心""华文教师发展研究中心"。研究院成立后，我主持编写了全球首部《世界华文教育年鉴》，为华文教育研究提供一手文献资料，为华文教育事业发展提供决策咨询；我还主持创办了《世界华文教学》辑刊，以反映华文教学与研究的最新成果，推动华文教育学科发展。研究院建立了"云教育技术实验室"，以推动基于云教育技术平台的智慧教学；还建立了"华教馆"，以展示华文教育文献史料和各类教学资源。在华文教育研究院的支撑下，我又倡议并亲自策划成立了"海外华文教育与中华文化传播协同创新中心"，该中心由华侨大学、中国社会科学院文化研究中心、中国华文教育基金会、社会科学文献出版社、香港凤凰卫视、台湾世界华语文教育学会联合协同创办，目前是福建省省级"2011计划"协同创新中心，旨在打造华文教育高端智库。该中心的成立和开展的工作及已经取得的研究成果，对促进华文教育事业发展起到了重要作用。

回顾我从事华文教育工作这24年，主要就干了这么些事吧，不能算是什么成果，只是我作为一个华文教育工作者做了应该做的分内之事，这也是职责所在，我不过是努力地尽职尽责而已，而且这些工作都是我和我的同事们一起做的，也得到了众多学界大家和同人的支持与帮助。如果没有这些同事们的帮助、参与和无私奉献，没有华文教育界各位大家与同人的支持与帮助，这些工作也不可能开展起来。我要借此机会，向他们表示衷心感谢！尽管如此，我还是有许多工作做得不够好，还有一些工作想做而没有做成。所以，我还需要继续努力，继续砥砺奋进，同时也还继续需要华文教育界的各位大家与同人给予批评、指导和帮助。

二　把脉时代，洞悉华教新局面

《华文世界》：正是因为有包括您在内的这么多华文教育工作者的坚持和推动，新时期世界华文教育发展才取得了诸多重要的成果。那么在全球形势不断变化的今天，在中华民族实现伟大复兴的历程中，您认为当前华文教育面临的主要挑战有哪些？您觉得有哪些新的思路可以应对这些挑战呢？

贾益民：华文教育工作者的奉献精神令人钦佩。在大家的共同努力下，当前华文教育发展形势是可喜的，令人鼓舞的。但是不可否认，当前的华文教育也面临着一些不可避免的挑战。

一是世界范围内日益增长扩大的华文教育需求与当前华文教育发展不平衡不充分之间的矛盾越发突出。中国的发展强大促使海外学习华文的人数持续增加，而现有的包括师资、教材、教学模式与方法、办学条件等方面都无法满足海外华文学习者的需求。在很多国家和地区，华文教育及汉语国际教育的发展很不平衡，也不充分。这对于华文教育来说是一个极大的挑战。

二是当前世界范围内华文教育需求多元化发展带来的挑战。就华文教育而言，世界各国人民对中国不仅仅是语言上的需求，更多的是对中华文化、中国经济、中国社会等诸方面的了解与认识需求。例如不同职业、行业对华文教育提出不同行业语言、领域语言的学习要求，这一现象意味着华文教育必须在重视基础语言教学的同时，还要重视职业语言、行业语言和领域语言的教学，这也必将促使华文教学进入一个转型期，而这一转型需求必将对华文教师、华文教材、华文教法等提出新的要求与挑战。

三是海外华文教育面临着主流教育发展的挑战。世界华文教育进入了和所在国主流社会、主流教育的融合期，这实际上也是华文教育新的转型的一种表现，即如何进入主流社会，如何和主流教育体系相融合，甚至直接进入主流教育体系，或者得到主流教育体系的认可。这是目前华文教育面临的非常大的课题，因为它直接关系到华文教育在其所在国作为一种民间办学形式的长期生存和发展，关系到所在国华文教育的可持续发展问题。历史也已经证明并将继续证明，这种融合越紧密越深入，对华文教育的长期生存与发展就越有利。在中国日益走向世界的今天，我们应该更加重视推动这种融合。

四是世界范围内的教育变革给华文教育带来挑战。这是一个容易被忽略，但又是很需要重新思考的问题。现在世界范围内的教学观念已经发生了深刻变化，其核心不再是传授知识，而在于启发思维、塑造人格、重视创新能力的培养，尤其是对青少年的教育更是如此。华文教育也应该随着世界教育思想观念的转变而转变。例如，在教学中，过去是教师以"教"为主体，现在必须转变为以学生的"学"为主体，而随着这一主体的转变，华文教育的教学方法也应该随之转变，而这正是当前华文教育面临的一大难题。这一挑战是华文教育界必须认真面对的。

五是教育技术发展给华文教育带来不可忽视的挑战。现时代的学习无一不依赖于网络、电脑等高科技手段，这些现代科学技术在教育领域的应用必然会促进教学模式、教学方式方法、教学资源建设等一系列的变革。科技的发展同时也给学生的学习方式带来很大改变，比如学习已经不再受时地的限制。那么我们必须顺应现代教育技术的改变，积极主动地研究并实践现代教育技术、互联网技术、云技术、大数据技术等在华文教育上的应用。

六是随着全球化的发展，世界文明冲突给华文教育带来的挑战日益凸显。这些冲突多为政治意识形态上的，同样也有文化认同、文明认同层面上的。世界文明冲突下的华文教育如何构建体现中华文化核心价值观的话语体系及文化传播体系，这也是一个很大的挑战。人类命运共同体的构建为世界各国文明对话搭建了一个重要平台。世界范围内的华文教育必须服务于建立人类命运共同体，促进世界文明互学互鉴，共同发展。

为了积极应对这些挑战，我们可以从以下方面进行努力：一是要做好顶层设计，从整体上、战略上、宏观上设计华文教育的发展方向、目标、任务和途径，致力于构建世界大华文教育体系；二是要树立全球化的"大华语""大华文"理念，以此推动华文教育全球化发展；三是要加强华文教育领域的基础性建设工作，包括教师队伍、教学资源、教学条件等方面的建设，因为目前这些基础性建设远远不能满足世界华文教育发展的需求；四是要建立协同合作创新的华文教育体制与机制，因为面对一系列新的挑战，我们需要各国各地区华文教育界加强合作，从共商、共建、共享走向共赢。

《华文世界》：伴随着华文教育的进一步发展，您认为华文教育将会出现哪些新的样态？

贾益民：世界是发展的世界，时代是更新的时代，华文教育也需要随着时代的不断发展而转型升级。我认为华文教育正在出现以下新的样态。

第一，"网校"的出现是大势所趋。

"网校"是传统教学模式与新兴技术相结合的产物，"网校"的对象多以青少年、成人为主体，可以有语言文化知识补习培训，也可以发展网上学历教育，其教育内容与形式是多层次、多类型、多方位的，其网教资源也是极其丰富多样的。这种新的华文教育形式的出现是必然的，而且将有力地推动世界华文教育的创新发展。

第二，职业、行业语言教育形态的出现也是必然的。

随着中国的日益壮大，中国在世界范围内的影响力也越来越大，华文的使用也必然会越来越普及。华文教育已不再局限于单纯的语言教学、文化教学，职业行业用语的需求将促使华文教育出现新的教学形态。

第三，在教育形式上，"云智慧教学"会日益普及，从而形成新的教学形态。

传统课堂教学方式与云智慧教学技术相结合已成为华文教育新的发展形态，并正在推动华文教育向着科学化、现代化、应用化、普及化方向发展。

第四，海外开办华文国际学校将成为一种新的需要。

随着越来越多的中国企业"走出去"，海外新移民及各类驻外人员大量增加，在海外开办华文国际学校将成为一种新的需要。这种华文国际学校必然是以华文母语教学为主导的多语种教学的全日制华文国际学校。

三　展望未来，期待合作促发展

《华文世界》：学界一直比较关注"大华语战略"，贾教授您也曾经在第十届中国语言文字应用研讨会等学术会议上作了有关"大华语"问题的主旨演讲，那么您认为"大华语战略"与全球化发展形势有哪些联系？您是如何看待"大华语"这一理念的？我们应当如何实施"大华语战略"呢？

贾益民："大华语战略"必须基于全球化发展的理念。全球化为"大华语"发展创造了机遇，这是世界多极化、经济全球化、社会信息化、文化多样化发展的必然结果，是中国走向世界、世界走向中国的必然结果。在全球化发展过程中，中国发挥着越来越重要的作用，中国越来越离不开世界，世界也越来越需要中国。所以，是全球化提出了"大华语"的要求：华语必须走向世界，也正在走向世界。

目前，讨论"大华语战略"问题仅仅局限于纯语言学学术范畴是不够的，仅仅局限于"华语是全球华人的共同语"这一范畴也是不够的，我们必须树立这样的"大华语"理念，即华语是全球华人的华语，同时也是世界公民的华语。因为不仅全球华人需要华语，而且全世界都需要华语。这就要求我们必须立足于"全球人人学华语"来思考"大华语战略"问题，必须从华语在世界范围内的传播实践角度来研究"大华语"及"大华语战略"问题。实际上"大华语"从语言学的角度来看，应该包括三个层次的问题：一是"作为母语的华语"，二是"作为民族语言的华语"，三是"作为世界语言的华语"。"作为母语的华语"要求我们必须不断提高母语水平，建设高质量的华语作为母语的华语语言生活，以提升自己母语的语言生活质量；"作为民族语言的华语"要求我们必须在世界华人即全球华夏儿女中传承民族语言文化，不断提高华语作为全球华夏儿女民族共同语的华语生活水平，以影响世界；"作为世界语言的华语"则要求我们必须承担起世界责任，努力在世界范围内帮助有需要的各国人士学习、使用华语，逐步建立起华语作为世界语言的世界华语生活体系，包括华语教育传播应用体系等，以满足各国人士学习、使用华语的现实需求。

正是因为华语不仅仅是语言学界的事业，也不仅仅是中国人民的事业，而是世界人民共同的事业，作为母语国，我们必须站在世界的高度去满足世界各国人民学习华语的需要，对世界华文教育进行全新的顶层设计，促进世界范围内的华文教育走上一条与世界全球化发展高度契合的希望之路、未来之路、光明之路。

《华文世界》：历史上，海峡两岸在世界华文教育的推广与传播过程中既有共通之处，也有各自的风格特色。当前世界华文教育正迎来前所未有的发展机遇期，学界对海峡两岸建立世界华文教育推广合作协调机制以共同帮助华侨华人继承和弘扬优秀的中华文化已经基本达成共识。那么您对于海峡两岸华文教育的合作又有什么样的期许呢？

贾益民：近些年来，海峡两岸华文教育界在推动华文教育发展方面都作出了积极贡献，积累了丰富的经验，尤其在协同合作方面做了大量工作，其合作领域日益广泛，合作形式日益多样，合作成果日益凸显，合作愿景与共识日益契合，开启了海峡两岸交流合作的新局面，这是应该充分肯定的。在此基础上，尤其在世界华文教育新形势下，两岸华文教育界还需要进一步地加强交流与合作。

第一，两岸的交流与合作是推动华文教育发展的必由之路。

两岸华文教育界的工作宗旨和目标是一致的，即"为侨服务，传播中华文化"。这是两岸华文教育界加强交流与合作的重要基础，我们必须携手努力，不断巩固和发展这一基础。

第二，两岸华文教育界应当积极拓展合作领域。

例如华文教师的培训、华文教师证书的认证、华文教育工具书的编撰、华文教材的编写等华教资源的开发建设（尤其是网络资源）、华文教育理论研究及华文教育史的编撰等，这些都是可以进一步加强交流与合作的。

第三，两岸应当携手建立世界性、全球性的交流合作平台。

两岸应当整合全球华文教育力量与资源，团结联系世界范围内的华文教育工作者，共同努力推动华文教育全球化发展。例如，两岸可以一起联系世界各国华文教育组织机构，共同组建"世界华语联盟"或"世界华文教育联盟"；通过联合举办学术会议、论坛等形式来加强交流与合作，为有需要的华文教育机构或个人（包括华语学习者）提供咨询、支持与帮助，以服务于华文教育事业发展。

第四，两岸华文教育界需要携手合作建立海外华文教育质量保障体系。

这需要两岸华文教育界就海外华文教育质量保障体系建设的若干问题（如教学、教材、评估及水平测试等）进行充分交流，达成共识，这样才能进一步促进世界华文教育的规范化、标准化和专业化发展，不断提高华文教育质量与水平。

第五，在两岸华文教育界的合作中，要特别注重加强两岸青年华教工作者的交流与合作。

在两岸的交流与合作中，要特别注重加强华文教育与青年学生（包括大学本科生和研究生）的交流，以及两岸青年华文教师的交流与合作，让两岸青年人可以得到更多交流与合作的机会，以壮大华文教育的中坚力量，促进华文教育的可持续发展。

最后，要特别感谢《华文世界》为我提供了这次与大家交流、向大家学习的机会，特别感谢《华文世界》为华文教育事业发展及两岸华文教育界的交流与合作作出的贡献！

（本文发表于《华文世界》2017 年第 120 期，作者赵雅青、赵青，二位为本刊特约记者。）

以侨为本 教研并举 全面推动华文教育发展

——访华侨大学校长贾益民教授

　　华文教育是面向几千万海外侨胞尤其是华裔青少年这一特殊群体开展的语言文化教育。作为华侨华人的"留根工程"，海外华文教育是传承中华优秀传统文化、保持民族特色的根本保证，也是侨务工作中一项具有战略意义的基础性工作。地处闽南的华侨大学创办于1960年，由革命领袖廖承志担任首任校长及党委书记，直属于国务院侨务办公室，是国家面向海外开展华文教育的重要基地。秉承"为侨服务，传播中华文化"的办学宗旨，近年来华侨大学紧紧抓住历史机遇，着力构建全方位的大华文教育体系。近期，华侨大学校长贾益民教授接受了我刊的独家采访。贾校长于1978年10月考入暨南大学中文系汉语言文学专业；1982年7月毕业，同年考取暨南大学中文系文艺学专业硕士研究生；1985年7月获文学硕士学位，同年留校任教；2011年9月，任华侨大学第七任校长。在访谈中，贾校长畅谈了他对我国华文教育事业、华文教育与国际汉语教育的关系等方面的看法，强调了华文教育的学科属性和研究重点，回顾并展望了华侨大学在推动华文教育发展方面的重大举措。

一 任重道远：海外华文教育虽成绩斐然，但仍处于发展的初级阶段

　　《世界教育信息》：您从20世纪80年代就开始关注华文教育，和国务院侨务办公室及海内外的华人华侨组织都有非常深入的接触。您能结合这么多年的工作经验，谈一谈国家在推动海外华文教育发展方面取得了哪些重大成绩吗？

　　贾益民：中国政府一向都非常重视海外华人华侨社会的华文教育发展、

海外华人华侨子弟的教育和中国语言文化的传承。尤其是改革开放以来，中国政府在支持、推动海外华文教育事业发展方面取得了很大的成绩，有了长足的发展。总的来说，主要表现在以下五个方面。

第一，国务院侨务办公室，还有国家原对外汉语教学领导小组，都把海外华人华侨社会的华文教育纳入国家汉语国际教育、汉语国际推广的整个战略布局中来积极推进。此外，我国还成立了国家海外华文教育工作联席会议。2004年3月，时任国家主席胡锦涛在参加全国政协会议时，专门就如何加强海外华文教育作出了重要指示。同年4月，国家海外华文教育工作联席会议在北京正式成立。联席会议由中央15个部委的领导及其他有关部门领导组成，主要工作是制定海外华文教育发展的总体规划，对今后一个时期海外华文教育发展的方向、原则、方式、方法、条件保障等问题作出明确的规定，这对国家政府层面和民间层面推动海外华文教育工作起到了指导性和规范性作用。中国华文教育基金会也于同年注册成立，积极动员海内外的社会力量共同支持华文教育事业的发展。多年来，国务院侨务办公室按照国家海外华文教育工作联席会议的工作任务、工作方针、工作要求来开展各项华文教育工作，并把华文教育纳为海外侨民工作、华人华侨工作的一项重要内容，试图通过华文教育对海外华人华侨社会的中华语言文化传播起到一种侨务公共外交的作用。

第二，国家在推动华文教育发展方面创立了一系列华文教育工作品牌。这些品牌活动的开展，促进了海外华文教育教学质量的提升和华文教育的普及。现在，海外华文教育一方面面临着普及的问题，即通过各种工作吸引更多的海外华裔青少年子弟加入学习华文的行列当中来；另一方面，面临着华文教育教学质量提升的问题。如何把"普及"和"提升"结合起来，是这些年国务院侨务办公室和国内华文教育机构的一个重要考虑，或者说是一个战略考虑。对此，国务院侨务办公室和国内的华文教育机构采取了一系列措施，比如开展品牌活动。品牌活动发展大概可以分为两类：第一类是面向海外华文师资队伍的培训活动，这是提高海外华文教育教学质量和华文教育水平的重要举措，主要采取"请进来"和"走出去"的方式，通过多层次、多类型、多形式的培训来提升海外华文教育的水平；第二类是面向华裔青少年开展多种形式、多种类型的华文教育语言文化寻根、汉语冬夏令营、中华文化大乐园等活动。这些活动吸引了越来越多的华裔青少年加入学习华文的队伍中来，调动了海外华裔青少年学习华文的积极性，激发了他们学习华文的热情和兴趣。

第三，国务院侨务办公室组织编写的系列教材填补了海外华文教育教材的空白。以前，海外华文教育没有比较规范的教材。为此，国务院侨务办公室组织编写了《中文》《汉语》等系列教材，还有一些本土化教材以及文化教材。这些教材包括纸质版教材、多媒体光盘教材、网络教材。虽然现在的华文教材种类偏少，数量也不多，但是，这毕竟是一个良好的开端，构建了华文教育的基础教材体系，为海外华文学校——包括周末制、全日制、半日制华文学校等提供了一系列可用的教材。这些教材从 20 世纪 90 年代中期出版发行以来，到现在将近 20 年了。目前看来，这些教材的质量还是比较好的，也非常受欢迎，其间也经过了多次修订，有很大的影响力。其中，《中文》的使用量最大，到现在已经发行了 2000 多万册。

第四，在华文教育事业发展的过程当中，国家进一步重视对海外办学的指导和支持。在社会各界的支持下，国务院侨务办公室已在海外建立了 100 多所示范学校，召开了示范学校工作交流会、研讨会，对海外华文学校如何办学、如何提高教育教学质量给予指导。这些示范学校大多是各国或地区最具影响力、规模最大的学校，而且办学质量高、目标明确，总结、推广了一些比较好的办学模式、教育方式等。此外，国务院侨务办公室还举办了一系列校长培训、教务主任培训等活动，加强了对海外办学的指导和规范，这有利于不断地提高各校的办学质量。

第五，在华文教育发展的过程当中，华文教育学术研究和学科建设不断加强。首先，华文教育作为一门学科，在汉语国际教育界或者说对外汉语教学界，在国内外学术领域得到了广泛认可。现在，大家都认识到海外华文教育不同于对外汉语教学，它有自己特殊的性质、对象、要求和目标。比如，在语言教学性质方面，在文化教学的要求和目标方面，在教学和人才培养的目的方面等，华文教育与我们通常讲的对外汉语教学或面向海外主流社会非华裔外国人的汉语教学有巨大差别。现在，华文教育作为一门独立的学科基本上得到了国内学术界的肯定，而且有了一些专著、一系列论文，还有比较丰富的学科研究或学术研究。其次，华文教育作为一门独立的学科，已经被纳入国家本科教育专业目录中。在国务院侨务办公室的大力支持下，华侨大学文学院于 2005 年成功申报了华文教育本科专业，面向海外招收将来有志于从事华文教学的华裔青年。2006年，华侨大学华文教育本科专业开始招生。现在，为了更好地满足社会发展的需要，华侨大学、暨南大学、上海师范大学、北京语言大学等学校逐渐开设了华文教育硕士及博士学位课程，这将有利于华文教育学科体系的初步建成，促进高等教育体系逐步完善。再次，华文教育在学术研究、学科建设方面已经建立起一系列专门的学术会议体系，这些学术会议体系对扩大华文教育的影响力、加强华文教育学科建设、提升华文教育学术研究水平发挥了非常重要的作用。例如，世界汉语教学学会举办的世界汉语教学研讨会就把华文教育作为一项很重要的内容。除此之外，国务院侨务办公室每两年还举办一次世界华文教育大会，这个大会对华文教育的办学、教育教学、师资培养、教材编写等各个领域的学术研究都起到了很大的推动作用。另外，还有一些专题性会议或者地区性会议，如两岸华文教育协同创新研讨会、教材研讨会、教师发展研讨会、世界华语文教学研究生论坛、两岸华文教师论坛等。这些会议为海内外华文教育发展提供了重要平台，加强了海内外华文教育界的学术联系。

除了得到国家的大力支持外，华文教育还得到了海外许多国家、政府以及社会的支持。不过，华文教育在发展过程中也历经了很多磨难。受某些国家语言政策、民族政策、文化政策等影响，华文教育在20世纪中期曾遭受严重的挫折和打击，甚至一度中断。20世纪90年代初期以来，各国华文教育政策的调整为华文教育的发展创造了良好的环境，华人华侨社会发展华文教育的政策更为宽松。到目前为止，虽然华文教育的发展取得了很大的进步，但是现在仍处于初级阶段，还有很多困难尚待解决，很多工作需要进一步推进。不过，我对华文教育今后的发展充满信心！

二 大国崛起：海外华文教育得以复兴并呈现出新的面貌

《世界教育信息》：自20世纪以来，海外华文教育在办学的形式、规模等方面主要经历了哪些显著的变化？最近十几年，我国的经济一直保持着高速发展，国际地位得到了极大提升，您认为伴随着中国的崛起，海外华人学汉语的情况是否发生了一些变化？

贾益民：这种变化是非常明显的。20世纪50年代中期以前，海外华文教育基本上是一种侨民教育，汉语教学多是母语教学或者第一语言教学。但是，这种情况在 20 世纪 50 年代中期后发生了质的改变，作为侨民教育或者母语教育的教学形式和内容在绝大多数国家得到彻底改变，汉语成为这些国家或者华人华侨社会学校的外语教育或者第二语言教育。这种变化也使得海外华文教育的办学性质、办学形式、教学内容等发生了很大的变化，并最终导致海外华人华侨社会的汉语水平在后来相当长的时间内走下坡路，甚至有些国家的华文教育中断了许多年，致使几代人没有学习汉语的机会。

从 20 世纪八九十年代开始，尤其是 90 年代以后，我们看到海外华人华侨社会华文教育普遍得到振兴或者实现了复兴，如各种华文学校的复办，新式中文学校、周末制学校、补习学校或补习班的创办。可以说，华文教育得到了广泛的普及和发展。其间，我们看到海外华文教育已从旧式的老侨校转到新式的学校，并更多以周末制或者课后制中文学校的面貌出现。这种办学形式已成为海外华文教育的主流或者主导，大多数华人华侨子弟在周末制中文学校学习汉语和中华文化。

以前开展侨民教育主要出于对华人华侨社会民族语言文化的传承，以及掌握华文之后的实用性考虑。随着中国改革开放政策的实施，中国经济社会的发展，中国国际地位的提升以及中国国际贸易往来的频繁，海外华人华侨子弟与中国的经贸、文化、教育等各方面的交流越来越多，这为华人华侨社会一代又一代青年人的生存与发展提供了广阔的空间和良好的机遇。因此，他们学习汉语、学习中国文化的目的除了传承本民族的语言文化之外，考虑更多的是语言的实用性，这也是伴随着华文的经济实用价值提升而出现的一种新情况。现在，海外学习中文的青少年越来越多，甚至有些人学习中文的目的是回到祖国或者祖籍发展事业，或者回国以后继续读书深造，或者从事促进中外经济贸易往来、加强文化教育交流等方面的工作。可见，与过去的侨民教育相比，当今海外华文教育的学习目的、要求、目标发生了很大的改变。

海外华文教育除了在华人华侨社会得到充分发展之外，现在正逐步进入国外很多国家或地区的教育主流中。很多国家教育体系内的华文教学越来越多，而且发展势头非常迅猛，这种情况主要表现在以下三点。第一，教育体制之外的补习性质的华文学校的学分在有些国家和地区被认可。虽然这些学校只是补习性质的周末制、课后制中文学校，但是学生通过一定程度的汉语学习并考试合格后就可以拿到相应的学分。这个学分被视为一门外语学分，可以帮助学生进入该校所在学区的主流学校。这是海外业余性质的华文教育进入主流教育的一种方式，对海外华人华侨社会自己创办的补习性质的华文学校或中文学校的发展起着重要的促进作用。第二，虽然一些旧式的或者老侨校把汉语作为第二语言，但是华语教学或者汉语教学所占的课时量或者学分逐渐得到所在国政府的更多支持和认可，其学时量、教学内容也更加丰富。第三，教育主流之内的一些中小学纷纷增设华语或者汉语课程，这实际上是华语在社会上得到普遍承认的一种标志，也是外国政府重视华文教学的一种体现。在很多中小学，华文被视为选修课程甚至是必学课程，而且除了华人华侨学生可以选修之外，更多的非华人学生也加入华文课程的学习中来，这也是一个很大的变化。

除此之外，还有一些新的变化，比如海外华人华侨社团更加重视华文教育。就目前而言，海外华文教育除了私人办学之外，更多的是由一些华人华侨社团和机构在统领办学。这些华人华侨社团和机构设立了专门的华文教育组织领导机构，这对于促进华文教育办学的发展非常重要。这些社团基本上都是由商界、文化教育界或者科技界的精英组建的，他们有很强的经济实力，也有文化教育方面的经验，并且往往都是在华人华侨社会或者所在国、所在地区主流社会拥有一定影响力的人士。因此，他们的参与会给华文学校的办学带来极大的影响，为华文教育的办学创造更好的条件，提供更好的保障。

在华人华侨所在国政府的支持下，建立教育体制内的双语或者三语学校，是海外华文教育的一种新变化。在东南亚、北美、欧洲，都有一些这样的学校。这些学校往往是全日制学校（从幼儿园、中小学一直到高中阶段），已经被纳入教育体制内。在这些学校中，华文已经成为一种主流语言，它可以与所在国的语言并驾齐驱，所谓"双语"就是所在国语言和华语两种语言。"三语"指的是在有些非英语国家加了英语课程，但是英语基本上被作为外语课程来学习，相比之下，所在国语言和华语基本上是作为教育的主导语言或者学生学习的最主要的目的语。因此，这些学校学生的华语水平比一般周末制补习学校的学生水平要高得多，这是一个新的发展趋势。

另外，海外华文传媒对海外华文教育也更为支持。海外许多华文传媒，包括报纸、广播、电视、杂志等都在推广华文教育。比如，报纸会经常关注所在国或所在地区华文教育教学的状况，甚至开辟华文教育专栏，这对传播汉语、传播中华文化具有非常重要的作用；海外中文电视台、华语电视台也开设了专门的教育栏目——汉语教学栏目、文化教学栏目等，这对海外华人华侨社会传播中华文化，同时对华文教育起到了很大的推动作用。从历史发展来看，海外华文传媒从来没有像现在这么关注华文教育、支持华文教育。总之，21世纪以来，华文教育发展中的各种新形势、新情况、新发展非常多。

三　和而不同：华文教育与对外汉语教育的本质差别与共同愿景

《世界教育信息》：近年来，国家汉语推广领导小组办公室在不同国家的大中小学积极开办孔子学院和孔子课堂，在汉语国际教育推广方面扮演着非常活跃的角色。对外汉语专业或者说汉语国际教育专业的社会认知度很高，相比之下，许多人对华文教育专业了解不够，甚至将它等同于对外汉语，请您谈一谈对外汉语教育和华文教育之间的区别和联系。

贾益民：对外汉语教育或者汉语国际教育与华文教育都是对外的一种汉语国际传播，一种中国文化的国际传播。从本质上来讲，它们的目的是一致的，但两者的差别也是非常大的。

首先，从性质上来看，对外汉语教育最早是一种面向来华留学生开办的汉语教学。我们现在的一系列对外汉语教学理论体系都是基于20世纪50年代开始的针对来华留学生在中国学习汉语而建立起来的。到了21世纪，也就是从2004年孔子学院建立开始，对外汉语教学的阵地由国内转移到了国外，名称也随之进行了调整，改为汉语国际教育，这意味着在国内面向来华留学生的汉语教学已经转向在外国教授所在国公民学习汉语，转化为一种在国外的汉语教学与传播。华文教育从一开始指的就是面向海外华人华侨子弟举办的中国语言文化教育。它也是在外国传播中国语言文化，但是，它的对象和起源是不一样的。目前，汉语国际教育在国外主要通过孔子学院、孔子课堂等推广，其对象主要是所在国公民；而华文教育则是在国外由华人华侨社会开办的，以面向华人华侨子弟为主要教学对象的本民族语言文化教育。

其次，从发展历史来看，海外华文教育是中国人到海外之后就开始的，其历史渊源可以追溯到汉代，唐代之后形成了一个高潮，出去的人更多了。也正因为这样，华人到了海外之后常被称为"唐人"。尽管从唐代之后，中国人到海外去发展已是蔚然成风，但后来大规模到国外去则是鸦片战争之后。鸦片战争期间，中国国内民不聊生，中国人尤其是东南沿海的国人为了谋生以各种形式下南洋、去西洋，到海外定居。但是无论这些人到了海外之后的生存条件多么困难，都会积极地举办华文教育，开展对华人华侨子女的中国语言文化教育，其目的之一是让子女继续传承中国语言文化，另外也是出于谋生的需要。因此，海外华文教育自从中国人到海外之后，上千年来一直没有中断过。这种教育在历史上一度也被称为"侨民教育"，而且从清政府开始，一直到后来的民国政府，都把海外的侨民教育、华文教育看作中国国内教育在海外的一种延伸。这是华文教育所特有的一种历史特征，也表明了中国历届政府对海外华人华侨开办华文教育的重视。改革开放以来，随着大量的新移民到海外去，海外的新移民和老华侨开办的华文学校数量越来越多，在校生越来越多，华文教育的规模也越来越大。从历史发展来看，华文教育有自己的办学体系、办学方式和办学传统，而且和国内的教育有千丝万缕的密切联系。然而，对外汉语教学或汉语国际教育是从 20 世纪 50 年代才开始的。新中国成立之后，非洲、东欧一批对中国友好的国家纷纷派留学生到中国学习汉语，对外汉语教育从此走进历史舞台。后来，虽然从国内的对外汉语教学发展到国外的汉语国际教育有了根本的变化，但是，汉语国际教育的发展历史、办学形式、办学规模都与海外华文教育有一定差距。因此，不管从历史还是现状来看，华文教育和对外汉语教育或汉语国际教育都有很大的区别。

最后，两者的教学目的也是不一样的。就对外汉语教学或者说汉语国际教育而言，外国人学习汉语的主要目的是掌握一门语言工具，便于和中国人打交道、做生意，进行经济、文化、教育等各个方面的交流。但是，华人华侨子弟学习汉语的目的不一样，因为汉语、中华文化对他们来讲是本民族的语言和文化。他们学习汉语和中华文化的目的不仅是掌握一门语言工具，了解一些中华文化的知识，更重要的是在海外传承中国语言文化。这是华夏儿女的重要责任和使命，是新老一辈华人华侨对子女的殷切期望，而外国人则没有承担，也不会承担在海外传承中国语言文化的责任。因此，海外汉语国际教育和华文教育在语言文化的讲述、语言的教学性质方面有很大的差别：针对外国人的汉语教学是一种把汉语作为第二语言的语言教学，而面向华人华侨子弟的教学更多地是把汉语作为一种母语教学，有些国家和地区甚至把这种母语教学当作第一语言教学；在教育形式上，针对华人华侨的教学集汉语的听、说、读、写技能和知识的学习于一体，在很大程度上有一种语文教育的性质，而面向外国人的汉语教学基本上就是一种纯粹的第二语言教学，从这里面我们也可以看出华文教育的复杂性和特殊性。华文教学研究、华文教育研究必须充分认识到华文教育特有的性质。

《世界教育信息》：汉语国际教育目前取得了很大的成绩，但社会上对它也有各种评价。您作为这方面的专家，是如何看待汉语国际教育的得失和不足的？

贾益民：总体来讲，汉语国际教育的发展形势非常好。孔子学院、孔子课堂的建立对于在各国普及汉语教学、传播中国语言、传播中华文化起到了非常大的作用，也使得中国语言文化的国际传播有了一个很好的基础，一个很大的平台，一种很好的手段。但是，国外学习汉语的规模还不够大，汉语在其他国家作为一种外语进入主流社会或者是主流教育系统的速度、规模还不够理想，我们必须冷静地分析世界范围内的汉语教学形势。虽然汉语在某些国家已经上升到第二外语的位置，但是在非英语国家，它和第一外语（英语）的差距仍然非常大，而且汉语进入主流社会被普遍认同和使用的情况仍然不容乐观。我们需要做进一步的调查和了解，弄清楚目前在不同的国家和地区的汉语使用情况，究竟是哪些人在经常使用汉语，在什么样的领域、行业、工作范畴当中使用汉语。英语已经成为全世界的通用语言，汉语目前离这个目标还远得很。通过汉语的国际传播，如何使汉语为更多的人所认同、所使用，这是汉语国际教育面临的重要课题，在这方面需要进一步加强整体规划和顶层设计。

另外，如果汉语国际教育想得到更大范围或者规模的传播推广，就不能忽视海外华人华侨社会的力量和作用。如果5000多万的海外华人华侨能够在所在国和地区积极、主动地宣传汉语、推广汉语、使用汉语，那么，汉语教育在国外会发展得更快。但是，我们当前在这方面做得还不够。比如，我们应该怎样支持海外华人华侨社会开办华文教育，并面向主流社会招生，使更多的非华裔华侨子弟来到华文学校学习汉语，使更多的华文学校得到政府主流教育体系的认可。我想，这是我们今后推动海外华人华侨社会华文教育发展的一项重要内容，应该从国家层面、政府层面统筹规划，要有战略的策划、眼光和目标。

四　学科正名：华文教育的学科属性及学科建设

《世界教育信息》：作为一名研究者，同时也是华文教育的领军人物，您从 20 世纪 90 年代就开始撰写文章，为华文教育的学科属性正名。请问，您在推动华文教育学科建设方面有什么深层的考虑，目前华文教育学科建设方面取得了哪些成绩？

贾益民：这是一个很大的题目。我在前面说过，华文教育和对外汉语教学、汉语国际教育有很多共性的东西，它们都遵循汉语作为第二语言的教学规律，遵循语言国际传播的共同规律。但是，我们看到华文教育和对外汉语教学、汉语国际教育也有很大的不同，它们有各自独特的历史传统，拥有不同的办学形式，教学对象也有很大的差异。我们知道，在教育学中有一个普遍的规则，那就是无论教学内容、教学目标、教学方式、教学手段等是什么样的，教学活动的性质都是由教学对象决定的，而且，教学对象的不同，也决定了教学形式、教学内容、教学目标的不同。当然，这个普遍规律或者说教育学的基本规律，在对外汉语教学和华文教育中同样适用。我们看到，对外汉语教学和华文教育各自有着明确的教学对象，而且教学对象的特点也很不一样。教学对象的不同，决定了对外汉语教学和华文教育有各自特殊的教学内容和教学目标，具有不同的语言教育性质。对外汉语一般指的是汉语作为第二语言的教学，而华文教育除了第二语言的教学之外，还兼具母语教育、第一语言教育和综合性语文教育性质。在办学形式上，华文教育也有自己的办学体系——有纳入国民教育体系的全日制汉语作为母语或者第一语言的教育，有纳入国民教育体系、在传统的华文学校当中汉语作为第二语言的教育，还有大量补习性质的周末制、课后制的补习学校，以及各种各样的家庭补习班等。总之，从这些层面来看，华文教育有自己特殊的教学性质、特定的教学对象，以及各种各样的教学形式。从这个意义上来讲，我觉得华文教育具备构成一个独立学科的基本要素。从教育学层面来看，它具备一个教育学分支的基本要素。因此，90年代中期时我就提出应该把华文教育作为一个独立的学科来建设，包括它的学科理论、学科内容、学科历史研究及学科未来的建设研究。实际上，这项工作的主要目的是想通过华文教育的学科理论建设来探讨华文教育自身的特殊规律，总结历史经验，把过去华文教育上千年来形成的历史传统、经验上升到理论层面，为今后华文教育的发展提供积极的借鉴。正是基于这样一种考虑，我才提出来把华文教育作为一个独立的学科来建设。但是，20世纪90年代，对外汉语教学界对华文教育还不是很认可。当时大家普遍认为，"华文教育"就是对外汉语教学，和对外汉语教学没有差别。当我深入了解了这个专业领域之后，才发现仅仅把华文教育等同于对外汉语教学、当作对外汉语教学来研究是远远不够的。但是，应该怎样让大家认识到华文教育的特殊性、强化华文教育自己的理论特色和特有规律？我想只能从学科建设这个层面去呼吁、去探讨，然后慢慢实现这个目标。

经过若干年的努力，特别是21世纪以来，学术界、国内的汉语国际教育界（或者是对外汉语教学界）都普遍认识到华文教育不同于对外汉语教学，不同于一般的汉语国际教学，它确实有自己的特殊性，应该研究在这种特殊条件下的汉语教学以及文化传播等一系列理论问题和教学问题，包括教材编写问题、师资培训问题等。从这一意义上讲，华文教育的理论建设、学科建设相当重要。当然，现在的工作还只是刚刚起步。虽然我们已经基本梳理出华文教育不同于对外汉语教学的一些基本特性，但是研究得还不够深入，或者说这个理论体系的系统性还不全面，相应的理论成果也不太多，需要华文教育界去做更大的努力。

五　教研并举：华文教育研究应重点关注六大领域

《世界教育信息》：刚才您在谈话中也提到了科研在华文教育中的重要性，那么，就目前而言，华文教育研究应重点关注哪些内容，以更好地推动华文教育的发展？

贾益民：目前，华文教育研究应重点关注六大领域。第一，深入了解海外华文教育的现状。目前，海外华文教育发展的速度非常快，但是，我们对其现状的了解还不深入、不系统、不全面。比如说，目前海外究竟有多少所华文学校，这些学校究竟有多少学生、教师，使用什么样的教材，办学现状如何，学生和教师的结构状况如何等。我们要从事华文教育研究，从国家层面来讲，当务之急，就是要制定华文教育发展的宏观政策和策略。深入了解海外华文教育的现状是非常重要的，因为这是一项最基础的工作。实际上，清末政府、民国政府等都对海外华文教育的学校状况做过调查，有一系列田野调查数据，但是，我们现在缺乏对这些情况的了解。

第二，华文教育目前的教师队伍建设还不够理想，或者说和华文教育的实际需求来讲，差距还比较大。一方面，教师数量不足；另一方面，华文教师总体水平、专业程度偏低。当然，这也有历史的原因，受一些客观因素的影响。此外，教师中从事相关教学研究和探索的人也比较少。海外华文教育的发展壮大和质量提升都离不开高质量的教师。如何不断地推进教师的专业发展，是海外华文教育事业目前面临的重要课题。但是，我们恰恰在这方面缺少规划和统一的激励措施。多年来，我们在师资培训方面做了很多工作，也取得了很好的成绩，但总体而言，还不系统，也不深入，而且人力、财力、资源重复投入的现象也比较严重。如何采取有效的措施来统筹规划，促进海外华文教师的专业发展，是我们目前亟须研究的课题。对于专业教师的知识结构和能力结构要求，面向不同类型和层次的华文教学的华文教师要求在我们的教师培训中还没有明确地区分开来。可见，应该怎样培养教师以适应不同的教学对象、教学类型、教学形式、教学需要，这一点我们还做得很不够。另外，我们还没有开展对海外华文教师的资格认证或者能力认证，这对于统一华文教师的专业标准非常重要。之前，对外汉语教学要求教师取得对外汉语教师资格证，后来又制定了汉语国际教师能力标准，2012年底国家汉语推广领导小组办公室又颁布了新版国际汉语教师标准，这对于海外汉语教师的标准化和专业能力发展是非常重要的。但是，新版的国际汉语教师标准对于海外华文教育的教师并不完全适用，这是由国际汉语教学与海外华文教学的不同任务和不同形式所决定的。因此，华文教育界应该研究、制定面向海外华文教师的教师标准。之后，我们可以根据这个标准对教师进行有系统、有组织的专业培训。经过培训达到一定水平的教师可以通过测试获得华文教师证书。针对不同的教学类型和教学层次，我们可以向教师颁发不同等级的证书。这是华文教师专业发展研究的一个重要课题。

第三，华文教育研究的重点还应该包括海外华文教育教学法的研究，而且教学法研究应该侧重实用教学法的研究。现在，世界上有各种各样的教学法理论，我们在给海外华文教师培训时也讲了许多理论，但是这些教师走进课堂，面对不同的学生和不同的课文时，仍然不知道该怎么讲课。这样的话，即使教师们学了再多的教学法，也对实际教学的帮助不大。因此，我认为应该研究华文课堂的实用教学法。这种实用教学法研究可以根据不同层次、不同类型、不同形式的课堂教学来研究具体的教学方法。比如说，我们可以根据不同教材的课文结构来区分课文的形式，进而研究某一类型的课文怎么教效果更好、更受学生欢迎。在这方面，我们可以收集、总结、借鉴世界范围内的优秀教学案例，建立教学案例库，为教师们提供培训和指导。

第四，需要研究教材编写的问题。现在汉语国际教育也好，华文教育也好，真正的优秀教材或者精品教材并不多，"本土化"或者说"本地化""本国化"的汉语教材则更少。当然从学术上来讲，大家对什么是"本土化"或者什么是"本国化"有不同的观点和意见。在我看来，这个问题的影响并不大，关键是我们要研究如何在教材中体现本国特色，这不仅包括语言教学的内容和形式，也包括文化教学的内容和形式。在此基础上，我们要致力于研究、开发、编写针对不同国家和地区的华文教材。

第五，加强对华文教育史的研究。华文教育有上千年的发展历史，尤其是近现代以来海外华文教育发展迅速，有很多珍贵的历史文献资料，但是，我们目前还没有看到一部完整的华文教育历史著作。当然，有些学者做了某些国家和地区的华文教育史料的搜集和整理工作，但是系统的华文教育史研究著作并不多，而且以往的华文教育史研究多集中在办学历史方面或者华文教育的社会发展史方面，深入的教育教学过程研究著作不多，或者说基本上没有，缺少对教学内容、教材、教学方式方法等的探讨。作为一种独立的教育形式，华文教育理论发展方面的历史研究也非常少。现在，海内外一批老的华文教育工作者还健在，如果我们能积极地抢救这些"活的"历史史料，基于口述历史，再去挖掘更多的历史材料，可以为后人续写华文教育发展历史奠定良好的基础。否则，一些珍贵的史料可能就随着这些老人的离世而遗失，这是很可惜的。我们应该有规划、有系统地去编写华文教育的历史。

第六，关注各国政府、社会有关华文教育政策方面的研究。除了学术研究这个层面，我们还应该重点关注华文教育教学资源的开发、利用和推广工作。现在，我们提倡"大华文教育"的概念，那么，这种华文教育所需的教学资源就不同于过去传统课堂使用的纸质版教材。当今，华文教育教学资源的形式更加多样化，除了纸质版的教材之外，还有电子版教材、网络教材、广播教材、电视教材、移动媒体教材、附属于其他传媒形式的教学资源（电影、电视、广播、移动通信），以及其他艺术形式的教材作品（动漫艺术、电影电视艺术）。立体化的现代高科技形式教学资源的研究、开发和利用，也应该成为华文教育研究的重要课题。因为这方面的技术更新日新月异，所以华文教育怎样通过现代科技，尤其是通过现代通信技术的发展来开发多种形式的教学资源显得尤为重要。

六 谋篇布局：华侨大学在推动华文教育方面采取的重大举措

《世界教育信息》：您作为华侨大学的当家人，能为我们介绍一下华侨大学近年来在推动华文教育方面采取的重大举措吗？未来又会有哪些重要举措？

贾益民：自建校以来，华侨大学一直把华文教育作为自己重要的办学任务在推动，尤其是1997年华文学院建立后，在推动海外多种形式的华文教学、开展多种形式的华文教学活动方面做了很多工作。

第一，建立健全了系统的华文教育学科体系。从非学历补习性质的教育，一直到专科教育、本科教育和研究生教育，华侨大学建立了一个完整的华文教育学科体系，这对于提高华文教育的层次和水平，尤其是培养高层次的华文教师方面，起到了重大的推动作用。

第二，创办了一系列华文教育知名品牌活动。这对于普及华文教育、扩大华文教育的影响力发挥了重要作用。比如，"中华文化大乐园"把一些华文教育的冬、夏令营的举办由国内转移到国外，吸引了越来越多的华人华侨子弟以及其他外国的小朋友加入冬、夏令营的活动，扩大了冬、夏令营的规模，丰富了冬、夏令营的形式和内容；在国务院侨务办公室的支持下，"中华文化寻根之旅"每年都会开展大量的华人华侨子弟"中华文化之旅"和"寻根之旅";创立"外国政府官员中文学习班",使华文教育对象从华人华侨子弟延伸到外国的政府官员。除此之外,华侨大学还举办了"中华文化大赛"等一系列活动。

第三,提出了"大华文教育"的理念。华侨大学不仅在华文学院、华文教育研究院进行华文教育,音乐舞蹈学院、美术学院、体育学院、哲学社会发展学院、理工学院等都积极参与到华文教育的各项工作中来,以培养各种海外语言人才、文化人才和艺术人才,使华文教育人才培养的范围由单纯的语言人才培养拓展到文化、艺术、体育、美术等领域。可以说,华侨大学在这方面做了很多有益的尝试。

第四,华侨大学不仅积极地鼓励海外华侨华人来华侨大学学习汉语和中国文化,同时还积极拓展海外办学。在海外,华侨大学通过函授教育的形式,从非学历到学历再到研究生教育,从华文学习者到华文教师培养,已经建立起比较完善的华文教育办学体系。华侨大学的合作国家遍布东南亚、欧美。比如,在美国,有中文学院;在泰国,华侨大学与吞武里大学合作开办了华文学院。此外,华侨大学还与印度尼西亚、菲律宾、泰国、马来西亚、日本的一些华文教育机构合作开办了非学历班、学历班以及研究生班,这使得华文教育走出校门、走出国门,到国外去发展。接下来,华侨大学将在海外设立分校,对推动华文教育在海外的发展起到重要作用。

第五,在致力于推动华文教育的学科建设和理论研究方面采取了积极的措施。例如,成立华文教育研究院、海外华文教育中华文化传播协同创新中心,开展和境内外的华文教育机构的"协同创新",进行相关研究,包括华文教育史研究、华文教育普查、资源研发以及华文教师发展研究。发展华文教育是华侨大学重要的办学特色,也是华侨大学发展的重大使命。今后,学校将给予华文教育更多的关注和更大的支持,为推动华文教育、发展华文教育做更大的贡献。

(本文发表于《世界教育信息》2014年第6期,作者李欣、姚垚、尚清。)

附录：以侨为本 做华文教育"领航人"

由暨南学子到师者，从暨南大学到华侨大学，"一生当中的暨大情怀没有丝毫消退"，把中华优秀传统文化传播到五洲四海的努力与坚守，从未改变。贾益民与暨南大学相识、相知、相伴 30 余年，最后相互滋养。习近平总书记曾经用"根、魂、梦"来形容海外华文教育的价值所在，贾益民正是当年植根、播魂、发扬中国梦的华文教育"领航人"。

一 早岁结缘 与暨大共成长

20 世纪 70 年代末的中国，改革潮起。1977 年，关闭 10 余年之久的高考大门重新打开。这一年冬天和第二年夏天，中国迎来了世界历史上规模最大的考试，上千万考生进入考场。贾益民便是其中一员。当时在部队已经当上了军官的他，出于对"侨校"的好奇和向往，在高考志愿填报时选择了暨南大学。暨南大学复办后的首届开学典礼定于 10 月 16 日举行，那天刚好是贾益民的农历生日。这段命中注定的暨南情缘由此展开，铺就了贾益民与暨南大学共成长的 30 年。

大学时代，与同窗和恩师相遇、相识，织就了贾益民在暨南园的温馨记忆。回想起自己昔日的同窗，贾益民首先想到的便是汪国真。"我和汪国真是同班同学，相处得非常好。他学习非常努力和用功，在大学期间非常喜欢诗歌，奠定了他后来成为诗人的基础。"贾益民这样评价汪国真，"汪国真同学是暨大复办后首届学生的杰出代表，也是中国恢复高考后，新一代大学生的杰出代表"。

当时，为支持暨南大学复办，中央从全国各地的著名高校选拔了一批优秀学者来暨大任教，其中便有国内当代三大散文家之一的秦牧先生。秦牧先生时任暨南大学中文系系主任，贾益民经常跟随导师杨嘉教授到秦牧先生家里请教，先生的谆谆教诲让他时刻铭记于心，也深刻地影响着他后来的为师之道。"秦牧先生对中文系的学生影响很大，一方面，他对学生非常关爱；另一方面，他在和学生交流时总是把教育学生如何做人放在第一位。"刚刚复办的暨南大学，条件有限，环境比较艰苦。但由于侨校特色，整个校园的文化活动非常丰富。在暨南大学1978级的学生中，外招生比例较高，主要来自我国的香港和澳门。港澳学生带来了当地的生活习惯、文化习俗，以及新的观念和生活方式，这也为暨南大学奠定了国际文化的基础。"港澳学生和内地学生同处一个校园，大家一起生活一起学习。那个时候没有分宿舍，内招生和外招生都住在一起，关系非常融洽。1978年复办后，整个暨大校园的文化生活比较开放，学生的思想也很超前，这是在其他校园看不到的。"

在暨南大学就读的4年间，贾益民深刻地感受到侨校多元化、全球化、自由化的特色与优势。殊不知，这段岁月将他与华侨高等教育紧密地联系在一起。30年后的他，已然成为教科书中华文教材的"奠基者"与华文教育的"领军人"。

二 心系传承 领航华教事业

1982年，贾益民本科毕业后，报考了暨南大学中文系研究生，随后师从著名归国华侨作家、文艺理论家杨嘉教授和著名文艺学家饶芃子教授攻读文艺学硕士研究生，并于1985年毕业，获文艺学硕士学位。研究生期间，贾益民组织创立了暨南大学研究生会，并任创会会长。贾益民担任会长期间组织研究生开展了一系列学术及文化活动，在各大学形成了广泛影响，同时还创办了《暨南大学研究生学报》这一重要的学术平台。也正是这一年，贾益民放弃了毕业后回部队服务的机会，应学校需要，从部队转业到暨南大学任教，并先后担任中文系讲师、党总支书记和暨南大学第一任学生处处长。1993年，原广州华侨学生补习学校并入暨南大学，成立暨南大学华文学院，这是全国第一所专门从事对外汉语教学和海外华文教育的专业学院，因工作需要，贾益民被任命为暨南大学华文学院副院长，协助院长赖江基教授主持学院工作。华文学院是相对独立的学院，有相对独立的校园，学院有相对独立的人财物、教学科研、学院建设、海内外招生、学生教育管理制度、后勤保障等，这些都在贾益民的工作范畴内。这个工作给了贾益民很大的挑战和极大的锻炼。也正是这一契机，将贾益民带上华文教育之路。

了解华文教育这一领域后，贾益民就逐步热爱上了这项事业，并一直坚持到现在，迄今已经整整 24 年了。这份坚持源于一份感动，即世界范围内华侨华人社会对传承中华语言文化的执着与信念。在贾益民眼中，华侨子弟学习汉语和中华文化的目的不仅是掌握一门语言工具，更重要的是在海外传承中国语言文化，这不仅是华侨华人对子女的殷切期望，更是中华儿女的重要责任和使命。

了解到华文教育的特殊意义，贾益民迫切地投入工作之中，但是这项"海外留根工程"在实际操作中存在诸多软肋。在第一届世界华文教育大会上，海外华文教育界人士表示当前存在不少困境，既有像缺乏当地政府财政支持、主流语言环境钳制等的"先天缺陷"，也有如教材缺乏针对性、师资力量不足等后天障碍。贾益民下定决心，要在自己力所能及的范围内先"普及"，再"提升"，一步步扫清障碍，吸纳更多海外华裔青少年子弟加入学习华文的行列中。

功夫不负有心人，贾益民的努力很快等来了国家的回应。1995 年，在国务院侨务办公室支持下，贾益民主编了柬埔寨华文学校的小学教材《华文》。这是我国为海外编写的第一套本土化华文教材，作为柬埔寨全国 70 余所华文学校的通用教材，填补了柬埔寨华文教材的空白，对促进柬埔寨的华文教育事业发展起到了历史性的重大作用。1996 年，贾益民又带领华文学院教材编写团队编写了《中文》，包括主教材、练习册和教师教学参考书共 48 册，并于 1997 年陆续面向世界各国发行使用，迄今已连续发行 20 多年。现如今，《中文》已经成为全球性通用中文教材，被海外 100 多个国家和地区的上万所华文（中文）学校采用，总发行量近六千万册，是目前全球发行量最大的汉语教材。

一套教材适用于如此多的国家和地区，以及有如此庞大的发行量，这在中国汉语国际教育教材史及华文教育教材史上是绝无仅有的。"因此，有人对我说，贾校长，你的学生遍布全世界啊！"善始则功成一半也。从无到有，从普及到提升，这两套教材构建了华文教育的基础教材体系，铺平了海外华裔子弟踏入华文教育的第一段红砖路。

在教学材料的优化后，各地优秀的华文教师队伍也在紧锣密鼓地筹建。在岗期间，贾益民积极推动暨南大学、华侨大学等大陆华文教育机构与台湾的世界华语文教育学会及相关大学紧密合作，共同发起创办了"世界华语文教学研究生论坛""两岸华语文教师论坛""两岸华文教育高峰论坛"等交流与合作平台，通过分享教学经验，探讨教学问题，交流学术研究成果，加强两岸华文教育界的学术联系，共同提升华文教学质量，推动海外华文教育发展，为促进两岸华文教育交流与合作作出了重要贡献。贾益民在暨南大学工作期间，不仅参与创办了暨南大学华文学院的全过程（从学院建院的总体规划到基本建设、专业建设、队伍建设等，无不浸透着贾益民的心血），而且参与创办了暨南大学珠海学院（后改为暨南大学珠海校区），见证珠海学院从无到有的全过程。

在贾益民策划并主持下，暨南大学华文学院于 1997 年依托暨南大学中文系中国语言文学学科开始招收华文教育方向的硕士研究生，开国内华文教育研究生教育之先河，此后于 2005 年又成功申办并成立了全国大学中的第一个"华文教育本科专业"，专门招收海外华人华侨学生，培养在海外华侨华人社会从事华文教育教学工作的师资，毕业生授予教育学学士学位，以适应海外华侨华人社会及各国主流社会开展华文教育及汉语教学的需要，使华文教育在大学有了自己的专业及学科地位，这为后来乃至现在的华文教育及国际中文教育学科建设与发展奠定了重要的发展基础。

贾益民担任暨南大学华文学院院长期间，把华文教育办学由国内逐年拓展到海外，先后在印度尼西亚、新加坡、意大利、美国等国家和地区开办了旨在培养华文教师的华文教育办学平台，还策划创办了《华文教学与研究》专业期刊，使其成为华文教育及汉语国际教育的重要学术阵地和平台，以此培养了国内外一大批华文教育青年教师、学者。后来贾益民担任华侨大学校长，又高瞻远瞩地创办了华侨大学华文教育研究院，在研究院同人的共同努力下，发起创办并编辑出版了全球第一部《世界华文教育年鉴》及《世界华文教学》（辑刊），联合中国社会科学院文化研究中心、凤凰卫视、社会科学文献出版社、福建省社会科学研究院、台湾世界华语文教育学会在华侨大学创立了海外华文教育与中华文化传播协同创新中心，并兼任中心主任。

在贾益民领航下，一众华文教育工作者同心齐驱，无论是海内外、海峡两岸，还是学校、华社之间，"手拉手"的机会越来越多，双方的温暖和善意也在互动与交流间频频涌现。

三 校友联络：千里之任 使命必达

2011 年，国务院侨务办公室任命贾益民担任华侨大学校长。多年来深耕于华教事业的发展，如今又在著名侨校分管校友工作，贾益民深知自己的"多重角色"背负着异于常人的使命，于是他利用他的影响力，团结海内外校友形成合力，协同推进华文教育再发展再繁荣。

1992—1993 年，贾益民担任暨南大学学生处处长期间，在暨南大学校友会会长、著名校友马友恒先生的邀请、安排下，成功组织暨南大学优秀学生代表团访问澳门，这项活动深受广大校友欢迎和好评，从 1993 年迄今，这项活动一直没有中断，他衷心感谢马有恒先生的支持和付出。自贾益民在暨南大学和华侨大学从事华文教育工作以来，曾到访西班牙、印度尼西亚、泰国、马来西亚、新加坡、柬埔寨、缅甸、越南、澳大利亚、新西兰、斐济、埃及、南非、乌克兰、俄罗斯、奥地利、美国、加拿大、阿根廷、巴西、葡萄牙、意大利等多个国家和地区，只要有条件，贾益民到当地后有两件事是必做的：一是看望校友；二是拜访当地的华文（中文）学校。2017 年，他到访印度尼西亚雅加达，看望雅加达校友会一众校友，随后又马不停蹄前往印度尼西亚智民学院，深入了解该华文学校办学情况，为其"传经送宝"。访问期间，贾益民经常挂在嘴边的就是"海外华侨华人校友"与"当地华文教育"。在他看来，海外校友团结工作与发展华文教育之间有"1+1＞2"的化学反应。建校 60 年来，华侨大学培养的海外学子有六七万人之多，遍布全球五大洲。海外校友回流居住国后，已然成为当地华文教育的中坚力量，更是成为多国工商界、文化界交流合作的桥梁。

2015 年，在中泰建交 40 周年之际，泰国国王普密蓬·阿杜德授予华侨大学校长贾益民"一等泰皇冠勋章"，以表彰贾益民及华侨大学为泰国在学术交流、人才培养等诸多方面及加深泰中两国密切关系所作出的杰出贡献。

参考文献

白益民：《自我更新教师专业发展的新取向》，博士学位论文，华东师范大学，2000。

北京华文学院编《汉语》，暨南大学出版社，1997。

辞海编辑委员会编《辞海》（缩印本），上海辞书出版社，1979。

龚思进：《让世界理解中国，海外侨胞可为、善为、大有作为》，《侨务工作研究》2021年第6期。

顾明远：《关于提升我国中小学教师质量的思考基于——世界各国的政策经验》，《比较教育研究》2014年第1期。

国家发展改革委、外交部、商务部：《推动共建丝绸之路经济带和21世纪海上丝绸之路的愿景与行动》，中华人民共和国商务部网站，http：//lb. mofcom. gov. cn/article/jmxw/201504/20150400941645. shtml。

国家语言资源监测与研究中心编《中国语言生活状况报告（2005）》，商务印书馆，2006。

《国务院办公厅关于深化产教融合的若干意见》，中国政府网，https：//www. gov. cn/zhengce/content/2017-12/19/content_5248564. htm。

韩庆祥、陈曙光：《中国特色社会主义新时代的理论阐释》，《中国社会科学》2018年第1期。

何克抗：《信息技术与课程整合目标与意义》，《教育研究》2002年第4期。

黄甫全：《新课程中的教师角色与教师培训》，人民教育出版社，2003。

黄小希：《国侨办主任：推进海外华文学校标准化专业化正规化建设》，共产党员网，https：//news. 12371. cn/2014/03/20/ARTI1395318096280149. shtml? from＝groupmessage&isappinstalled＝0。

暨南大学华文学院、柬埔寨柬华理事总会编，贾益民主编《华文》，柬埔寨柬华理事总会印行，1996。

暨南大学华文学院编《第一届印度尼西亚华文教育与华文文学国际研讨会论文集》，2002。

暨南大学华文学院编，贾益民主编《中文》，暨南大学出版社，1997。

贾益民：《比较文学与现代文艺学》，华南理工大学出版社，1995。

贾益民：《关于建立华文教育学的初步设想》，泰国《亚洲日报》1996年10月6日，教育版。

贾益民：《论海外华文教材的编写原则》，《学术研究》1997年第6期；泰国《亚洲日报》1997年9月8日，教育版。

贾益民：《华文教育学学科建设刍议——再论华文教育学是一门科学》，《暨南学报》（哲学社会科学版）1998年第4期。

贾益民：《海外华文教学的若干问题》，《语言文字应用》2006年第3期。

贾益民：《中文》（1—12册），暨南大学出版社，2007。

贾益民：《海外华文教学的若干问题》，《语言文字应用》2007年第3期。

贾益民：《华文教育概论》，暨南大学出版社，2012。

贾益民：《华文教育研究的重点与方向》，《华文教学与研究》2013年第2期。

贾益民：《海外华文教育质量保障体系建设》，《世界华文教学》第一辑，社会科学文献出版社，2015。

贾益民：《"一带一路"建设与华文教育新发展》，《世界华文教学》第二辑，社会科学文献出版社，2016。

贾益民：《"大华语"的三个层次和"大华语战略"》，《语言战略研究》2017年第4期。

贾益民：《世界华文教育发展新形势与多元驱动》，《世界华文教学》第三辑，社会科学文献出版社，2017。

贾益民：《新时代世界华文教育发展理念探讨》，《世界汉语教学》2018年第2期。

贾益民、池琳瑛：《世界华文教学研究的新开端——"第一届世界华文教学研究生论坛"纪要》，《暨南大学华文学院学报》2008年第3期。

贾益民、池琳瑛等：《面向世界的华语文教学——第二届世界华语文教学研究生论坛综述》，《暨南大学华文学院学报》2009年第1期。

贾益民、吴煜钊：《国际职场通用汉语》（1—6册），暨南大学出版社，2020。

贾益民主编《语言与文化论集》，暨南大学出版社，1996。

贾益民主编《世界华文教育年鉴（2014）》，社会科学文献出版社，2015。

李春霞、周明阳：《中国对全球经济增长贡献最大》，《经济日报》2017年12月20日。

李泉：《论专门用途汉语教学》，《语言文字应用》2011年第3期。

李世改、李红梅：《技术哲学视野下的教育技术哲学》，《电化教育研究》2007年第3期。

李宇明：《大华语：全球华人的共同语》，《语言文字应用》2017年第1期。

林蒲田主编《华侨教育与华文教育概论》，厦门大学出版社，1995。

刘微：《教师专业化：世界教师教育发展的潮流》，《中国教育报》2002年1月3日。

刘旭：《"一带一路"建设中国际汉语职业教育发展研究》，《广西社会科学》2020年第11期。

《刘延东在第十二届全球孔子学院大会上指出为构建人类命运共同体贡献力量》，《人民日报》2017年12月13日。

陆俭明：《汉语走向世界的一些思考》，《上海财经大学学报》2005年第1期。

陆俭明：《树立"新时代"意识做好语言服务研究》，《中国语言战略》2018年第1期。

罗琴、廖诗艳：《教师专业发展的阶段性：教学反思角度》，《现代教育科学》2002年第2期。

罗清水：《终生教育在国小教师专业发展的意义》，《研习资讯》1998年第4期。

吕必松：《对外汉语教学探索》，华语教学出版社，1987。

马箭飞、梁宇、吴应辉等：《国际中文教育教学资源建设70年：成就与展望》，《天津师范大学学报》（社会科学版）2021年第6期。

《马克思恩格斯选集》第一卷，人民出版社，2012。

马秀秀：《许又声：第四届世界华文教育大会达成三点重要共识》，人民政协网，http：//news. sina. com. cn/o/2017-12-21/doc-ifypxmsq8682539. shtml。

南国农：《对我国电化教育深入发展的思考》，《中国电化教育》1997年第12期。

南国农、李运林、祝智庭：《信息化教育概论》，高等教育出版社，2004。

潘一禾：《当前国家体系中的文化安全问题》，《浙江大学学报》（人文社科版）2005年第2期。

齐彬、蒋涛：《裘援平：整合各方资源推进海外华教"三化"建设》，中国新闻网，https：//www. chinanews. com/hr/2016/09-09/7999776. shtml。

钱菁旎：《"一带一路"投融资发展机遇无限》，《经济日报》2017年12月11日。

裘援平：《华侨华人与中国梦》，《求是》2014年第6期。

裘援平：《现在海外华人华侨有6000多万，分布在198个国家和地区》，国际在线网站，http：//news. cri. cn/gb/42071/2014/03/05/107s4450353. htm。

裘援平：《振兴华文教育事业，助力中华民族复兴》，贾益民主编《世界华文教育年鉴（2015）》，社会科学文献出版社，2015。

邵宝祥、王金保：《中小学教师继续教育基本模式的理论与实践》，北京教育出版社，1999。

宋如瑜：《华语文教师的专业发展——以个案为基础的探索》，台北：秀威出版社，2008。

孙浩良：《海外华文教育》，上海人民出版社，2007。

王建勤：《美国国家语言战略与我国语言文化安全对策》，中国网·丝路中国，http：//sl. china. com. cn/。

王义桅：《中国进入新时代将为世界提供新机遇》，《丝路瞭望》2017年第12期。

魏晖：《"一带一路"与语言互通》，《云南师范大学学报》2015年第4期。

《习近平著作选读》第二卷，人民出版社，2023。

肖丽萍：《国内外教师专业发展的研究评述》，《中国教育学刊》2002年第5期。

邢欣、宫媛:《"一带一路"倡议下的汉语国际化人才培养模式的转型与发展》,《世界汉语教学》2020 年第 1 期。

熊建辉:《教师专业标准国际比较研究新进展——评〈美国优秀教师专业教学标准及其认证〉》,《世界教育信息》2014 年第 6 期。

熊玉珍:《教育传播视野中的海外华文教育》,《电化教育研究》2007 年第 11 期。

许琳:《2013 年孔子学院总部工作汇报》,《孔子学院》2014 年第 1 期。

薛伟胜:《利用 Authorware 技术建立远程教学网站》,《电化教育研究》2001 年第 12 期。

俞树煜:《单一媒体观到环境资源观:一个信息化教育隐含前提的变化》,《电化教育研究》2007 年第 5 期。

张博:《从教材开发看职场汉语教学模式构建》,《国际中文教育》(中英文) 2021 年第 2 期。

张普:《多媒体语言教学光盘与语感能力》,《世界汉语教学》1999 年第 2 期。

张向前、朱琦环、吕少蓬:《世界华文教育发展趋势及影响研究》,《云南师范大学学报》2005 年第 4 期。

张一辰:《裘援平:侨团建设引领海外华侨华人社会健康发展》,中国新闻网,http://www.chinanews.com/hr/2016/06-06/7896335.shtml。

张异宾:《从认识论和方法论高度深入学习领会党的十九大精神》,《中国社会科学》2018 年第 1 期。

张志泉:《教师专业发展研究的现状及可探空间探析》,《中小学教师培训》2008 年第 5 期。

赵世举:《"一带一路"建设的语言需求及服务对策》,《云南师范大学学报》2015 年第 4 期。

中国国家汉语国际推广领导小组办公室编《国际汉语教师标准》,外语教学与研究出版社,2012。

钟祖荣:《现代教师学导论教师专业发展指导》,中央广播电视大学出版社,2001。

周小兵、谭章铭主编《东西方文教的桥梁》,广东人民出版社,1997。

Burden, R. Paul, *Teacher's Perceptions of the Characteristics and Influences on*

Their Personal and Professional Development, Manhattan, KS: Author, 1980.

Day, Christopher, *Developing Teachers: The Challenges of Lifelong Learning*, London: Falmer, 1999.

Fessler, Ralph, "A Model for Teacher Professional Growth and Development", In Peter Burke and Robert G. Heideman(eds.), *Career Long Teacher Education*, CC: Thomas, 1985, pp. 181-193.

Fuller, F. Frances, "Concerns of Teachers: A Developmental Conceptualization", *American Educational Research Journal*, 1969 (6): 207-226.

Hoyle, Eric, "Professionalization and Deprofessionalization in Education", In Eric Hoyle and Jacquetta Megarry (eds.), *World Yearbook of Education 1980: Professional Development of Teachers*, London: Kogan Page, 1980, pp. 42-45.

Huberman, Michael, "The Professional Life Cycle of Teachers", *Teachers College Record*, 1989 (91): 31-57.

Katz, G. Lillian, "The Developmental Stages of Preschool Teachers", *The Elementary School Journal*, 1972(73): 50-54.

Perry, Pauline, "Professional Development: The Inspectorate in England and Wales", In Eric Hoyle and Jacquetta Megarry(eds.), *World Yearbook of Education 1980: Professional Development of Teachers*, London: Kogan Page, 1980, pp. 143-145.

Steffy, E. Betty, Michael P. Wolfe, Suzanne H. Pasch & Billie J. Enz, *Life Cycle of the Career Teacher*, Thousand Oaks, CA: Corwin Press, 1999.

后　记

　　《新时代世界华文教育发展研究》一书终于要出版了，我感到非常高兴。这是我继 2023 年出版了专著《大学之道》（光明日报出版社）一书后的又一本专著。这本书收录了我从事华文教育工作 30 年来所发表的华文教育研究领域的部分重要论文，反映了我对华文教育学科建设与发展的种种思考，是我从事华文教育研究的阶段性成果。

　　1993 年，当时我在暨南大学中文系任教并担任暨南大学学生处处长，因当年国务院侨务办公室决定将广州华侨学生补习学校成建制并入暨南大学，成立暨南大学华文学院，于是，我受学校委派，到新组建的暨南大学华文学院担任副院长，协助暨南大学副校长兼华文学院院长赖江基教授主持学院全面工作，由此而进入华文教育领域，且一发而不可收拾，深深地爱上了这一事业，并为此奋斗不已。30 年来，我先后主持编写了《中文》（试用版，1996）和《中文》（修订版，2002）教材，这套教材包括 12 册主教材、24 册学生练习册、12 册教师教学参考，共 48 册，后又改编出版了繁体字版教材，并策划研制了计算机光盘版教材（2001—2002）和线上中文网络版教材（2003），这套教材至今已经发行了 5000 多万册，自 1997 年出版发行以来，到目前为止仍是我国在海外发行量最大的中文教材；在暨南大学华文学院任职时，我提出并申请创办了《华文教学与研究》（ISSN 1674-8174）专业期刊，该期刊目前已经发展成为华文教育及国际中文教育领域的重要学术阵地；领衔申报成功创立了华文教育本科专业（2005），该专业目前在暨南大学和华侨大学已经建设成为国家一流本科专业，成为华文教育学科发展的重要支撑；在华侨大学创立了"华文教育研究院"并任创院院长，在华侨大学工作期间一直倡导"大华文教育"理念，提出并实施"华文教育拓展计划"，并与中国社会科学院中国文化研究中心、社会科学文献出版社、凤凰卫视及台湾世界华语文教育学会合作创立了"海外华文教育与中华文化传播协同创新中心",首倡并主编了《世界华文教育年鉴》,这是华文教育领域的第一部年鉴,自 2014 年开始,目前已经连续出版了 9 部,真实客观地记录了华文教育领域的发展足迹;与世界华语文教育学会董鹏程先生一起,倡议并主办了"两岸华文教师论坛"和"世界华语文教学研究生论坛",这两个论坛两岸轮流主办,已经成为两岸华文教育界学术交流与情谊沟通的重要平台。在繁忙的大学行政事务工作之余,我也不敢懈怠,认真对华文教育发展的趋势与方向、学科建设与"三教"问题等进行学术思考,并形成文字,部分论文先后发表在《世界汉语教学》《暨南学报》《语言文字应用》等重要期刊上,一些重要观点也得到了学界专家的响应与认可。现结文成集,以飨大方之家。

习近平总书记在党的十九大报告中指出:"经过长期努力,中国特色社会主义进入了新时代,这是我国发展新的历史方位。"① 作为党和国家一项重要事业的华文教育,其发展也必须放到这一全新的历史方位中去整体思考。正是基于这一认识,我将本书定名为《新时代世界华文教育发展研究》。而本书的开篇部分,也就定位于专门探讨"华文教育发展理念与策略",其中的《华侨华人与中国梦总序言》一文基于"华侨华人是实现中国梦的重要力量"这一历史定位,全面探讨了新时代华侨华人研究的各个重要领域;《新时代世界华文教育发展理念探讨》一文则提出了世界华文教育发展的十大理念,现在来看,这些理念仍然具有很强的指导性。

从 20 世纪 90 年代初期进入华文教育这个领域伊始,我就非常重视华文教育的学科建设,并持续为此鼓与呼。我在 1996 年 8 月于北京召开的世界汉语教学研讨会上宣读了一篇题为《华文教育学是一门科学》的论文,这篇论文后来以《关于建立华文教育学的初步设想》为题发表在泰国《亚洲日报》上。这是我第一次对华文教育学科建设提出自己的构想。《华文教育学学科建设刍议》是我再次发文专门讨论华文教育学的学科建设问题,更明晰了华文教育学作为一门科学所具有的学科性质与特点、特定的研究对

---

① 《习近平著作选读》(第二卷),人民出版社,2023,第 8~9 页。

象和范畴，以及学科建设的目标和任务等问题。《国际职场汉语教学探讨》则指出，国际职场汉语教学是华文教育未来学科发展的一个新兴方向，这也是我这几年关注的一个学科方向，并主编出版了《国际职场汉语通用汉语》（1—6 册）（暨南大学出版社，2020）。

研究与探讨华文教育，"三教"问题始终是我关注的核心内容之一。我对华文教育的教师、教材、教学问题等都充分关注，《关于海外华语文教师专业发展研究的思考》《海外华文教学的若干问题》等是我对华文教育"三教"问题相关思考的集中体现。而《海外华文教师等级证书资格认证实施方案》则是我在暨南大学工作期间与暨南大学华文学院周静教授共同承担的国务院侨务办公室关于华文教师等级证书研制课题的结项成果。目前这一成果已经被采用。世界范围内的海外华文教师等级证书培训、考试及认证工作已经逐步展开。

多年来，为了推动华文教育学科建设，我也发起和组织了诸如"华文教育国际学术研讨会"等诸多国际性学术会议，接受了凤凰卫视等多家媒体关于华侨华人与华文教育等问题的专访。会后撰写的会议综述和访谈文稿，体现了当时的华文教育发展特点以及我对华文教育的一些阶段性思考，也具有一定的学术价值，故也收录在本书中。2020 年，我参加了中国华文教育基金会主办的"第二届华文教育互联网教学研讨会"，并作了"5G 对华文教育的影响及应对策略"的主题发言，也同步收入书中。

最后，衷心感谢著名的华文教育专家、我非常敬重的新加坡周清海教授在八秩高龄不辞辛劳为本书作序。我还要特别感谢三十多年来承担了繁重的家务一直默默支持我全身心投入华文教育事业的我的爱妻赵兰英女士。她的勤劳、睿智、包容与大度，以及对我深切的关爱与无微不至的照顾，还有我的爱女贾岚童的理解与支持，以及我的母亲等家人的关爱、理解与支持，是我在华文教育领域能够不懈前行的重要动力。感谢他们，并将此书献给他们。同时，衷心感谢三十年来一直关心支持我的暨南大学、华侨大学的各级领导还有我在暨南大学以及华侨大学的各位亲爱的同事们，衷心感谢国内外华文教育界以及国际中文教育界众多学界朋友的大力支持与帮助，没有你们的鼓励与帮助，也就不可能有这些成果的发表，也就不可能有这本小书的整理出版。

　　最后，我要特别感谢华侨大学华文教育研究院、华文学院的胡建刚教授。是他不辞辛劳为我收集整理了我的论文才得以成书并付梓。谢谢建刚教授！是为记。

贾益民

2023 年 12 月 31 日

于福建省漳州市长泰区马洋溪生态旅游区后坊村

溪东 88 苍梧别院 A08 幢惠风居

图书在版编目（CIP）数据

新时代世界华文教育发展／贾益民著．-- 北京：
社会科学文献出版社，2024.12. -- ISBN 978-7-5228
-5026-9

Ⅰ．G749.1

中国国家版本馆 CIP 数据核字第 2025KW2055 号

新时代世界华文教育发展

著　　者／贾益民

出 版 人／冀祥德
组稿编辑／曹义恒
责任编辑／朱　月
文稿编辑／公靖靖
责任印制／王京美

出　　版／社会科学文献出版社
　　　　　地址：北京市北三环中路甲 29 号院华龙大厦　邮编：100029
　　　　　网址：www.ssap.com.cn
发　　行／社会科学文献出版社（010）59367028
印　　装／三河市东方印刷有限公司

规　　格／开本：787mm×1092mm　1/16
　　　　　印张：17.25　字数：280 千字
版　　次／2024 年 12 月第 1 版　2024 年 12 月第 1 次印刷
书　　号／ISBN 978-7-5228-5026-9
定　　价／98.00 元

读者服务电话：4008918866